# 体育产业政策文件汇编
## （国务院及部门篇）

国家体育总局经济司
国家体育总局体育器材装备中心　编

人民体育出版社

# 编委会成员

顾　问：李颖川

主　任：王卫东　李　桦

副主任：陈恩堂　叶　春

编　委：安　枫　王小朋　黄海燕　郝忠东
　　　　李仲一　杨卓越　张志坚　叶　楠
　　　　赵　颖　李　浩　姜同仁　王兆红
　　　　丁云霞

编辑部：蓝　燕　杨春雷　孙　静　钟以乐
　　　　罗　丹

# 前　言

　　体育产业是幸福产业、绿色产业、朝阳产业，是现代服务业的重要组成部分。近年来，党中央、国务院高度重视体育产业发展。习近平总书记多次做出重要指示。李克强总理则进一步强调，要"发展全民健身、竞技体育和体育产业"，要求加强政策的导向性，发挥市场机制的调节作用，消除发展的体制障碍，加快发展体育等服务业，培育发展新的消费增长点，更好发挥体育等服务业在稳增长、促改革、调结构、惠民生中的重要作用。刘延东副总理多次对发展体育产业作出专门指示，并专门主持召开会议，研究部署体育产业政策的起草工作。

　　2014年10月20日，《国务院关于加快发展体育产业 促进体育消费的若干意见》（以下简称《意见》）正式印发，这是我国首次以国务院名义出台关于促进体育产业发展的文件。《意见》发布后，国务院及相关部门围绕《意见》的贯彻落实，连续出台了一系列体育产业政策文件。2016年10月25日，《国务院办公厅关于加快发展健身休闲产业的指导意见》正式印发。体育产业政策的出台，对加快发展体育产业意义重大，主要体现在以下几个方面。第一，有助于提升体育产业在国民经济和社会发展中的地位；第二，体育资源的市场化配置程度、资本的运作水平、体育企业的规模、产业运营的专业化程度将逐步提高，体育市场主体逐渐强大，社会投资体育产业的热情逐步提高；第三，居民更加崇尚健身休闲运动，体育消费水平稳步提高，将为体育产业的发展提供稳定的市场；第四，良好的群众体育基础、便利的体育场馆设施和活跃的学校体育将为我国体育产业持续发展奠定基础；第五，体育社会组织将在我国体育产业发展中的地位和作用日益明显；第六，体育产业公共服务水平显著提高。

　　此外，从更大范围看，体育产业政策的出台将有利于满足群众多样化体育需求，提高全民族身体素质和生活质量，进一步扩大内需；有利于强化体育与相关产业融合发展，形成服务业重要增长点，促进经济结构调整、产业转型升级；有利于引导积极健康的生活方式，培育锐意进取、团结协作、创新求变、尊重规则等价值观，传播正能量，促进社会和谐；有利于推进我国体育发展逐步从政府办体育的体制向社会办体育的体制转变，从行政为主的工作机制向市场为主的工作机制转变，从体育部门一家办向各部门联动转变，有利于激发体育创新动力与发展活力，实现我国体育的新发展、新跨越。

本书汇编了《意见》出台以来，国务院及相关部门研制发布的体育产业专门文件或与体育产业相关的政策文件45篇，内容涉及广泛，旨在为各级政府、体育主管部门和社会各界全面把握我国体育产业政策要义，创新体育产业发展思路，挖掘体育消费潜力，培育新的经济增长点提供帮助。同时，本汇编也将为各级政府部门面对新形势、新要求，进一步制定出台反映群众意愿、符合当前实际、适应发展需要，具有战略性、前瞻性、操作性的体育产业政策文件提供参考。

编委会<br>2017年4月

# 目 录

中央集中彩票公益金支持体育事业专项资金管理办法………… (1)
国务院关于加快发展体育产业促进体育消费的若干意见………… (5)
国家体育总局办公厅 财政部办公厅关于开展大型体育场馆运营管理改革创新专项检查工作的通知……………………… (15)
大型体育场馆免费低收费开放补助资金管理办法……………… (18)
国家体育总局关于推进体育赛事审批制度改革的若干意见…… (30)
国家体育总局关于印发《全国性单项体育协会竞技体育重要赛事名录》的通知……………………………………… (36)
在华举办国际体育赛事审批事项改革方案………………………… (45)
国家体育总局办公厅关于切实做好当前大型体育赛事和群众体育活动安全管理工作的通知…………………………… (49)
国家体育总局办公厅关于清理不利于体育产业发展有关规定的通知……………………………………………………………… (53)
体育场馆运营管理办法………………………………………………… (54)
国家发展改革委办公厅 国家体育总局办公厅关于组织开展建立体育产业联系点工作的通知……………………………… (60)
关于做好政府向社会力量购买公共文化服务工作的意见……… (65)
中国足球改革发展总体方案…………………………………………… (73)
国家体育总局办公厅关于进一步清理规范赛事收费的通知…… (85)
国家发展改革委办公厅 国家体育总局办公厅关于做好体育产业联系点有关工作的通知…………………………………… (88)
国家体育产业统计分类……………………………………………… (93)

财政部　国家税务总局关于体育场馆房产税和城镇土地使用
税政策的通知……………………………………………………（111）
国家新闻出版广电总局关于改进体育比赛广播电视报道和转播
工作的通知………………………………………………………（113）
国家税务总局关于贯彻落实《高新技术企业认定管理办法》的通知
………………………………………………………………………（115）
国家体育总局关于进一步加强国家体育产业基地建设工作的通知
………………………………………………………………………（117）
中国足球中长期发展规划（2016—2050年）…………………（127）
关于促进消费带动转型升级的行动方案………………………（140）
全国足球场地设施建设规划（2016—2020年）………………（151）
国务院办公厅关于发挥品牌引领作用推动供需结构升级的意见
………………………………………………………………………（156）
全民健身计划（2016—2020年）………………………………（163）
体育产业发展"十三五"规划……………………………………（174）
住房城乡建设部　国家发展改革委　财政部关于开展特色小镇
培育工作的通知…………………………………………………（186）
全国生态旅游发展规划（2016—2025年）……………………（190）
国家发展改革委关于加快美丽特色小（城）镇建设的指导意见
………………………………………………………………………（218）
国家体育总局办公厅关于丰富节假日大型体育赛事活动的通知
………………………………………………………………………（225）
国务院办公厅关于加快发展健身休闲产业的指导意见………（227）
"健康中国2030"规划纲要………………………………………（237）
群众冬季运动推广普及计划（2016—2020年）………………（272）
关于促进自驾车旅居车旅游发展的若干意见…………………（280）

国务院办公厅关于进一步扩大旅游文化体育健康养老教育培训等
领域消费的意见 …………………………………………（287）
冰雪运动发展规划（2016—2025年）……………………（294）
全国冰雪场地设施建设规划（2016—2022年）…………（305）
水上运动产业发展规划 ……………………………………（311）
航空运动产业发展规划 ……………………………………（324）
山地户外运动产业发展规划 ………………………………（336）
国家旅游局 国家体育总局关于大力发展体育旅游的指导意见
………………………………………………………………（346）
政府出资产业投资基金管理暂行办法 ……………………（353）
"十三五"公共体育普及工程实施方案 ……………………（364）
教育部 国家体育总局关于推进学校体育场馆向社会开放的实施意见
………………………………………………………………（378）
国务院办公厅关于进一步激发社会领域投资活力的意见……（384）

# 中央集中彩票公益金支持体育事业专项资金管理办法

财教〔2013〕481号

## 第一章 总则

第一条 为规范和加强中央集中彩票公益金支持体育事业专项资金管理，提高资金使用效益，根据《彩票管理条例》《彩票管理条例实施细则》和《彩票公益金管理办法》（财综〔2012〕15号）等法律法规和财政管理有关规定，结合体育事业发展的实际，制定本办法。

第二条 本办法所称中央集中彩票公益金支持体育事业专项资金（以下简称"彩票公益金"），是指中央财政从中央集中彩票公益金中安排用于体育事业的专项资金。

第三条 彩票公益金纳入政府性基金预算管理，专款专用，结转和结余按规定使用。

第四条 彩票公益金的管理和使用应当严格执行国家法律法规和财务规章制度，并接受财政、审计、体育行政等部门的监督和检查。

## 第二章 补助范围和支出内容

第五条 彩票公益金补助范围包括群众体育和竞技体育，其中：用于群众体育的比例不低于70%，用于竞技体育的比例不高于30%。

第六条 彩票公益金支出包括以下内容：

（一）群众体育部分，主要用于：

1. 援建公共体育场地、设施和捐赠体育健身器材；

2. 资助群众体育组织和队伍建设；

3. 资助或组织开展全民健身活动；

4. 组织开展全民健身科学研究与宣传。

（二）竞技体育部分，主要用于：

1. 资助举办全国综合性运动会；

2. 改善国家队训练比赛场地设施条件；

3. 资助高水平体育后备人才培养；

4. 支持国家队备战和参加国际综合性运动会；

5. 补充运动员保障支出。

第七条 彩票公益金不得用于以下方面的支出：

（一）公务接待；

（二）公务用车购置及运行；

（三）各级体育行政部门行政支出；

（四）对外投资和其他经营性活动。

## 第三章 资金管理

第八条 彩票公益金预算分为中央本级支出预算和补助地方体育事业支出预算两部分。中央本级支出预算，纳入部门预算管理；补助地方体育事业支出预算，纳入中央对地方转移支付预算管理。

第九条 中央本级支出预算编制和审批，按照财政部部门预算管理制度执行。

第十条 补助地方体育事业支出预算申报和审批程序如下：

（一）省级财政部门和省级体育行政部门应当于每年3月底前联合提

出项目申请，报财政部和国家体育总局。项目申报材料应当包括项目申报书、项目可行性研究报告、项目实施方案。

（二）国家体育总局根据全国体育事业发展情况和上一年度预算执行情况，对各地申报的项目进行审核，会同财政部确定资金分配原则，提出分地区建议数报财政部。

（三）财政部根据当年彩票公益金预算情况，确定彩票公益金补助方案，并将预算下达省级财政部门，同时抄送国家体育总局和省级体育行政部门。

第十一条　彩票公益金预算一经批准，应当严格执行，不得擅自调整。如确需调整，应当按照彩票公益金预算管理的有关规定，中央本级支出预算由国家体育总局统一报财政部批准后执行，补助地方体育事业支出预算由省级体育行政部门报同级财政部门批准后执行，并报财政部和国家体育总局备案。

第十二条　彩票公益金支付按照财政国库管理制度有关规定执行。彩票公益金使用过程中涉及政府采购的，按照政府采购有关规定执行。

第十三条　彩票公益金形成的结转资金应当结转下一年度按照预算批复继续使用。中央本级结余资金报财政部批准后使用；补助地方结余资金在本办法规定范围内由省级体育行政部门报同级财政部门批准后使用，并报财政部和国家体育总局备案。

第十四条　对连续两年未使用或者连续三年未完成彩票公益金预算项目的单位，财政部和国家体育总局可以暂停安排下一年度该单位同类项目彩票公益金预算。

第十五条　彩票公益金资助的基本建设设施、设备或者社会公益活动，应当以显著方式标明"彩票公益金资助——中国体育彩票"。

第十六条　彩票公益金使用部门和单位应当按照同级财政部门的规定，编制年度彩票公益金决算，报同级财政部门审批。

第十七条　省级财政部门和省级体育行政部门，应当在每年3月底前，将上一年度中央补助地方彩票公益金使用情况报送财政部和国家体育总局，包括项目组织实施情况、项目资金使用和结余情况，以及项目社会效益和经济效益等。

第十八条　国家体育总局应当于每年6月底前，向社会公告上一年度彩票公益金的使用规模、资助项目、执行情况和实际效果等。

## 第四章　监督检查

第十九条　彩票公益金使用单位和部门按照"谁使用，谁受益，谁负责"的原则加强彩票公益金使用管理，确保专款专用，充分发挥资金使用效益。

第二十条　财政部和国家体育总局应当逐步建立彩票公益金支出绩效评价制度，并将绩效评价结果作为安排彩票公益金预算的依据。

第二十一条　各级财政和体育行政部门应当组织开展彩票公益金管理使用的监督检查，对于检查发现的财政违法行为，依据《财政违法行为处罚处分条例》和《彩票管理条例》等有关规定处理。

## 第五章　附则

第二十二条　省级财政和体育行政部门可以参照本办法的规定，结合本地情况制定本地区管理办法。

第二十三条　本办法自印发之日起施行。原《体育彩票公益金管理暂行办法》（体经济字〔1998〕365号）同时废止。

2013年12月

# 国务院关于加快发展体育产业促进体育消费的若干意见

国发〔2014〕46号

各省、自治区、直辖市人民政府，国务院各部委、各直属机构：

发展体育事业和产业是提高中华民族身体素质和健康水平的必然要求，有利于满足人民群众多样化的体育需求、保障和改善民生，有利于扩大内需、增加就业、培育新的经济增长点，有利于弘扬民族精神、增强国家凝聚力和文化竞争力。近年来，我国体育产业快速发展，但总体规模依然不大、活力不强，还存在一些体制机制问题。为进一步加快发展体育产业，促进体育消费，现提出以下意见。

## 一、总体要求

### （一）指导思想。

以邓小平理论、"三个代表"重要思想、科学发展观为指导，把增强人民体质、提高健康水平作为根本目标，解放思想、深化改革、开拓创新、激发活力，充分发挥市场在资源配置中的决定性作用和更好发挥政府作用，加快形成有效竞争的市场格局，积极扩大体育产品和服务供给，推动体育产业成为经济转型升级的重要力量，促进群众体育与竞技体育全面发展，加快体育强国建设，不断满足人民群众日益增长的体育需求。

### （二）基本原则。

坚持改革创新。加快政府职能转变，进一步简政放权，减少微观事务管理。加强规划、政策、标准引导，创新服务方式，强化市场监管，营造竞争有序、平等参与的市场环境。

发挥市场作用。遵循产业发展规律，完善市场机制，积极培育多元市场主体，吸引社会资本参与，充分调动全社会积极性与创造力，提供适应群众需求、丰富多样的产品和服务。

倡导健康生活。树立文明健康生活方式，推进健康关口前移，延长健康寿命，提高生活品质，激发群众参与体育活动热情，推动形成投资健康的消费理念和充满活力的体育消费市场。

创造发展条件。营造重视体育、支持体育、参与体育的社会氛围，将全民健身上升为国家战略，把体育产业作为绿色产业、朝阳产业培育扶持，破除行业壁垒、扫清政策障碍，形成有利于体育产业快速发展的政策体系。

注重统筹协调。立足全局，统筹兼顾，充分发挥体育产业和体育事业良性互动作用，推进体育产业各门类和业态全面发展，促进体育产业与其他产业相互融合，实现体育产业与经济社会协调发展。

**（三）发展目标。**

到2025年，基本建立布局合理、功能完善、门类齐全的体育产业体系，体育产品和服务更加丰富，市场机制不断完善，消费需求愈加旺盛，对其他产业带动作用明显提升，体育产业总规模超过5万亿元，成为推动经济社会持续发展的重要力量。

——产业体系更加完善。健身休闲、竞赛表演、场馆服务、中介培训、体育用品制造与销售等体育产业各门类协同发展，产业组织形态和集聚模式更加丰富。产业结构更加合理，体育服务业在体育产业中的比重显著提升。体育产品和服务层次更加多样，供给充足。

——产业环境明显优化。体制机制充满活力，政策法规体系更加健全，标准体系科学完善，监管机制规范高效，市场主体诚信自律。

——产业基础更加坚实。人均体育场地面积达到2平方米,群众体育健身和消费意识显著增强,人均体育消费支出明显提高,经常参加体育锻炼的人数达到5亿,体育公共服务基本覆盖全民。

## 二、主要任务

### （一）创新体制机制。

进一步转变政府职能。全面清理不利于体育产业发展的有关规定,取消不合理的行政审批事项,凡是法律法规没有明令禁入的领域,都要向社会开放。取消商业性和群众性体育赛事活动审批,加快全国综合性和单项体育赛事管理制度改革,公开赛事举办目录,通过市场机制积极引入社会资本承办赛事。有关政府部门要积极为各类赛事活动举办提供服务。推行政社分开、政企分开、管办分离,加快推进体育行业协会与行政机关脱钩,将适合由体育社会组织提供的公共服务和解决的事项,交由体育社会组织承担。

推进职业体育改革。拓宽职业体育发展渠道,鼓励具备条件的运动项目走职业化道路,支持教练员、运动员职业化发展。完善职业体育的政策制度体系,扩大职业体育社会参与,鼓励发展职业联盟,逐步提高职业体育的成熟度和规范化水平。完善职业体育俱乐部的法人治理结构,加快现代企业制度建设。改进职业联赛决策机制,充分发挥俱乐部的市场主体作用。

创新体育场馆运营机制。积极推进场馆管理体制改革和运营机制创新,引入和运用现代企业制度,激发场馆活力。推行场馆设计、建设、运营管理一体化模式,将赛事功能需要与赛后综合利用有机结合。鼓励场馆运营管理实体通过品牌输出、管理输出、资本输出等形式实现规模化、专业化运营。增强大型体育场馆复合经营能力,拓展服务领域,延伸配套服务,实现最佳运营效益。

**（二）培育多元主体。**

鼓励社会力量参与。进一步优化市场环境，完善政策措施，加快人才、资本等要素流动，优化场馆等资源配置，提升体育产业对社会资本吸引力。培育发展多形式、多层次体育协会和中介组织。加快体育产业行业协会建设，充分发挥行业协会作用，引导体育用品、体育服务、场馆建筑等行业发展。打造体育贸易展示平台，办好体育用品、体育文化、体育旅游等博览会。

引导体育企业做强做精。实施品牌战略，打造一批具有国际竞争力的知名企业和国际影响力的自主品牌，支持优势企业、优势品牌和优势项目"走出去"，提升服务贸易规模和水平。扶持体育培训、策划、咨询、经纪、营销等企业发展。鼓励大型健身俱乐部跨区域连锁经营，鼓励大型体育赛事充分进行市场开发，鼓励大型体育用品制造企业加大研发投入，充分挖掘品牌价值。扶持一批具有市场潜力的中小企业。

**（三）改善产业布局和结构。**

优化产业布局。因地制宜发展体育产业，打造一批符合市场规律、具有市场竞争力的体育产业基地，建立区域间协同发展机制，形成东、中、西部体育产业良性互动发展格局。壮大长三角、珠三角、京津冀及海峡西岸等体育产业集群。支持中西部地区充分利用江河湖海、山地、沙漠、草原、冰雪等独特的自然资源优势，发展区域特色体育产业。扶持少数民族地区发展少数民族特色体育产业。

改善产业结构。进一步优化体育服务业、体育用品业及相关产业结构，着力提升体育服务业比重。大力培育健身休闲、竞赛表演、场馆服务、中介培训等体育服务业，实施体育服务业精品工程，支持各地打造一大批优秀体育俱乐部、示范场馆和品牌赛事。积极支持体育用品制造业创新发展，采用新工艺、新材料、新技术，提升传统体育用品的质量水平，提高产品科技含量。

抓好潜力产业。以足球、篮球、排球三大球为切入点，加快发展普及性广、关注度高、市场空间大的集体项目，推动产业向纵深发展。对发展相对滞后的足球项目制定中长期发展规划和场地设施建设规划，大力推广校园足球和社会足球。以冰雪运动等特色项目为突破口，促进健身休闲项目的普及和提高。制定冰雪运动规划，引导社会力量积极参与建设一批冰雪运动场地，促进冰雪运动繁荣发展，形成新的体育消费热点。

**（四）促进融合发展。**

积极拓展业态。丰富体育产业内容，推动体育与养老服务、文化创意和设计服务、教育培训等融合，促进体育旅游、体育传媒、体育会展、体育广告、体育影视等相关业态的发展。以体育设施为载体，打造城市体育服务综合体，推动体育与住宅、休闲、商业综合开发。

促进康体结合。加强体育运动指导，推广"运动处方"，发挥体育锻炼在疾病防治以及健康促进等方面的积极作用。大力发展运动医学和康复医学，积极研发运动康复技术，鼓励社会资本开办康体、体质测定和运动康复等各类机构。发挥中医药在运动康复等方面的特色作用，提倡开展健身咨询和调理等服务。

鼓励交互融通。支持金融、地产、建筑、交通、制造、信息、食品药品等企业开发体育领域产品和服务。鼓励可穿戴式运动设备、运动健身指导技术装备、运动功能饮料、营养保健食品药品等研发制造营销。在有条件的地方制定专项规划，引导发展户外营地、徒步骑行服务站、汽车露营营地、航空飞行营地、船艇码头等设施。

**（五）丰富市场供给。**

完善体育设施。各级政府要结合城镇化发展统筹规划体育设施建设，合理布点布局，重点建设一批便民利民的中小型体育场馆、公众健身活动中心、户外多功能球场、健身步道等场地设施。盘活存量资源，改造旧厂房、仓库、老旧商业设施等用于体育健身。鼓励社会力量建设小型化、多样化的活动场馆和健身设施，政府以购买服务等方式予以支持。在城市社区建设15分钟健身圈，新建社区的体育设施覆盖率达到100%。推进实施农民体育健身工程，在乡镇、行政村实现公共体育健身设施100%全覆盖。

发展健身休闲项目。大力支持发展健身跑、健步走、自行车、水上运动、登山攀岩、射击射箭、马术、航空、极限运动等群众喜闻乐见和有发展空间的项目。鼓励地方根据当地自然、人文资源发展特色体育产业，大力推广武术、龙舟、舞龙舞狮等传统体育项目，扶持少数民族传统体育项目发展，鼓励开发适合老年人特点的休闲运动项目。

丰富体育赛事活动。以竞赛表演业为重点，大力发展多层次、多样化的各类体育赛事。推动专业赛事发展，打造一批有吸引力的国际性、区域性品牌赛事。丰富业余体育赛事，在各地区和机关团体、企事业单位、学校等单位广泛举办各类体育比赛，引导支持体育社会组织等社会力量举办群众性体育赛事活动。加强与国际体育组织等专业机构的交流合作，积极引进国际精品赛事。

**（六）营造健身氛围。**

鼓励日常健身活动。政府机关、企事业单位、社会团体、学校等都应实行工间、课间健身制度等，倡导每天健身一小时。鼓励单位为职工健身创造条件。组织实施《国家体育锻炼标准》。完善国民体质监测制度，为群众提供体质测试服务，定期发布国民体质监测报告。切实保障中小学体育课课时，鼓励实施学生课外体育活动计划，促进青少年培育体育爱好，掌握一项以上体育运动技能，确保学生校内每天体育活动时间不少于一小时。

推动场馆设施开放利用。积极推动各级各类公共体育设施免费或低收费开放。加快推进企事业单位等体育设施向社会开放。学校体育场馆课余时间要向学生开放，并采取有力措施加强安全保障，加快推动学校体育场馆向社会开放，将开放情况定期向社会公开。提高农民体育健身工程设施使用率。

加强体育文化宣传。各级各类媒体开辟专题专栏，普及健身知识，宣传健身效果，积极引导广大人民群众培育体育消费观念、养成体育消费习惯。积极支持形式多样的体育题材文艺创作，推广体育文化。弘扬奥林匹克精神和中华体育精神，践行社会主义核心价值观。

### 三、政策措施

#### （一）大力吸引社会投资。

鼓励社会资本进入体育产业领域，建设体育设施，开发体育产品，提供体育服务。进一步拓宽体育产业投融资渠道，支持符合条件的体育产品、服务等企业上市，支持符合条件的企业发行企业债券、公司债、短期融资券、中期票据、中小企业集合票据和中小企业私募债等非金融企业债务融资工具。鼓励各类金融机构在风险可控、商业可持续的基础上积极开发新产品，开拓新业务，增加适合中小微体育企业的信贷品种。支持扩大对外开放，鼓励境外资本投资体育产业。推广和运用政府和社会资本合作等多种模式，吸引社会资本参与体育产业发展。政府引导，设立由社会资本筹资的体育产业投资基金。有条件的地方可设立体育发展专项资金，对符合条件的企业、社会组织给予项目补助、贷款贴息和奖励。鼓励保险公司围绕健身休闲、竞赛表演、场馆服务、户外运动等需求推出多样化保险产品。

#### （二）完善健身消费政策。

各级政府要将全民健身经费纳入财政预算，并保持与国民经济增长相适应。要加大投入，安排投资支持体育设施建设。要安排一定比例体育彩票公益金等财政资金，通过政府购买服务等多种方式，积极支持群众健身消费，鼓励公共体育设施免费或低收费开放，引导经营主体提供公益性群众体育健身服务。鼓励引导企事业单位、学校、个人购买运动伤害类保险。进一步研究鼓励群众健身消费的优惠政策。

**（三）完善税费价格政策。**

充分考虑体育产业特点，将体育服务、用品制造等内容及其支撑技术纳入国家重点支持的高新技术领域，对经认定为高新技术企业的体育企业，减按15%的税率征收企业所得税。提供体育服务的社会组织，经认定取得非营利组织企业所得税免税优惠资格的，依法享受相关优惠政策。体育企业发生的符合条件的广告费支出，符合税法规定的可在税前扣除。落实符合条件的体育企业创意和设计费用税前加计扣除政策。落实企业从事文化体育业按3%的税率计征营业税。鼓励企业捐赠体育服装、器材装备，支持贫困和农村地区体育事业发展，对符合税收法律法规规定条件向体育事业的捐赠，按照相关规定在计算应纳税所得额时扣除。体育场馆自用的房产和土地，可享受有关房产税和城镇土地使用税优惠。体育场馆等健身场所的水、电、气、热价格按不高于一般工业标准执行。

**（四）完善规划布局与土地政策。**

各地要将体育设施用地纳入城乡规划、土地利用总体规划和年度用地计划，合理安排用地需求。新建居住区和社区要按相关标准规范配套群众健身相关设施，按室内人均建筑面积不低于0.1平方米或室外人均用地不低于0.3平方米执行，并与住宅区主体工程同步设计、同步施工、同步投入使用。凡老城区与已建成居住区无群众健身设施的，或现有设施没有达到规划建设指标要求的，要通过改造等多种方式予以完善。充分利用郊野公园、城市公园、公共绿地及城市空置场所等建设群众体育设施。鼓励基层社区文化体育设施共建共享。在老城区和已建成居住区中支持企业、单位利用原划拨方式取得的存量房产和建设用地兴办体育设施，对符合划拨用地目录的非营利性体育设施项目可继续以划拨方式使用土地；不符合划拨用地目录的经营性体育设施项目，连续经营一年以上的可采取协议出让方式办理用地手续。

**（五）完善人才培养和就业政策。**

鼓励有条件的高等院校设立体育产业专业，重点培养体育经营管理、创意设计、科研、中介等专业人才。鼓励多方投入，开展各类职业教育和培训，加强校企合作，多渠道培养复合型体育产业人才，支持退役运动员接受再就业培训。加强体育产业人才培养的国际交流与合作，加强体育产业理论研究，建立体育产业研究智库。完善政府、用人单位和社会互为补充的多层次人才奖励体系，对创意设计、自主研发、经营管理等人才进行奖励和资助。加强创业孵化，研究对创新创业人才的扶持政策。鼓励退役运动员从事体育产业工作。鼓励街道、社区聘用体育专业人才从事群众健身指导工作。

**（六）完善无形资产开发保护和创新驱动政策。**

通过冠名、合作、赞助、广告、特许经营等形式，加强对体育组织、体育场馆、体育赛事和活动名称、标志等无形资产的开发，提升无形资产创造、运用、保护和管理水平。加强体育品牌建设，推动体育企业实施商标战略，开发科技含量高、拥有自主知识产权的体育产品，提高产品附加值，提升市场竞争力。促进体育衍生品创意和设计开发，推进相关产业发展。充分利用现有科技资源，健全体育产业领域科研平台体系，加强企业研发中心、工程技术研究中心等建设。支持企业联合高等学校、科研机构建立产学研协同创新机制，建设产业技术创新战略联盟。支持符合条件的体育企业牵头承担各类科技计划（专项、基金）等科研项目。完善体育技术成果转化机制，加强知识产权运用和保护，促进科技成果产业化。

**（七）优化市场环境。**

研究建立体育产业资源交易平台，创新市场运行机制，推进赛事举办权、赛事转播权、运动员转会权、无形资产开发等具备交易条件的资源公平、公正、公开流转。按市场原则确立体育赛事转播收益分配机制，促进多方参与主体共同发展。放宽赛事转播权限制，除奥运会、亚运会、世界杯足球赛外的其他国内外各类体育赛事，各电视台可直接购买或转让。加强安保服务管理，完善体育赛事和活动安保服务标准，积极推进安保服务社会化，进一步促进公平竞争，降低赛事和活动成本。

## 四、组织实施

### （一）健全工作机制。

各地要将发展体育产业、促进体育消费纳入国民经济和社会发展规划，纳入政府重要议事日程，建立发展改革、体育等多部门合作的体育产业发展工作协调机制。各有关部门要加强沟通协调，密切协作配合，形成工作合力，分析体育产业发展情况和问题，研究推进体育产业发展的各项政策措施，认真落实体育产业发展相关任务要求。选择有特点有代表性的项目和区域，建立联系点机制，跟踪产业发展情况，总结推广成功经验和做法。

### （二）加强行业管理。

完善体育产业相关法律法规，加快推动修订《中华人民共和国体育法》，清理和废除不符合改革要求的法规和制度。完善体育及相关产业分类标准和统计制度。建立评价与监测机制，发布体育产业研究报告。大力推进体育产业标准化工作，提高我国体育产业标准化水平。加强体育产业国际合作与交流。充实体育产业工作力量。加强体育组织、体育企业、从业人员的诚信建设，加强赛风赛纪建设。

### （三）加强督查落实。

各地区、各有关部门要根据本意见要求，结合实际情况，抓紧制定具体实施意见和配套文件。发展改革委、体育总局要会同有关部门对落实本意见的情况进行监督检查和跟踪分析，重大事项及时向国务院报告。

中华人民共和国国务院

2014年10月2日

# 国家体育总局办公厅 财政部办公厅关于开展大型体育场馆运营管理改革创新专项检查工作的通知

**体经字〔2013〕492号**

各省、自治区、直辖市、计划单列市体育局、财政厅（局），新疆生产建设兵团体育局、财务局：

为切实提高大型体育场馆运营管理能力和公共服务水平，进一步做好全国体育系统大型体育场馆免费低收费开放工作，确保补助资金合理分配和合规使用，现决定对全国体育部门所属大型体育场馆运营管理情况以及向社会免费低收费开放情况进行专项检查。现就有关事宜通知如下：

## 一、检查范围

全国体育系统所属大型体育场馆（以下简称场馆）。

## 二、检查依据

（一）《体育总局等八部门关于加强大型体育场馆运营管理改革创新提高公共服务水平的意见》（体经字〔2013〕381号）。

（二）《体育总局、财政部关于推进大型体育场馆免费低收费开放的通知》（体经字〔2014〕34号）。

（三）《财政部、国家体育总局关于印发〈大型体育场馆免费低收费开放补助资金管理办法〉的通知》（财教〔2014〕54号）。

### 三、检查内容

（一）场馆运营管理情况，包括运营体制机制改革推进情况、整体运营情况、开展体育服务情况等。

（二）免费低收费开放情况，包括开放时间、开放范围、开展活动情况、提供基本公共服务情况等。

（三）补助资金申请材料核实情况，包括归属情况、竣工时间、座位数、维护情况、成本支出情况等。

（四）补助资金使用情况，包括资金到位情况、分配使用情况等。

### 四、检查要求

（一）各级体育部门、财政部门要高度重视此次检查工作，按照相关文件要求，认真组织开展检查，发现问题及时整改，并逐级上报汇总表及检查报告。

（二）请省级体育部门、财政部门于11月24日前将汇总表和检查报告联合行文报体育总局经济司、财政部教科文司。检查报告内容包括但不限于检查工作开展情况、相关文件落实情况、场馆运营管理情况、场馆免费低收费开放情况、补助资金申请材料核实情况、补助资金使用情况、实施中存在的问题以及整改措施等。

（三）请省级体育部门、财政部门根据国家对大型体育场馆运营管理的相关规定和要求，针对检查暴露的问题，通过建章立制等加以妥善解决。同时，积极推动场馆运营管理改革创新，提高公共服务水平，确保场馆免费低收费开放补助资金专款专用。

（四）国家体育总局、财政部将视情况联合组织抽查。对于违反规定截留、挪用补助资金，虚报材料且不认真整改的，一经发现，将按照《大型体育场馆免费低收费开放补助资金管理办法》第二十三条之规定，严肃处理。

国家体育总局办公厅　财政部办公厅
2014年10月16日

# 大型体育场馆免费低收费开放补助资金管理办法

财教〔2014〕54号

## 第一章 总则

第一条 为规范和加强大型体育场馆向社会免费或低收费开放补助资金（以下简称补助资金）的管理与使用，提高资金使用效益，根据《中华人民共和国预算法》、《中华人民共和国体育法》等法律法规和财政管理有关规定，结合大型体育场馆向社会免费或低收费开放工作的实际，制定本办法。

第二条 补助资金由中央财政设立，用于支持和鼓励体育部门所属大型体育场馆（以下简称体育场馆）向社会免费或低收费开放。补助资金的年度预算，根据体育场馆对社会免费或低收费开放完成情况、成本支出情况，以及中央财政财力情况确定。

第三条 补助资金的管理和使用坚持统一管理、突出重点、合理安排、专款专用、注重绩效的原则。

第四条 补助资金的管理和使用严格执行国家法律法规和财务规章制度，并接受财政、审计、体育行政部门的监督和检查。

## 第二章 补助范围和标准

第五条 补助资金补助范围为：已向社会免费、低收费开放的体育部门所属大型体育场馆，即观众座位数20000个（含20000个）以上的体育场、座位数3000个（含3000个）以上的体育馆、座位数1500个（含1500个）以上的游泳馆（跳水馆）。

第六条　补助资金分为补贴资金和奖励资金两部分，补贴资金对体育场馆向社会免费、低收费开放给予适当补贴；奖励资金对体育场馆提高公共体育服务能力、提升服务质量和服务水平给予适当奖励。

第七条　补贴标准根据体育场馆向社会免费、低收费开放后基本公共体育服务情况及成本支出情况，并结合体育场馆的类型和规模等因素核定，具体标准见《大型体育场馆免费低收费开放补助资金补贴标准表》（附件1）。

第八条　中央财政对东部地区、中部地区、西部地区分别按照补贴标准的20%、50%、80%安排补贴资金，其余部分由地方统筹安排。地方可以根据实际情况提高补贴标准，所需经费由地方自行负担。

第九条　奖励资金根据体育场馆基本公共服务考核、运营综合评价情况，结合上年度公共体育服务情况、接待健身人次、体育健身活动举办情况、体育培训开展情况等因素统筹核定。

第十条　补助资金用于体育场馆免费或低收费开展基本公共体育服务项目所需支出，包括体育场馆日常维护、能源费用、公益性体育活动举办、设施设备更新、运营环境改善等。

第十一条　补助资金不得用于支付各种罚款、捐款、赞助、投资等支出，不得用于编制内在职人员和离退休人员工资及津补贴、基本建设、大型维修改造等支出，不得用于偿还债务。

## 第三章　资金申报和审批

第十二条　符合条件的体育场馆应当提出申请并填写《大型体育场馆免费低收费开放情况表》（附件2），于每年1月31日前逐级报送至省级财政部门和体育行政部门。省级财政部门和体育行政部门负责审核汇总申报材料，并对申请单位进行体育场馆基本公共服务考核和运营综合评价，填写《大型体育场馆免费低收费开放情况汇总表》（附件3），连同补助资金申请报告于每年3月1日前报财政部和国家体育总局。

凡越级上报的一律不予受理。

第十三条　国家体育总局在审核汇总各地申报文件基础上提出当年补助资金分配方案建议报财政部。

第十四条　财政部根据国家体育总局的建议，综合考虑年度补助资金预算情况、地方补助资金申请情况及其财力状况，审核确定当年补助资金分配方案，按照规定于全国人大批准预算后30日内将资金下达省级财政部门，并抄送国家体育总局。

## 第四章　资金管理和使用

第十五条　省级财政部门收到财政部下达的补助资金预算后，应当在30日内予以分配下达。地方财政部门应当及时将预算下达情况抄送同级体育行政部门。

第十六条　补助资金支付应当按照财政国库管理制度有关规定执行。补助资金使用过程中涉及政府采购的，按照政府采购有关规定执行。

第十七条　体育场馆应当严格按照本办法使用补助资金，加强补助资金管理，专款专用，分账核算，并妥善保存有关原始票据及凭证备查。补助资金的各项支出应当严格执行国家有关财务规章制度规定的开支范围及开支标准。

第十八条　补助资金形成的资产属于国有资产，其管理、使用和处置按照国有资产管理的有关规定执行。

第十九条　补助资金的结转和结余管理，按照财政拨款结转和结余资金管理有关规定执行。

第二十条　体育场馆应当在下一年度1月31日前向省级财政部门和体

育行政部门报告补助资金使用情况，省级财政部门和体育行政部门审核汇总后，于3月1日前连同当年的补助资金申请报告及表格一并报财政部和国家体育总局。

## 第五章 监督检查和绩效评价

第二十一条 各级财政部门和体育行政部门应当建立健全补助资金的监督检查和绩效评价制度。

省级财政部门和体育行政部门对本地区受补助和奖励单位补助资金的使用情况进行监督检查和绩效评价，并将结果报送财政部和国家体育总局。

财政部和国家体育总局可以根据工作开展情况，适时组织或委托有关机构进行监督检查，检查结果作为以后年度补助资金预算安排的重要参考依据。

第二十二条 体育场馆应当建立健全内部监督约束机制，提高补助资金管理和使用的安全性、有效性、规范性。

第二十三条 对于违反规定截留、挪用补助资金，或者报送虚假材料骗取补助资金等行为，依照《财政违法行为处罚处分条例》等国家有关规定追究法律责任。涉嫌犯罪的，依法移送司法机关处理。

## 第六章 附则

第二十四条 本办法自印发之日起施行。

附件：

1. 大型体育场馆免费低收费开放补助资金补贴标准表；
2. 大型体育场馆免费低收费开放情况表；
3. 大型体育场馆免费低收费开放情况汇总表。

中华人民共和国财政部　国家体育总局

2014年12月12日

**附件1**

大型体育场馆免费低收费开放补助资金补贴标准表

| 场馆名称 | 场馆类别 | 座位数（个） | 补贴标准（万元） |
| --- | --- | --- | --- |
| 体育场 | 甲类 | 60000及以上 | 350 |
| 体育场 | 乙类 | 40000~59999 | 250 |
| 体育场 | 丙类 | 20000~39999 | 130 |
| 体育馆 | 甲类 | 10000及以上 | 300 |
| 体育馆 | 乙类 | 6000~9999 | 200 |
| 体育馆 | 丙类 | 3000~5999 | 100 |
| 游泳馆 | 甲类 | 6000及以上 | 500 |
| 游泳馆 | 乙类 | 3000~5999 | 300 |
| 游泳馆 | 丙类 | 1500~2999 | 150 |

## 附件2

### 大型体育场馆免费低收费开放情况表

填报单位：　　　　　　　　　　　　　　　填报时间：　　年　月　日

| 一、基本情况 | | | |
|---|---|---|---|
| 场馆名称 | | 座位数（个） | |
| 场馆类型 | □体育场□体育馆□游泳（跳水）馆 | 场馆类别 | □甲类□乙类□丙类 |
| 单位性质 | □事业单位（□财政补助□经费自理）□企业 | | |
| 运营单位名称 | | 上级主管单位 | |
| 建成年份 | | 投资总额（万元） | |
| 用地面积（$m^2$） | | 室外场地面积（$m^2$） | |
| 建筑面积（$m^2$） | | 室内场地面积（$m^2$） | |
| 二、上一年度对外开放情况 | | | |
| 全年对外开放天数（天） | | | |
| 周对外开放时间（小时） | | | |
| 公休日、法定节假日、学校寒暑假期间，每天开放时间（小时） | | | |
| 户外公共区域及户外健身器材是否全年免费开放 | □是　　□否 | 每天开放时间（小时） | |
| 对学生、老年人、残疾人是否免费、低收费开放 | □是　　□否 | | |
| 全民健身日是否全面免费开放 | □是　　□否 | | |
| 举办体育赛事活动数量 | | 其中免费举办公益性体育赛事活动数量 | |
| 举办其他体育、文化等活动数量 | | 其中免费举办体育讲座、展览等数量 | |
| 体育健身技能培训人次 | | 其中免费培训人次 | |
| 运动健身指导人次 | | 其中免费体质测试人次 | |
| 三、上一年度收支情况 | | | |
| 收入合计（万元） | | | |
| 支出合计（万元） | | | |
| 户外公共区域及户外健身器材免费开放成本支出（万元） | | | |

填表人：　　　　　　　　　　　　　　　　　　　联系方式：

大型体育场馆免费低收费开放情况表填写说明

一、符合本办法所列补助资金支出范围且达到免费、低收费开放要求的大型体育场馆填写本表。包含两个以上场馆的综合性场馆单位所属符合条件的大型体育场馆，应分别填写。

二、有关指标说明：

1. 场馆名称：填写具体的体育场、体育馆、游泳（跳水）馆的名称。填写样式如国家体育馆、天河体育中心游泳馆、北京工人体育场等。

2. 座位数：指符合通知规定的统计范围内场馆的观众座位数。

3. 场馆类型：在相应选项的"□"符号上打"√"。

4. 场馆类别：对照《体育建筑设计规范》，按照场馆座位数确定场馆类别，选填甲类、乙类、丙类，并在相应选项的"□"符号上打"√"。

| | 体育场 | 体育馆 | 游泳（跳水）馆 |
|---|---|---|---|
| 甲类 | 60000及以上 | 10000及以上 | 6000及以上 |
| 乙类 | 40000~59999 | 6000~9999 | 3000~5999 |
| 丙类 | 20000~39999 | 3000~5999 | 1500~2999 |

5. 单位性质：按照单位实际性质，在相应选项的"□"符号上打"√"。若选择事业单位，请进一步按照实际情况，勾选财政补助或经费自理。

6. 运营单位名称：指具体负责该体育场馆运营单位的名称。场馆自行运营管理的则填写场馆单位名称。包含两个以上场馆的综合性场馆单位所属符合条件的大型体育场馆，自行运营管理的填写综合性场馆单位名称。

7. 上级主管单位：指按隶属关系确定的上级业务主管单位名称。

包含两个以上场馆的综合性场馆单位所属符合条件的大型体育场馆，填写综合性场馆单位的上级业务主管单位。

8. 建成年份：指体育场馆已建成，工程正式验收后交付使用的年份。

9. 投资总额：指对体育场地的全部投资额。包括财政拨款、单位自筹、社会捐赠、体育彩票公益金及其他各种来源的资金，还包括改建、扩建的投资，但不包括正常维修费用。外资按当时比价折合成人民币。

10. 用地面积：指体育场馆实际占有的土地面积，包括附属配套设施的占地面积，以及道路、停车场、绿化带等占地面积。包含两个以上场馆的综合性场馆单位的体育场、体育馆、游泳（跳水）馆计算用地面积时，应合理划分公共区域且不得重复计算。

11. 建筑面积：指体育场馆及附属用房面积。

12. 场地面积：指可供训练、比赛、健身活动的有效面积。室内场地从内墙计算，有看台的场地从看台下计算，室外场地除包括比赛规定的尺寸外，还包括必要的安全区、缓冲区、无障碍地带。

13. 全年对外开放天数：指上一年度体育场馆对外开放的总天数。

14. 周对外开放时间：指上一年度体育场馆对外开放日期平均每周对外开放的时间。

15. 公休日、法定节假日、学校寒暑假期间，每天开放时间：指上一年度体育场馆对外开放的公休日、法定节假日、学校寒暑假期间，平均每天对外开放的时间。

16. 户外公共区域及户外健身器材每天开放时间：指上一年度户外公共区域及户外健身器材对外开放的日期平均每天对外开放的时间。

17. 举办体育赛事活动数量：指上一年度在体育场馆举办各级各类体育赛事活动数量。如一次赛事包括若干场次，只记为一次。

18. 免费举办公益性体育赛事活动数量：指上一年度体育场馆自主举办或免费提供场地承办公益性体育赛事活动的数量。如一次赛事包括若干场次，只记为一次。

19. 举办其他体育、文化等活动数量：指上一年度在体育场馆举办的各类群众体育、文化演出、讲座展览等相关活动数量。如一次赛事包括若干场次，只记为一次。

20. 免费举办体育讲座、展览等数量：指上一年度体育场馆自主举办或免费提供场地承办体育讲座、展览等相关活动数量。如一次活动包括若干场次，只记为一次。

21. 体育健身技能培训人次：指上一年度接受体育场馆举办或承办的各类体育健身技能培训的人数总和。

22. 免费培训人次：指上一年度接受体育场馆举办或承办的各类免费体育健身技能培训的人数总和。

23. 运动健身指导人次：指上一年度接受体育场馆举办或承办国民体质测试、运动能力评估和科学健身指导的人数总和。

24. 免费测试人次：指上一年度接受体育场馆举办或承办的免费国民体质测试的人数总和。

25. 收入合计：指体育场馆当年各项收入的总和。

26. 支出合计：场馆部门为开展业务活动和其他活动所发生的各项资金耗费及损失以及用于基本建设项目的开支。包括事业支出、经营支出、对附属单位补助支出、上缴上级支出、其他支出等。

27. 户外公共区域及户外健身器材免费开放成本支出：为保证户外公共区域及户外健身器材免费开放而产生的相关成本支出，包括相关服务人员开支（含场地管理、安保、保洁等）、能源费用、场地及设施维护、绿化及道路维护以及相关分摊费用等。

包含两个以上场馆的综合性场馆单位的体育场、体育馆、游泳（跳水）馆成本支出测算范围应与填报"用地面积"时包括的户外公共区域范围一致。

附件3

## 大型体育场馆免费低收费开放情况汇总表

填报单位：　　　　　　　　　　　　　　　　　　　填报时间：　年　月　日

| 场馆类型 | 场馆类别 | | 场馆名称 | 座位数（个） | 收入合计（万元） | 支出合计（万元） | 户外公共区域及户外健身器材免费开放成本支出（万元） | 是否达到基本公共服务要求 | 综合评价得分 | 综合评价核心指标得分 |
|---|---|---|---|---|---|---|---|---|---|---|
| 总计 | | | （个） | — | | | | — | — | — |
| 体育场 | 合计 | | （个） | — | | | | — | | |
| | 甲类 | 小计 | （个） | — | | | | — | | |
| | | | | | | | | | | |
| | 乙类 | 小计 | （个） | — | | | | — | | |
| | | | | | | | | | | |
| | 丙类 | 小计 | （个） | — | | | | — | — | — |
| | | | | | | | | | | |
| 体育馆 | 合计 | | （个） | — | | | | — | | |
| | 甲类 | 小计 | （个） | — | | | | — | | |
| | | | | | | | | | | |
| | 乙类 | 小计 | （个） | — | | | | — | — | — |
| | | | | | | | | | | |
| | 丙类 | 小计 | （个） | — | | | | — | — | — |
| | | | | | | | | | | |

（续表）

| 场馆类型 | 场馆类别 | | 场馆名称 | 座位数（个） | 收入合计（万元） | 支出合计（万元） | 户外公共区域及户外健身器材免费开放成本支出（万元） | 是否达到基本公共服务要求 | 综合评价得分 | 综合评价核心指标得分 |
|---|---|---|---|---|---|---|---|---|---|---|
| 总计 | | | （个） | — | | | | — | — | — |
| 游泳馆 | 合计 | | （个） | | | | | | | |
| | 甲类 | 小计 | （个） | — | | | | — | — | — |
| | | | | | | | | | | |
| | | | | | | | | | | |
| | 乙类 | 小计 | （个） | — | | | | — | — | — |
| | | | | | | | | | | |
| | | | | | | | | | | |
| | 丙类 | 小计 | （个） | | | | | | | |
| | | | | | | | | | | |
| | | | | | | | | | | |

填报人：　　　　　　　　　　　　　　　　　联系电话：

大型体育场馆免费低收费开放情况汇总表填写说明

一、本表由省级财政部门和体育行政部门审核汇总本地区大型体育场馆补助资金申请材料，并按照大型体育场馆基本公共服务相关规范及标准、大型体育场馆运营管理综合评价体系有关规定对申请单位进行考核后填写。填写时，依次按场馆类型、场馆类别、场馆运营综合评价得分排序并对相关指标进行小计、合计、总计。

二、有关指标说明：

1.场馆类别：对照《体育建筑设计规范》，按照场馆座位数确定场馆类别。

|  | 体育场 | 体育馆 | 游泳（跳水）馆 |
| --- | --- | --- | --- |
| 甲类 | 60000及以上 | 10000及以上 | 6000及以上 |
| 乙类 | 40000~59999 | 6000~9999 | 3000~5999 |
| 丙类 | 20000~39999 | 3000~5999 | 1500~2999 |

2. 场馆名称：填写具体的体育场、体育馆、游泳（跳水）馆的名称。包含两个以上场馆的综合性场馆单位所属符合条件的大型体育场馆，应分别填写。填写样式如国家体育馆、天河体育中心游泳馆、北京工人体育场等。

总计、合计、小计处填写相应的场馆数量。

3. 座位数：指符合通知规定的统计范围内场馆的观众座位数。

4. 收入合计：指体育场馆当年各项收入的总和。

总计、合计、小计处填写相应汇总数额。

5. 支出合计：体育场馆为开展业务活动和其他活动所发生的各项资金耗费及损失以及用于基本建设项目的开支。包括事业支出、经营支出、对附属单位补助支出、上缴上级支出、其他支出等。

总计、合计、小计处填写相应汇总数额。

6. 户外公共区域及户外健身器材免费开放成本支出：为保证户外公共区域及户外健身器材免费开放而产生的相关成本支出，包括相关服务人员开支（含场地管理、安保、保洁等）、能源费用、场地及设施维护、绿化及道路维护以及相关分摊费用等。

总计、合计、小计处填写相应汇总数额。

7. 是否达到基本公共服务要求、综合评价得分、综合评价核心指标得分：按照国家体育总局关于大型体育场馆运营管理综合评价体系的有关规定进行评价并填报结果。

# 国家体育总局关于推进体育赛事审批制度改革的若干意见

**体政字〔2014〕124号**

各省、自治区、直辖市、计划单列市、新疆生产建设兵团体育局,总参军训部军事体育训练局、总政宣传部文化体育局,各厅、司、局,各直属单位:

为贯彻党中央、国务院加快转变政府职能、深化行政体制改革的重大决策,落实《国务院关于加快发展体育产业促进体育消费的若干意见》(国发〔2014〕46号),鼓励社会力量参与体育事业,充分调动社会各方面组织和承办体育赛事的积极性,按照深化改革的精神和创新行政管理方式的要求,进一步简政放权,现就体育赛事审批制度改革,提出以下指导意见:

## 一、总体要求

(一)指导思想

以党中央、国务院深化行政审批制度改革精神为指导,以转变政府职能为核心,正确处理政府与市场的关系,充分认识体育赛事在体育事业中的作用,完善体育赛事管理制度,加强事中事后监管。

(二)基本原则

取消审批,依法管理。除全国综合性运动会和少数特殊项目赛事外,包括商业性和群众性体育赛事在内的全国性体育赛事审批一律取消。完善事中事后监管措施，加强体育赛事服务，切实防范办赛风险。

禁止巧立名目违法违规收费。坚决禁止利用确定赛事承办单位之机收取任何名目的费用，让市场主体依法依规举办赛事，激活体育市场。

创新管理模式。对各类体育赛事统筹考虑、通盘研究，根据赛事规模、组织形式等方面的特点，采取不同的管理模式。编制《全国性单项体育协会竞技体育重要赛事名录》（以下简称《赛事名录》），促进管理规范化。

加强信息公开。主动回应社会关切，及时、准确地公开体育赛事审批制度改革精神及具体措施，《赛事名录》及其调整情况，全国性单项体育协会提供服务及收费情况等，广泛接受社会监督。

（三）主要目标

全面推进体育赛事审批制度改革，打破社会力量组织、承办体育赛事的制度壁垒。规范全国性单项体育协会的服务收费，破除利益固化的藩篱。充分调动社会多方面的积极性，建立办赛主体多元化的体育赛事体系。发挥体育赛事的积极作用，宣传推广全民健身，发现和培养高水平竞技人才，繁荣体育竞赛市场，促进体育产业发展。

## 二、全国性体育赛事管理

（四）全国综合性运动会。全国运动会、全国冬季运动会、全国青年运动会，以及由中央国家机关有关部门牵头主办的全国综合性运动会，仍然由国务院批准举办，按照现行的审批程序执行。

（五）《赛事名录》内的赛事。《赛事名录》只限于全国性单项体育协会主办的竞技体育重要赛事，主要是以专业运动员为参赛主体的国内最高竞技水平的体育赛事，既不包含商业性和群众性体育赛事，也不是各单项体育协会竞技体育的全部赛事。《赛事名录》内的赛事由全国性单项体育协会主办，一律无需体育总局及其各厅司局、直属单位审批，主办单位可以自主确定或协商确定举办地点，且不得以此为由收取任何费用。

（六）《赛事名录》外的赛事。此类赛事既包括商业性和群众性体育赛事，也包括公益性赛事中的部分赛事。体育总局及其各厅司局、直属单位针对此类赛事的审批，一律取消。合法的法律主体（包括全国性单项体育协会）均可以依法组织和承办此类赛事，主办单位自行确定或协商确定举办地点。对于此类体育赛事，体育总局一如既往地给予支持和鼓励，全国性单项体育协会更多地从技术、规则等方面进行指导和服务。

（七）特殊项目赛事。对于涉及国家安全、政治、军事、外交等方面的特殊体育项目赛事，不论是否列入《赛事名录》，均继续执行国家和有关主管部门的规定，按程序办理相关手续。其中，举办全国性、跨省（区、市）的健身气功活动的审批和举办国际性或全国性航空体育竞赛活动审批，按照《国务院各部门行政审批事项汇总清单》明示的《健身气功管理办法》（国家体育总局令第9号）和《全国航空体育竞赛活动管理办法》（航管字〔2012〕345号）办理。

（八）赛事经费。体育总局依据政策和补贴标准，对《赛事名录》内的赛事和《赛事名录》外的部分赛事给予经费补贴，并欢迎和支持地方人民政府给予体育赛事地方财政补贴。各类体育赛事，均可由主办单位和承办单位协商，订立合同，合作进行市场开发，筹措赛事经费。所签上述合同，尤其是赛事主办单位的分成比例、名目等，应公平、公正、合理、合法，维护赛事主办单位和承办单位双方的合法权益。

### 三、在我国举办的国际体育赛事管理

（九）国际赛事分类管理。按照行政审批制度改革精神，我国外事管理法律、法规、制度以及国际体育组织的管理规定，在华举办的国际体育赛事分三类管理，事先按程序办理手续。A类国际体育赛事，需列入体育总局年度外事活动计划，按照现行规定和审批权限，报体育总局或报国务

院审批；B类国际体育赛事，需列入体育总局年度外事活动计划，原则上由承办地有外事审批权的地方人民政府或有关部门审批；C类国际体育赛事，实行报备制，作为地方外事活动由地方有外事审批权的地方人民政府或有关部门审批。

## 四、相关要求

（十）鼓励社会力量办赛。进一步优化市场环境，完善政策措施，积极引导规范各类体育赛事的市场化运作，支持各类市场主体依法组织、承办体育赛事。

（十一）提供技术指导和服务。全国性单项体育协会应当建立健全赛事指导、服务制度以及收费标准，并向社会公布。组织、承办体育赛事的市场主体可以按照相关制度从全国性单项体育协会获取技术、规则、器材等方面的指导和服务。全国性单项体育协会根据其在体育赛事中提供的服务，依法合规地收取相应费用。但是，全国性单项体育协会不得强制提供服务，不得滥用垄断地位收取高额费用，不得只收费、不服务，不得高收费、少服务，不得利用不公平的合同条款收费，不得提出不合理或不合法的收费名目，不得以市场开发分成或任何借口违法违规地收取费用。

（十二）规范赛事名称。体育赛事的名称必须与实际内容相一致。全国性单项体育协会主办或作为主办单位之一的体育赛事，其名称可以使用"中国""全国""国家""中华"字样或具有类似含义的词汇。未经相关部门确认，其它体育赛事名称不得使用以上字样或具有类似含义的词汇。未经相应的国际体育组织确认，体育赛事名称不得冠以"世界""亚洲"字样或具有类似含义的词汇。赛事主办单位、承办单位应增强权利保护意识，主动办理商标、专利、著作权等知识产权手续，积极通过合法手段保护赛事名称、赛事品牌，避免同名赛事。

（十三）人事及其他制度。运动员、教练员和相关人员的津贴、奖金、待遇、技术职务等，所依据的赛事不限于《赛事名录》确定的重要赛事，多年来形成的其他机制、事务，均按照现行法律法规、全国性单项体育协会制度和今后的改革措施执行。

（十四）明确责任。体育总局各部门、各运动项目管理中心、各全国性单项体育协会坚决贯彻国务院行政审批制度改革要求，不得对已经取消和下放的审批项目以其他名目搞变相审批，坚决杜绝随意新设、边减边增、明减暗增、明放暗收等现象，严格禁止各厅司局、直属单位针对赛事出具或印发含有同意、支持、批准、许可、授权、备案意义的文件以及其他不符合本意见精神的涉及赛事审批的文件（在华举办的涉外赛事除外）。对违反规定的，将严肃追究相关单位和部门及相关人员责任。

（十五）业务手续。《赛事名录》内外的各项体育赛事，凡需要占用资源（例如，道路、无线电频率等），或使用特殊设备（例如，业余无线电台等），或涉及其他业务手续时，由赛事主办单位、承办单位直接同政府相关主管部门（例如，工商、税务、公安、交通、无线电管理等）联系，依照法律法规办理。举办体育赛事所涉及的法律责任，由赛事主办单位、承办单位依法承担。

（十六）加强宣传。体育总局各部门、各运动项目管理中心、各全国性单项体育协会要加强对体育赛事审批制度改革精神的宣传，通过文件、座谈、网络等多种适当方式向社会广泛宣传，引起社会关注，让体育赛事的组织者、承办者、参与者知晓权利和义务，促进体育赛事依法蓬勃开展。

（十七）完善配套制度。认真落实《体育法》第31条的规定"全国单项体育竞赛由该项运动的全国性协会负责管理"。体育总局将按照国务院清理非行政许可审批要求，结合本意见和实际工作情况，加快全国综合性和单项体育赛事管理制度改革，抓紧修改《全国体育竞赛管理办法（试行）》，完善体育赛事审批制度改革配套制度，加强对体育赛事的事中事后监管，督促全国性单项体育协会认真落实《体育法》有关全国单项体育竞赛的规定。在《全国体育竞赛管理办法（试行）》修改完成前，涉及体育赛事审批制度的业务，按照本意见执行。

（十八）地方体育赛事审批制度改革。各地方体育行政部门要按照国务院行政审批制度改革精神要求，根据本意见和当地政府的有关要求，结合各地体育赛事管理实际情况，取消商业性和群众性体育赛事审批，做好地方性体育赛事管理工作。

（十九）重大事项报告。体育总局各部门、各运动项目管理中心和各地方体育行政部门在执行本意见过程中，应及时总结经验，汲取教训，遇有重大事项迅速向体育总局报告。

国家体育总局

2014年12月24日

# 国家体育总局关于印发《全国性单项体育协会竞技体育重要赛事名录》的通知

**体政字〔2014〕125号**

各省、自治区、直辖市、计划单列市、新疆生产建设兵团体育局，总参军训部军事体育训练局、总政宣传部文化体育局，各厅、司、局，各直属单位：

根据《体育总局关于推进体育赛事审批制度改革的若干意见》（体政字〔2014〕124号），编制了《全国性单项体育协会竞技体育重要赛事名录》（以下简称《赛事名录》）。现作如下说明：

一、《赛事名录》只限于全国性单项体育协会主办的竞技体育重要赛事，既不包含商业性和群众性体育赛事，也不是各单项协会竞技体育的全部赛事。《赛事名录》不同于按年度发布的《全国体育竞赛计划》，《全国体育竞赛计划》包括但不限于《赛事名录》的内容和数量。

二、《赛事名录》所列赛事，一律无需体育总局及其各厅司局、直属单位审批。

三、涉及国家安全、政治、军事、外交等方面的特殊体育项目赛事，继续执行国家和有关主管部门的规定，按程序办理相关手续。其中，举办全国性、跨省（区、市）的健身气功活动的审批和举办国际性或全国性航空体育竞赛活动审批，按照《国务院各部门行政审批事项汇总清单》

（http://spgk.scopsr.gov.cn/）明示的《健身气功管理办法》（国家体育总局令第9号）和《全国航空体育竞赛活动管理办法》（航管字〔2012〕345号）办理。

四、运动员、教练员和相关人员的津贴、奖金、待遇、技术职务等，所依据的赛事不限于《赛事名录》确定的重要赛事，多年来形成的其他机制、事务，均按照现行法律法规、全国性单项体育协会制度和今后的改革措施执行。

五、《赛事名录》实行动态管理，将根据体育赛事的性质、特点及发展情况，及时进行必要的调整。

六、有关体育赛事审批的其他事项，详见《体育总局关于推进体育赛事审批制度改革的若干意见》。

国家体育总局
2014年12月24日

## 全国性单项体育协会竞技体育重要赛事名录

1. 全国短道速滑锦标赛
2. 全国短道速滑冠军赛
3. 全国短道速滑青年锦标赛
4. 全国花样滑冰锦标赛
5. 全国花样滑冰冠军赛
6. 全国花样滑冰青年锦标赛
7. 全国速度滑冰锦标赛
8. 全国速度滑冰冠军赛
9. 全国速度滑冰青年锦标赛
10. 全国单板滑雪平行项目锦标赛
11. 全国单板滑雪平行项目冠军赛
12. 全国单板滑雪平行项目青年锦标赛
13. 全国单板滑雪U型场地锦标赛
14. 全国单板滑雪U型场地冠军赛
15. 全国自由式滑雪空中技巧锦标赛
16. 全国自由式滑雪空中技巧冠军赛
17. 全国自由式滑雪雪上技巧锦标赛
18. 全国自由式滑雪雪上技巧冠军赛
19. 全国越野滑雪锦标赛
20. 全国越野滑雪冠军赛
21. 全国越野滑雪青年锦标赛
22. 全国跳台滑雪锦标赛
23. 全国跳台滑雪冠军赛

24. 全国高山滑雪锦标赛

25. 全国高山滑雪冠军赛

26. 全国高山滑雪青年锦标赛

27. 全国冰球锦标赛

28. 全国冰球青年锦标赛

29. 全国冰球联赛

30. 全国冰壶锦标赛

31. 全国冰壶冠军赛

32. 全国冰壶青年锦标赛

33. 全国冬季两项锦标赛

34. 全国冬季两项冠军赛

35. 全国射击锦标赛

36. 全国射击冠军赛

37. 全国射击青年锦标赛

38. 全国射箭冠军赛

39. 全国射箭锦标赛

40. 全国射箭青年锦标赛

41. 全国山地自行车锦标赛

42. 全国山地自行车冠军赛

43. 全国山地自行车青年锦标赛

44. 全国BMX锦标赛

45. 全国BMX冠军赛

46. 全国BMX青年锦标赛

47. 全国场地自行车锦标赛

48. 全国场地自行车冠军赛

49. 全国场地自行车青年锦标赛

50. 全国公路自行车锦标赛
51. 全国公路自行车冠军赛
52. 全国公路自行车青年锦标赛
53. 全国击剑锦标赛
54. 全国击剑冠军赛
55. 全国击剑青年锦标赛
56. 全国现代五项锦标赛
57. 全国现代五项冠军赛
58. 全国现代五项青年锦标赛
59. 全国铁人三项锦标赛
60. 全国铁人三项冠军杯赛
61. 全国铁人三项青年锦标赛
62. 全国马术锦标赛
63. 全国马术冠军赛
64. 全国马术青年锦标赛
65. 全国帆船锦标赛
66. 全国帆船冠军赛
67. 全国青年帆船锦标赛
68. 全国帆板锦标赛
69. 全国帆板冠军赛
70. 全国青年帆板锦标赛
71. 全国赛艇锦标赛
72. 全国赛艇冠军赛
73. 全国青年赛艇锦标赛
74. 全国皮划艇静水锦标赛
75. 全国皮划艇静水冠军赛

76. 全国皮划艇静水青年锦标赛
77. 全国皮划艇激流回旋锦标赛
78. 全国皮划艇激流回旋冠军赛
79. 全国皮划艇激流回旋青年锦标赛
80. 全国举重锦标赛
81. 全国举重冠军赛
82. 全国举重青年锦标赛
83. 全国摔跤锦标赛
84. 全国摔跤冠军赛
85. 全国摔跤青年锦标赛
86. 全国柔道锦标赛
87. 全国柔道冠军赛
88. 全国柔道青年锦标赛
89. 全国拳击锦标赛
90. 全国拳击冠军赛
91. 全国拳击青年锦标赛
92. 全国跆拳道锦标赛
93. 全国跆拳道冠军赛
94. 全国跆拳道青年锦标赛
95. 全国田径锦标赛
96. 全国田径冠军赛
97. 全国竞走锦标赛
98. 全国竞走冠军赛
99. 全国马拉松锦标赛
100. 全国马拉松冠军赛
101. 全国田径青年锦标赛

102. 全国游泳锦标赛
103. 全国游泳冠军赛
104. 全国游泳青年锦标赛
105. 全国跳水锦标赛
106. 全国跳水冠军赛
107. 全国跳水青年锦标赛
108. 全国花样游泳锦标赛
109. 全国花样游泳冠军赛
110. 全国花样游泳青年锦标赛
111. 全国水球锦标赛
112. 全国水球冠军赛
113. 全国水球青年锦标赛
114. 全国体操锦标赛
115. 全国体操冠军赛
116. 全国体操青年锦标赛
117. 全国艺术体操锦标赛
118. 全国艺术体操冠军赛
119. 全国艺术体操青年锦标赛
120. 全国蹦床锦标赛
121. 全国蹦床冠军赛
122. 全国蹦床青年锦标赛
123. 全国手球锦标赛
124. 全国手球冠军杯赛
125. 全国手球青年锦标赛
126. 全国曲棍球锦标赛
127. 全国曲棍球冠军杯赛

128. 全国曲棍球青年锦标赛
129. 全国女足锦标赛
130. 全国足球青年锦标赛
131. 全国女子篮球锦标赛
132. 全国篮球青年锦标赛
133. 全国篮球青年联赛
134. 全国排球锦标赛
135. 全国排球冠军赛
136. 全国排球青年锦标赛
137. 全国沙滩排球巡回赛
138. 全国沙滩排球青年锦标赛
139. 全国乒乓球锦标赛
140. 全国乒乓球冠军赛
141. 全国乒乓球青年锦标赛
142. 全国羽毛球锦标赛
143. 全国羽毛球冠军赛
144. 全国羽毛球青年锦标赛
145. 全国网球团体锦标赛
146. 全国网球巡回赛总决赛
147. 全国网球青年锦标赛
148. 全国高尔夫球巡回赛
149. 全国高尔夫球团体赛
150. 全国高尔夫球青年冠军赛
151. 全国橄榄球系列积分赛
152. 全国橄榄球冠军赛
153. 全国橄榄球青年锦标赛
154. 全国武术套路锦标赛

155. 全国武术套路冠军赛
156. 全国武术套路青年锦标赛
157. 全国武术散打锦标赛
158. 全国武术散打冠军赛
159. 全国武术散打青年锦标赛
160. 全国蹼泳锦标赛
161. 全国技巧锦标赛
162. 全国棒球锦标赛
163. 全国垒球锦标赛
164. 全国桥牌锦标赛
165. 全国围棋锦标赛
166. 全国象棋锦标赛
167. 全国国际象棋锦标赛

# 在华举办国际体育赛事
# 审批事项改革方案

**体外字〔2014〕519号**

## 一、指导思想

根据国务院关于转变政府职能推进行政审批制度改革措施的意见和国务院有关会议精神，按照简政放权、放管结合的要求，进一步规范、简化在国内举办国际体育赛事的审批工作，更好地为体育事业发展提供良好环境。

## 二、总体目标

以削减、下放在华举办国际体育赛事审批事项、简化审批环节、提高审批效率为重点，进一步转变政府职能，建立更加公开透明、便捷有序的审批程序。

## 三、实施细则

在华举办国际体育赛事，按照"计划报批，分类审批"的办法进行审批管理。由社会中介机构举办的商业性、群众性国际体育赛事不在此列，按照"属地管理"的原则，根据地方有关规定，自行办理相关手续。

（一）在华举办的国际体育赛事分类

按照国际体育赛事主办方、比赛性质和重要程度分为A、B、C三类。

A类国际体育赛事包括：

1.由国际体育组织主办的国际综合性运动会、世界锦标赛、世界杯赛、亚洲锦标赛、亚洲杯赛；涉及奥运会、亚运会资格、积分的比赛。

2.由体育总局主办或参与主办的重要国际体育赛事。

3.由体育总局相关单位或所属运动项目协会主办的跨省（区、市）的国际体育赛事，以及举办涉及海域、空域及地面敏感区域等特殊领域的国际体育赛事。

B类国际体育赛事包括：

由体育总局相关单位或所属运动项目协会主导，与地方共同主办或交由地方承办的国际体育赛事。

C类国际体育赛事包括：

1.地方自行举办的国际体育赛事。

2.由地方主导，体育总局相关单位或所属运动项目协会参与主办、协办的国际体育赛事。

### （二）各类国际体育赛事审批程序及要求

1.A类国际体育赛事审批程序及要求：

A类国际体育赛事，需列入体育总局年度外事活动计划，按照现行规定和审批权限，报体育总局或报国务院审批。参加此类活动人员的来华邀请函、接待通知等相关外事手续由体育总局办理。

2.B类国际体育赛事审批程序及要求：

B类国际体育赛事，需列入体育总局年度外事活动计划，原则上由承办地有外事审批权的地方人民政府或有关部门审批。参加此类活动人员的来华邀请函、接待通知等相关外事手续由地方办理。具体操作程序是：由承办（或参与主办）单位所在省级或与地方有外事审批权单位同级的体育主管部门事先书面向我有关项目中心（或所属协会）提出申请，有关项目中心（或所属协会）按照内部管理制度和程序履行内部审核手续，出具相关意见函，再由地方体育主管部门报有外事审批权的地方人民政府或有关部门审批。

3. C类国际体育赛事审批程序及要求：

C类国际体育赛事实行报备制。作为地方外事活动由地方有外事审批权的人民政府或有关部门审批，并办理来华邀请函等相关外事手续。具体操作程序是：由赛事举办地的省级或与地方有外事审批权单位同级的体育主管部门事先书面向我有关项目中心（或所属协会）提出申请，有关项目中心（或所属协会）按照内部管理制度和程序履行内部审核手续，出具相关意见函。再由地方体育主管部门报地方有外事审批权的人民政府或有关部门审批。体育总局相关单位（或所属协会）对相关赛事活动应给予业务指导。

C类国际体育赛事不再列入体育总局年度外事活动计划，但在制定年度外事活动计划时，应统一向体育总局报备。

### （三）取消对商业性、群众性国际体育赛事的审批

除上述名列的A、B、C类国际体育赛事外，由社会中介机构举办的其他商业性、群众性国际体育赛事，赛事主办方按照"属地管理"原则，并根据地方有关规定，自行办理相关手续。地方体育主管部门对社会中介机构举办的商业性、群众性国际体育赛事应在竞赛组织等方面提供业务指导和技术支持。

### （四）进一步加强对在华举办国际体育赛事的监管

1. 加强计划管理。按照科学规划、为我所用、量力而行、勤俭节约的原则要求，审核制定国际体育赛事计划。计划外的国际体育赛事原则上不予审批。年中对计划进行适当调整。

2. 强化收费监管。各级审批单位应按照分类审批的原则和国家有关规定认真审核、审批国际体育赛事。同时，应加强赛事相关收费情况的监督。各单位履行报批手续时，除按一般外事行文要求上报请示外，还需附有关收费情况说明。说明内容包括：

（1）申请举办该项国际体育赛事是否向地方收取申办费、注册费、批准费或其它相关费用，收取费用的依据、金额及用途。

（2）是否向国际体育组织上缴申办费、保证金等相关费用，上缴费用金额及用途，并提供国际体育组织的相关规定要求。

（3）国际体育组织是否按比例与承办方根据赛事推广、市场开发等情况要求分成，并提供国际体育组织的相关规定要求。

3.加强事中事后监管

（1）体育总局有关职能部门将不定期与赛事主办、承办单位沟通情况，对赛事组织筹备、经费使用情况等进行检查，确保赛事按照国家有关规定规范运行。

（2）对于A、B类国际体育赛事，各有关单位在赛事举办后1个月内应向体育总局提交总结报告。

（3）对于C类国际体育赛事，各有关单位于每年11月10日前将本单位全年核准举办的C类国际体育赛事数量、基本情况、收费情况、举办成效及相关建议等内容一并向体育总局报告。

国家体育总局<br>
2014年12月24日

# 国家体育总局办公厅关于切实做好当前大型体育赛事和群众体育活动安全管理工作的通知

**体办字〔2015〕2号**

各司、局，各直属单位：

近日，一些地方先后发生多起重特大生产安全事故和群众聚集踩踏事件，这一系列事故和事件造成重大人员伤亡和严重财产损失。党中央、国务院对此高度重视，习近平总书记、李克强总理等中央领导同志多次作出重要指示批示，要求把人民群众生命财产安全放在第一位，深刻汲取教训，落实各项防范保障措施，加强各领域各行业安全隐患排查，坚决避免类似事件发生，确保人民群众生命安全和社会稳定。

体育总局党组在新年第一个工作日即召开会议学习传达、贯彻落实中央领导同志的重要指示批示精神。按照党中央、国务院的统一部署和体育总局党组贯彻落实要求，结合体育工作特点，为切实做好大型体育赛事和群众体育活动安全管理工作，现就相关事宜通知如下：

## 一、高度重视，增强底线思维

各部门、各单位要充分认识做好大型体育赛事和群众体育活动安全管理工作的重要意义，深刻领会中央领导同志的重要指示批示精神，把人民群众生命安全放在第一位，深刻吸取已发事故的惨痛经验教训，落实各项防范保障措施，加强安全隐患排查，坚决避免类似事件发生，确保大型体育赛事和群众体育活动的安全开展。

赛事和活动因其特点，易发生各类安全事故，特别是在大型体育赛事和群众体育活动的举办过程中，由于人员聚集，场地空间限制，如果安全措施不到位，应急预案不完善，若遇有特殊情况极易引发拥挤踩踏等事故；同时时值冬季，冰雪类及一些高危险项目如果安全措施不到位、自身防护不够也易发生事故。各部门、各单位主要负责同志是安全工作第一责任人，务必在思想上高度重视，要牢固树立底线思维，坚持从最坏处着想、向最好处努力，把问题和困难估计得更加充分一些，把工作部署和应对措施考虑得更加周密一些，做到居安思危、有备无患，坚决打好主动仗，牢牢把握主动权，确保体育行业、体育系统不出现重大安全问题。

## 二、突出重点，着力做好安全保障工作

各部门、各单位要针对近期大型体育赛事和群众体育活动的特点，严格落实安全防范措施，严格执行审批报备制度，对于各项大型体育赛事和群众体育活动要提前制定安全保障措施和应急保障预案，安排足够力量，加强巡逻值守、安全防范和应急响应，确保场地、场馆和赛场的安全。特别要突出重点，着力做好以下几方面安全保障工作：

（一）要认真排查近期拟在我国举办的国际赛事、各项全国性赛事以及大型群众性体育活动，列出竞赛和活动计划清单，对大型体育赛事和群体性体育活动进行分类，特别对观众人数较多及敏感的体育赛事和活动加强管理，赛事和活动举办部门要会同承办单位和地方体育行政部门按照《大型群众性活动安全管理条例》的规定，确定赛事和群众性体育活动安全工作责任人，制定详实可行的安全工作方案和应急预案，并向举办地公安机关提交安全许可申请，接受公安机关的检查和指导。

（二）要进一步严格对比赛场馆和活动场地及设施器材的检查、验收，全面排查安全隐患、堵塞安全监管漏洞。对体育竞赛中涉及的运动枪支弹药等危险物资和器材在存放、运输、使用过程中要加强监管，确保不出现安全事故。

（三）各部门、各单位要加强对赛区和活动举办地的食品安全、卫生防疫、交通安全的管理，要进一步强化对比赛运动员、教练员、赛区工作人员以及群众性体育活动参与者的安全教育、培训和管理，切实采取必要防范措施，严防拥挤踩踏等事故发生，加强对赛区和活动举办地的指导和协调，确保比赛和各类群众性体育活动的安全、顺利进行。

（四）各省、自治区、直辖市、计划单列市、新疆生产建设兵团体育局要认真排查在属地承办的国际、国内综合性和单项比赛以及各类群众性体育活动，会同体育总局相应部门做好比赛安全工作方案。同时，参照通知要求，做好本省市体育赛事和群众体育活动的安全管理工作。

### 三、强化责任，认真排查安全隐患

各部门、各单位要坚持党政同责、一岗双责、齐抓共管，把责任逐级落实到基层、落实到岗位、落实到人头，进一步强化工作责任，狠抓各项工作措施落实。各部门、各单位主要负责同志要亲力亲为，深入赛事和活动一线督导检查，确保各项措施不折不扣地落到实处，切实做到"五个结合"，即：一要把活动主办与活动承办的安全责任结合起来，防止和克服管办脱节，在强调承办方负有具体的安全责任同时，主办方也负有义不容辞的安全责任，不能完全托付或推卸应有的安全责任；二要把活动成效与万无一失的安全责任结合起来，防止和克服两张皮，按照安全工作"一票否决"和"零容忍"的要求，坚持活动成绩与活动安全两手抓两手都要硬，把活动安全纳入活动成效考量的首要内容；三要把场内活动与场外群众的安全责任结合起来，防止和克服顾此失彼，开展活动要始终把人民的生命安全放在首位；四要把领导出席活动与督办检查的安全责任结合起来，防止和克服官僚主义，各部门、各单位领导是本部门、本单位安全工作的第一责任人，出席活动无论时间多紧，必须要过问安全防范工作，必须要检查现场安全事项；五要把单位自身与赛事活动的安全责任结合起来，防止和克服后院起火，在活动多、任务重的情况下，要把单位的人身安全、财产安全重视起来，切实做到安全监管工作全覆盖。

各部门、各单位要结合季节性特点，迅速组织开展岁末年初安全生产工作大检查，认真排查整改安全隐患，加强安全工作监管监督，加强安全防范控制，有效防止和坚决遏制各类重特大事故发生。

### 四、制定预案，进一步提高应急处置工作效率

要认真落实《体育总局办公厅关于做好2015年元旦春节期间有关工作的通知》（体办字〔2014〕178号）要求，研究制定、完善细化各项应急处置预案，健全应急指挥和联动处置机制，科学应对、妥善处置各类赛事和活动中出现的突发事件。要加强应急值守，畅通信息报送渠道，强化应急处置力量准备，加强实战演练，确保一旦发生紧急情况，迅速启动响应，科学有效处置，努力减少人员伤亡和财产损失。

各部门、各单位特别是主要负责同志要把做好当前大型体育赛事和群众体育活动安全管理工作作为紧迫任务来抓，迅速安排部署，确保责任落实、措施落实、监管落实，确保不出问题。因措施不力、监管不到位、失职渎职而发生重特大事故的，将严肃追查责任，特别是严格追究相关领导和责任人责任。

国家体育总局办公厅

2015年1月5日

# 国家体育总局办公厅关于清理不利于体育产业发展有关规定的通知

有关司、有关直属单位、有关企业：

为贯彻落实《国务院关于加快发展体育产业促进体育消费的若干意见》，现就做好全面清理不利于体育产业发展有关规定的工作通知如下：

一、全面梳理涉及体育产业的文件。梳理范围包括各单位实际工作中执行的现行有效的法律、法规、部门规章和规范性文件。除此之外，国务院其他部委以及总局各厅司局、各中心、各协会涉及体育产业的相关文件也在梳理范围之内。

二、对不利于体育产业发展的有关规定提出清理建议（包括废止或修改），由政策法规司汇总报送有关部门，按照法定程序处理。

请各有关司、有关直属单位、有关企业填写表格，于2015年1月26日前书面反馈政策法规司。

国家体育总局办公厅
2015年1月8日

# 体育场馆运营管理办法

## 第一章 总则

第一条 为规范体育场馆运营管理，充分发挥体育场馆的体育服务功能，更好满足人民群众开展体育活动的需求，促进体育产业和体育事业协调发展，根据《中华人民共和国体育法》、《公共文化体育设施条例》以及《事业单位国有资产管理暂行办法》等相关法律法规，制定本办法。

第二条 本办法适用于体育系统各级各类体育场馆。

本办法所称体育场馆运营单位，是指具有体育场馆整体经营权，负责场馆和设施的运营、管理和维护，为公众开展体育活动提供服务的机构。

第三条 体育场馆应当在坚持公益属性和体育服务功能，保障运动队训练、体育赛事活动、全民健身等体育事业任务的前提下，按照市场化和规范化运营原则，充分挖掘场馆资源，开展多种形式的经营和服务，发展体育及相关产业，提高综合利用水平，促进社会效益和经济效益相统一。

第四条 县级以上各级体育主管部门负责本级体育场馆运营的监督和管理。上级体育主管部门负责对下级体育主管部门体育场馆运营监督管理工作开展指导和检查。

## 第二章 运营内容与方式

第五条 体育场馆应当按照以体为本、多元经营的要求，突出体育功能，强化公共服务，拓宽服务领域，提高服务水平，全面提升运营效能。鼓励有条件的体育场馆发展体育旅游、体育会展、体育商贸、康体休闲、文化演艺等多元业态，建设体育服务综合体和体育产业集群。

第六条 体育场馆应当结合当地经济社会发展水平、城市发展需要、消费特点和趋势，统筹规划运营定位、服务项目和经营内容，提高综合服务功能。鼓励体育场馆根据运营实际需要，充分利用场馆闲置空间，依照国家有关标准和规范，合理开展适用性改造，完善场地和服务设施。

第七条　体育场馆应当建立适合自身特点、符合行业发展规律、与地方经济社会发展水平相适应、能够充分发挥场馆效能的运营模式。

积极推进场馆管理体制改革和运营机制创新，推动场馆所有权和经营权两权分离，引入和运用现代企业制度，激发场馆活力。

鼓励采取参股、合作、委托等方式，引入企业、社会组织等多种主体，以混合所有制等形式参与场馆运营。鼓励有条件的场馆通过连锁等模式扩大品牌输出、管理输出和资本输出，提升规模化、专业化、社会化运营水平。

第八条　体育场馆应当以体育本体经营为主，做好专业技术服务，开展场地开放、健身服务、竞赛表演、体育培训、运动指导、健康管理等体育经营服务。

第九条　训练场馆和专业性较强的场馆在保障专业训练、比赛等任务的前提下积极创造条件对社会开放。

除上述场馆之外的其它体育场馆每周开放时间一般不少于35小时，全年开放时间一般不少于330天。国家法定节假日、全民健身日和学校寒暑假期间，每天开放时间不得少于8小时。

因场馆类型、气候条件、承担专业训练和竞赛任务等原因，不能按照本办法规定对外开放的，可由省级体育主管部门视具体情况自行制定开放时间要求，向公众公示。

第十条　体育场馆应当突出体育赛事和群体活动的承载功能，全年举办的活动中非体育类活动次数不得超过总活动次数的40%。

鼓励有条件的体育场馆举办具有自主品牌的群众性体育赛事，承接职业联赛，引进国内外知名体育赛事。

第十一条　体育场馆应当完善配套服务，优化消费环境，提供与健身、竞赛、培训等功能相适应的商业服务，不得经营含有奢侈和低俗内容的商品和服务。

场馆主体部分，包括场地和看台等，除进行广告等无形资产开发外，不得占用进行商业开发。

场馆主体部分附属设施，包括除主体部分以外的室内附属用房等，可在不影响设施原有功能的前提下，适度进行商业开发。

场馆配套设施，包括按规划建设的、与体育场馆或场馆群相配套的室内外非体育设施和用房，可结合城市发展需要，根据规划和功能定位进行多元开发。

第十二条　鼓励体育场馆充分挖掘利用资源，采用多种方式加强无形资产开发，扩大无形资产价值和经营效益。涉及冠名、广告等无形资产开发的，应当符合工商、市容、广告、安全等相关规定，禁止发布和变相发布国家工商和广告法律法规中明确禁止的广告内容。

第十三条　体育场馆应当加强品牌建设，拓宽营销渠道，宣传普及健身知识，引入新型消费和服务模式，培育健身消费市场。

体育场馆应当健全信息服务系统，建立客户维护体系，有条件的场馆可建立网络服务平台，提供多样化、人性化服务，提升客户体验。

第十四条　利用体育场馆经营高危险性体育项目的，应当依法办理审批手续，严格按照项目开放标准和要求开展经营活动。

## 第三章　经营管理

第十五条　体育场馆运营单位应当完善法人治理结构，建立科学决策机制，对重大事项决策、重要干部任免、重大项目安排和大额度资金使用事项应当实行集体决策。

体育场馆运营单位应当结合运营需要，配备专业运营团队，合理设置内设部门和岗位，完善运行管理体系，健全管理制度，建立激励约束和绩效考核机制。

第十六条　体育场馆运营单位应当加强人才培养和引进，完善员工培训体系，建立符合场馆发展需要的人才队伍。

体育场馆运营单位应当依法规范用工，相关专业技术人员必须持证上岗。

第十七条　体育场馆运营单位应当制定服务规范，明确服务标准和流程，配备专职服务人员，提供专业化、标准化、规范化服务。体育场馆运营单位应当开展顾客服务满意度评价，及时改进和提高服务水平。鼓励体育场馆运营单位参与服务质量认证。

体育场馆运营单位应当做好基础信息统计，加强健身人群、培训人数等数据统计和分析，动态调整经营策略和服务方式。

第十八条　体育场馆运营单位应当保证场馆及设施符合消防、卫生、安全、环保等要求，配备安全保护设施和人员，在醒目位置标明设施的使用方法和注意事项，确保场馆设施安全正常使用。

体育场馆运营单位应当完善安全管理制度，健全应急救护措施和突发公共事件预防预警及应急处置预案，定期开展安全检查、培训和演习。

体育场馆运营单位应当投保有关责任保险，提供意外伤害险购买服务并尽到提示购买义务。

第十九条　体育场馆所属房产出租、出借的，经营内容应当符合本办法规定和场馆运营规划，不得出租、出借给存在社会负面影响、易损害体育场馆社会形象的经营业态，且须符合国家和当地的相关规定。

体育场馆主体部分因举办公益性活动或者大型文化活动等特殊情况临时出租的，时间单次一般不得超过10日；出租期间，不得进行改变功能的改造。租用期满应立即恢复原状，不得影响该场馆的功能、用途。

第二十条　体育场馆开展无形资产开发、房屋出租等经营，应引入第三方评估，并采用公开招标或竞争性谈判等方式确定合作对象和价格等内容。

体育场馆运营单位应当加强合同管理，规范合同签订、履行、变更和终止，相关协议涉及到本办法有明确规定事项的，需在合同中约定。

体育场馆运营单位应当加强合同履行监管，及时制止擅自变更经营业态、擅自转租等行为，必要时按法定程序中止或解除合同。

第二十一条　体育场馆运营单位应当将运营经费纳入预算管理，并严格遵守国家相关财务规范，健全财务管理制度和体系，规范预算、收支和专项资金使用。

第二十二条　体育场馆运营单位应加强能源管理，采取节能措施，降低单位能耗，节约运营成本。

鼓励体育场馆运营单位引入环卫、安保、工程、绿化等专业服务机构，提升场馆区域范围内物业管理和服务的专业化水平。

鼓励有条件的场馆配备全面视频监控，实行动态管理，场地等重要场所监控录像保留时间不低于30日。

第二十三条　体育场馆运营单位应当公示服务内容、开放时间、收费项目和价格、免费或低收费开放措施等内容。除不可抗力外，因维修、保养、安全、训练、赛事等原因，不能向社会开放或调整开放时间的，应当提前7日向公众公示。

## 第四章　监督管理

第二十四条　体育主管部门应当加强对体育场馆运营管理工作的监督，建立健全科学合理的体育场馆运营监督管理责任制，并将工作监督和管理责任落实到具体部门；加大对体育场馆运营管理工作的指导力度，提供必要的培训等服务。

第二十五条　体育主管部门应当建立健全财政资金补贴体育场馆开放

服务的长效机制和政府购买公共体育服务的具体办法，保障体育场馆正常运行。

体育主管部门应当制定本级体育场馆运营目标和公共服务规范，开展运营目标考核和综合评价，并将运营目标完成情况和综合评价结果与预算资金安排、财政补贴或奖励、政府购买公共服务等经费安排、人员考核与晋升等挂钩。

第二十六条　体育场馆运营单位利用国有资产对外投资、出租和出借的，应当从经济效益、经营业态、形象信誉、安全风险等方面进行必要的可行性论证，并按照国家和当地国有资产管理规定，根据资产总额的相应权限要求进行报批或备案。

第二十七条　体育场馆运营单位应当将场馆的名称、地址、服务项目等内容报本级体育主管部门备案，并于下一年度1月31日前向本级体育主管部门报告以下事项：

（一）场馆设施总体使用情况；

（二）主要经营内容和服务项目调整情况；

（三）对外开放时间及免费或低收费开放情况；

（四）体育赛事活动及非体育类活动举办情况；

（五）商业经营开发情况；

（六）场馆无形资产开发情况。

## 第五章　附则

第二十八条　鼓励建立体育场馆社会组织，发挥行业组织在制定行业标准、强化行业自律、维护行业权益方面的作用。

第二十九条　本办法自2015年2月1日起施行。

2015年1月15日

# 国家发展改革委办公厅 国家体育总局办公厅 关于组织开展建立 体育产业联系点工作的通知

发改办社会〔2015〕354号

各省、自治区、直辖市发展改革委、体育局：

根据《国务院关于加快发展体育产业促进体育消费的若干意见》（国发〔2014〕46号，以下简称《意见》）要求，国家发展改革委、体育总局将联合开展建立体育产业联系点工作，现就有关事项通知如下：

## 一、基本原则和主要目标

（一）基本原则。

1. 坚持深化改革、创新机制。着力简政放权，破除体制机制约束和政策障碍，激发市场活力，积极培育多元市场主体，使市场在资源配置中起决定性作用和更好地发挥政府作用。

2. 坚持中央统筹、地方为主。中央予以宏观指导，充分发挥地方主动性和创造性，鼓励和支持联系点地区在事权范围内，开展先行先试，形成竞争有序、平等参与、丰富多样的市场格局。

3. 坚持重点突破、务求实效。联系点地区既要兼顾工作任务，又要从本地实际出发，选择亟需突破的发展和改革瓶颈，综合与分类相结合，务求将《意见》的政策措施落到实处。

4. 坚持统筹谋划、总结推广。联系点地区要将体育产业发展纳入经济社会发展总体规划，多部门协同合作，整体推进。要总结联系点工作经验，完善工作内容，以点带面、梯次推进，扩大和推广应用。

（二）主要目标。

通过开展建立体育产业联系点工作，促进联系点地区建立完善布局合理、功能完善、门类齐全的体育产业体系，不断优化产业环境，进一步夯实产业基础，创造一批符合产业特点、特色鲜明的典型经验做法，出台一批可复制可推广的政策创新成果，形成一批效益显著的特色产业、优势项目和赛事品牌，发挥区域辐射和产业扩散效应，为全国体育产业发展提供示范经验。

## 二、联系点任务

根据《意见》要求，按照坚持改革创新、发挥市场作用、倡导健康生活、创造发展条件和注重统筹协调的思路，重点围绕以下八个方面开展工作。

（一）大力优化体育产业结构。联系点要因地制宜，明晰发展定位，依托区域和自然资源优势，重点打造特色产业或产业集群，不断丰富健身休闲、竞赛表演、场馆服务、中介培训、体育用品制造与销售等产业门类，着力提升体育服务业比重，创新体育用品制造业等。

（二）积极支持社会力量进入。联系点要完善市场机制，积极培育多元市场主体，重点推动政府职能转变、放宽市场准入、推进职业体育改革、培育社会组织、做强做精体育企业、增强体育场馆复合经营能力、运用政府和社会资本合作（PPP）模式、加强政府购买服务等。

（三）完善公共体育设施布局。联系点要结合相关规划合理布点布局公共体育设施，重点落实人均规划体育设施指标，严格配建新建居住区和社区群众健身设施，加快完善老城区和改造已建成居住区群众健身设施，改造城市空置场所用于体育健身、建设便民利民的中小型体育场地设施、打造15分钟健身圈等。

（四）丰富体育赛事和活动。联系点要不断丰富市场供给，满足消费需求，重点发展以"足、篮、排"和冰雪运动等为切入点的普及性广、市场空间大的项目，开展多样化的群众喜闻乐见的健身休闲项目，打造一大批优秀体育俱乐部、示范场馆、品牌赛事和业余赛事等。

（五）完善体育产业发展政策。联系点要切实保障《意见》任务措施落地，并进一步完善地方配套政策，重点放在吸引社会投资、支持健身消费、落实税费优惠、加强土地供应、完善无形资产开发保护、加强人才队伍建设等。

（六）推动产业融合发展。联系点要发挥体育产业辐射范围广，关联度高等特点，重点拓展文化旅游、教育养老、传媒会展等产业业态，打造城市体育服务综合体，促进康体结合，推动电子信息、食品药品、金融地产等其他产业开发体育领域产品和服务、跨行业和跨区域合作发展产业集群等。

（七）培育健身消费市场。联系点要以倡导健康生活为理念，打造充满活力的消费市场，重点放在开发特色项目培育消费热点，加大财政投入建设体育设施，加快健身指导与经营，引导经营主体提供公益性群众健身服务，推动企事业单位和学校体育设施向社会开放，确保学生每天健身不少于一小时等。

（八）打造良好市场环境。联系点要遵循市场规律和产业规律，重点做好体育资源公平、公正、公开流转，放宽赛事转播权限制、确立体育赛事转播权收益分配机制、完善安保服务标准、加强诚信建设、建立协调机制等。

### 三、申报要求

（一）联系点选择。联系点地区原则上选择地市级（含副省级城市）城市，各地原则申报1个联系点地区。在此项工作同时，国家发展改革委、体育总局将根据工作需要，选择有代表性、有特点的项目，另行确定3-5个国家级单项体育协会、3个国家级体育产业基地、3个基层职业体育俱乐部等作为联系点，相关原则要求参照本通知执行。

（二）任务要求。申报联系点地区原则上要围绕主要任务推进工作，统筹兼顾、综合探索，但也要结合实际，在每项任务内选择重点突破的内容，更好地发挥先行示范作用。工作任务包括但不限于《通知》列举的具体事项。

（三）工作方案。申报联系点地区要制定《工作方案》，内容包括：联系点地区概况、联系点工作基础、主要目标、具体任务、实施路径、保障措施、时间安排等。《工作方案》要思路清晰、定位合理、目标明确、成果具体，突出地方特点和代表性，突出创新和发展意识。

（四）保障工作。工作方案需经申报联系点地区地方人民政府审议同意，并建立由政府主要负责同志牵头，发展改革、体育等多部门联动的联系点工作机制，协调解决联系点推进工作过程中出现的问题，保障工作顺利实施。

### 四、组织实施

（一）方案申报。请省级发展改革和体育部门于2015年3月31日前将申报材料上报国家发展改革委和国家体育总局。

申报材料包括：

1. 省级发展改革和体育部门关于建立体育产业联系点工作的请示；
2. 省级发展改革和体育部门审核同意的申报联系点地区提交的《工作

方案》；

3.申报联系点地区政府审议《工作方案》会议纪要。

（二）联系点确定。国家发展改革委和国家体育总局根据申报情况，结合申报联系点地区体育产业发展实际，遴选确定联系点并及时公布。

（三）工作实施。国家发展改革委和国家体育总局会同相关部门，负责联系点工作的宏观指导、方案审核、监督检查和总结评估，并及时向国务院报告进展情况。省级发展改革和体育部门要加强政策指导，积极协调解决存在的困难和问题。联系点地区政府是该项工作的责任主体，负责组织领导、统筹协调和具体实施。

（四）总结评估。在确定联系点地区的同时，国家发展改革委和国家体育总局将建立联系点工作评价机制，确保联系点工作取得实效，对各联系点取得的有益经验将及时向全国推广。省级发展改革、体育部门每半年要提交一次联系点工作总结。

各地发展改革和体育部门要充分认识建立体育产业联系点工作的重要作用，切实做好统筹安排和协调指导，调动各方参与积极性，推动联系点工作顺利开展。

国家发展改革委办公厅　国家体育总局办公厅
2015年2月10

# 关于做好政府向社会力量购买公共文化服务工作的意见

国办发〔2015〕37号

党的十八届三中全会提出，要完善文化管理体制，推动公共文化服务社会化发展。十八届四中全会提出，要深入推进依法行政，加快建设法治政府，依法加强和规范公共服务，规范和引导各类社会组织健康发展。今年《政府工作报告》对深化文化体制改革、逐步推进基本公共文化服务标准化均等化作出明确部署。政府向社会力量购买公共文化服务，既是深入推进依法行政、转变政府职能、建设服务型政府的重要环节，也是规范和引导社会组织健康发展、推动公共文化服务社会化发展的重要途径，对于进一步深化文化体制改革，丰富公共文化服务供给，提高公共文化服务效能，满足人民群众精神文化和体育健身需求具有重要意义。根据《国务院办公厅关于政府向社会力量购买服务的指导意见》（国办发〔2013〕96号）有关要求，为加快推进政府向社会力量购买公共文化服务工作，现提出以下意见：

## 一、指导思想、基本原则和目标任务

（一）指导思想。以邓小平理论、"三个代表"重要思想、科学发展观为指导，深入贯彻习近平总书记系列重要讲话精神，按照党中央、国务院决策部署，以社会主义核心价值观为引领，按照深入推进依法行政、深化文化体制改革和构建现代公共文化服务体系的目标和要求，转变政府职能，推动公共文化服务社会化发展，逐步建立起适应社会主义市场经济的公共文化服务供给机制，为人民群众提供更加方便、快捷、优质、高效的公共文化服务。

（二）基本原则。

坚持正确导向，发挥引领作用。以人民为中心，坚持社会主义先进文化前进方向，将政府向社会力量购买的公共文化服务与培育践行社会主义核心价值观相结合、与传承弘扬中华优秀传统文化相融合，发挥文化引领风尚、教育人民、服务社会、推动发展的作用。

明确政府主导，完善政策体系。加强对政府向社会力量购买公共文化服务工作的组织领导、政策支持、财政投入和监督管理，按照相关法律法规要求，坚持与文化、体育事业单位改革相衔接，坚持与完善文化、体育管理体制相衔接，制定中央与地方协同配套、操作性强的政府向社会力量购买公共文化服务政策体系和管理规范。

培育市场主体，丰富服务供给。进一步发挥市场在文化资源配置中的积极作用，推进政府向社会力量购买公共文化服务与培育社会化公共文化服务力量相结合，规范和引导社会组织健康发展，逐步构建多层次、多方式的公共文化服务供给体系。

立足群众需求，创新购买方式。以满足人民群众基本公共文化需求为目标，突出公共性和公益性，不断创新政府向社会力量购买公共文化服务模式，建立"自下而上、以需定供"的互动式、菜单式服务方式，推动公共文化服务供给与人民群众文化需求有效对接。

规范管理程序，注重服务实效。按照公开、公平、公正原则，建立健全政府向社会力量购买公共文化服务的工作机制，规范购买流程，稳步有序开展工作。坚持风险和责任对等原则，规范政府和社会力量合作关系，严格价格管理。加强绩效管理，完善群众评价和反馈机制，切实提高政府向社会力量购买公共文化服务的针对性和有效性。

（三）目标任务。到2020年，在全国基本建立比较完善的政府向社会力量购买公共文化服务体系，形成与经济社会发展水平相适应、与人民群众精神文化和体育健身需求相符合的公共文化资源配置机制和供给机制，社会力量参与和提供公共文化服务的氛围更加浓厚，公共文化服务内容日益丰富，公共文化服务质量和效率显著提高。

## 二、积极有序推进政府向社会力量购买公共文化服务工作

（一）明确购买主体。政府向社会力量购买公共文化服务的主体是承担提供公共文化与体育服务的各级行政机关。纳入行政编制管理且经费由财政负担的文化与体育群团组织，也可根据实际需要，通过购买服务方式提供公共文化服务。

（二）科学选定承接主体。承接政府向社会力量购买公共文化服务的主体主要为具备提供公共文化服务能力，且依法在登记管理部门登记或经国务院批准免予登记的社会组织和符合条件的事业单位，以及依法在工商管理或行业主管部门登记成立的企业、机构等社会力量。各地要结合本地实际和拟购买公共文化服务的内容、特点，明确具体条件，秉持公开、公平、公正的遴选原则，科学选定承接主体。

（三）明确购买内容。政府向社会力量购买公共文化服务的内容为符合先进文化前进方向、健康积极向上的，适合采取市场化方式提供、社会力量能够承担的公共文化服务，突出公共性和公益性并主动向社会公开。主要包括：公益性文化体育产品的创作与传播，公益性文化体育活动的组织与承办，中华优秀传统文化与民族民间传统体育的保护、传承与展示，公共文化体育设施的运营和管理，民办文化体育机构提供的免费或低收费服务等内容。

（四）制定指导性目录。文化部、财政部、新闻出版广电总局、体育总局制定面向全国的政府向社会力量购买公共文化服务指导性目录。各地要按照转变政府职能的要求，结合本地经济社会发展水平、公共文化服务需求状况和财政预算安排情况，制定本地区政府向社会力量购买公共文化服务的指导性目录或具体购买目录。指导性目录和具体购买目录，应在总结经验的基础上，及时进行动态调整。

（五）完善购买机制。各地要建立健全方式灵活、程序规范、标准明确、结果评价、动态调整的购买机制。结合公共文化服务的具体内容、特点和地方实际，按照政府采购有关规定，采用公开招标、邀请招标、竞争性谈判、竞争性磋商、单一来源等方式确定承接主体，采取购买、委托、租赁、特许经营、战略合作等各种合同方式。建立以项目选定、信息发布、组织采购、项目监管、绩效评价为主要内容的规范化购买流程。根据所购买公共文化服务特点，分类制定内容明确、操作性强、便于考核的公共文化服务标准，方便承接主体掌握，便于购买主体监管。加强对服务提供全过程的跟踪监管和对服务成果的检查验收，检查验收结果应结合服务对象满意度调查，作为付款的重要依据。建立购买价格或财政补贴的动态调整机制，根据承接主体服务内容和质量，合理确定价格，避免获取暴利。

（六）提供资金保障。政府向社会力量购买公共文化服务所需资金列入财政预算，从部门预算经费或经批准的专项资金等既有预算中统筹安排。逐步加大现有财政资金向社会力量购买公共文化服务的投入力度。对新增的公共文化服务内容，凡适于以购买服务实现的，原则上都要通过政府购买服务方式实施。

（七）健全监管机制。加强对政府向社会力量购买公共文化服务的监督管理，建立健全政府购买的法律监督、行政监督、审计监督、纪检监督、社会监督、舆论监督制度，完善事前、事中和事后监管体系，严格遵守相关财政财务管理规定，确保购买行为公开透明、规范有效，坚决遏制和预防腐败现象。财政部门要加强对政府向社会力量购买公共文化服务资金的监管，监察、审计等部门要加强监督，文化、新闻出版广电、体育部门要按照职能分工将承接政府购买服务行为纳入监管体系。购买主体与承接主体应按照权责明确、规范高效的原则签订合同，严格遵照合同约定，避免出现行政干预行为。购买主体应建立健全内部监督管理制度，按规定公开购买服务的相关信息，自觉接受审计监督、社会监督和舆论监督。承接主体应主动接受购买主体的监管，健全财务报告制度，严格按照服务合同履行服务任务，保证服务数量、质量和效果，严禁服务转包行为。

（八）加强绩效评价。健全由购买主体、公共文化服务对象以及第三方共同参与的综合评审机制；加强对购买公共文化服务项目的绩效评价，建立长效跟踪机制。在绩效评价体系中，要侧重服务对象对公共文化服务的满意度评价。政府向社会力量购买公共文化服务的绩效评价结果要向社会公布，并作为以后年度编制政府向社会力量购买公共文化服务预算和选择政府向社会力量购买公共文化服务承接主体的重要参考依据。

### 三、营造政府向社会力量购买公共文化服务的良好环境

（一）加强组织领导。政府向社会力量购买公共文化服务，是保障和改善民生的一项重要工作，事关人民群众切身利益，也是进一步转变政府职能、创新文化与体育管理方式的重要抓手。各地要高度重视，切实加强组织领导，建立健全政府统一领导，文化、财政、新闻出版广电、体育部门负责，社会力量广泛参与的工作机制，逐步使政府向社会力量购买公共文化服务工作制度化、规范化和科学化。

（二）强化沟通协调。各地要建立健全政府向社会力量购买公共文化服务的协调机制，文化、财政、新闻出版广电、体育部门要密切配合，注重协调沟通，整合资源，共同研究政府向社会力量购买公共文化服务有关

重要事项，及时发现和解决工作中出现的问题，统筹推进政府向社会力量购买公共文化服务工作。

（三）注重宣传引导。各地要充分利用各种媒体，广泛宣传实施政府向社会力量购买公共文化服务工作的重要意义、主要内容、政策措施和流程安排，精心做好政策解读，加强正面舆论引导，主动回应社会关切，充分调动社会参与的积极性，为推进政府向社会力量购买公共文化服务营造良好的工作环境和舆论氛围。

（四）严格监督管理。建立政府向社会力量购买公共文化服务信用档案。对在购买服务实施过程中，发现承接主体不符合资质要求、歪曲服务主旨、弄虚作假、冒领财政资金等违法违规行为的，记入信用档案，并按照相关法律法规进行处罚，对造成社会重大恶劣影响的，禁止再次参与政府购买公共文化服务工作。

附件：政府向社会力量购买公共文化服务指导性目录

国务院办公厅<br>2015年3月5日

附件

# 政府向社会力量购买公共文化服务指导性目录

一、公益性文化体育产品的创作与传播

（一）公益性舞台艺术作品的创作、演出与宣传

（二）公益性广播影视作品的制作与宣传

（三）公益性出版物的编辑、印刷、复制与发行

（四）公益性数字文化产品的制作与传播

（五）公益性广告的制作与传播

（六）公益性少数民族文化产品的创作、译制与传播

（七）全民健身和公益性运动训练竞赛的宣传与推广

（八）面向特殊群体的公益性文化体育产品的创作与传播

（九）其他公益性文化体育产品的创作与传播

二、公益性文化体育活动的组织与承办

（一）公益性文化艺术活动（含戏曲）的组织与承办

（二）公益性电影放映活动的组织与承办

（三）全民阅读活动的组织与承办

（四）公益性文化艺术培训（含讲座）的组织与承办

（五）公益性体育竞赛活动的组织与承办

（六）全民健身活动的组织与承办

（七）公益性体育培训、健身指导、国民体质监测与体育锻炼标准测验达标活动的组织与承办

（八）公益性青少年体育活动的组织与承办

（九）面向特殊群体的公益性文化体育活动的组织与承办

（十）其他公益性文化体育活动的组织与承办

三、中华优秀传统文化与民族民间传统体育的保护、传承与展示

（一）文化遗产保护、传承与展示

（二）优秀民间文化艺术的普及推广与交流展示

（三）民族民间传统体育项目的保护、传承与展示

（四）其他优秀传统文化和传统体育的保护、传承与展示

四、公共文化体育设施的运营和管理

（一）公共图书馆（室）、文化馆（站）、村（社区）综合文化服务中心（含农家书屋）等运营和管理

（二）公共美术馆、博物馆等运营和管理

（三）公共剧场（院）等运营和管理

（四）广播电视村村通、户户通等接收设备的维修维护

（五）公共电子阅览室、数字农家书屋等公共数字文化设施的运营和管理

（六）面向特殊群体提供的有线电视免费或低收费服务

（七）公共体育设施、户外营地的运营和管理

（八）公共体育健身器材的维修维护和监管

（九）其他公共文化体育设施的运营和管理

五、民办文化体育机构提供的免费或低收费服务

（一）民办图书馆、美术馆、博物馆等面向社会提供的免费或低收费服务

（二）民办演艺机构面向社会提供的免费或低票价演出

（三）互联网上网服务场所面向社会提供的免费或低收费上网服务

（四）民办农村（社区）文化服务中心（含书屋）面向社会提供的免费或低收费服务

（五）民办体育场馆设施、民办健身机构面向社会提供的免费或低收费服务

（六）其他民办文化体育机构面向社会提供的免费或低收费服务

# 中国足球改革发展总体方案

**国办发〔2015〕11号**

党的十八大以来,以习近平同志为总书记的党中央把振兴足球作为发展体育运动、建设体育强国的重要任务摆上日程。习近平总书记多次指示要下决心把我国足球事业搞上去,李克强总理高度重视足球等体育事业和体育产业工作,国务院多次专题研究部署,我国足球改革发展迎来了前所未有的大好机遇。

足球运动具有广泛的社会影响,深受广大群众喜爱。发展和振兴足球,对提高国民身体素质、丰富文化生活、弘扬爱国主义集体主义精神、培育体育文化、发展体育产业、实现体育强国梦具有重要意义,对经济、社会、文化建设也具有积极促进作用。我国足球曾在亚洲取得良好成绩,从20世纪90年代初期开始探索发展职业足球,改革一度带来活力,但由于对足球的价值和规律认识不足,急功近利的思想行为严重,组织管理体制落后,人才匮乏,监管缺失,导致足球发展的社会基础薄弱,行业风气和竞赛秩序混乱,运动成绩持续下滑。

2009年以来,通过以打击假赌黑为重点的治理整顿、发展校园足球等举措,足球事业趋势向好,迎来一个新的高潮。但相对于迅速发展的世界和亚洲足球,我国足球仍全方位落后。振兴足球是建设体育强国的必然要求,也是人民群众的热切期盼。坚定不移地推进改革、振兴足球,并以此为突破口深化体育管理体制改革,是体育战线贯彻落实党的十八大和十八届二中、三中、四中全会精神,顺应人民群众新期待,提升中国体育大国形象，实现体育强国梦的实际行动。为贯彻落实党中央、国务院决策部署，特制订本方案。

## 一、总体要求

（一）指导思想。以邓小平理论、"三个代表"重要思想、科学发展观为指导，全面贯彻落实党的十八大和十八届二中、三中、四中全会精神，深入学习贯彻习近平总书记系列重要讲话精神，把足球改革发展作为建设体育强国的重要举措，坚持问题导向，改革创新体制，遵循足球发展规律，弘扬中华体育精神，加强思想作风和队伍建设，努力建立专业高效、系统完备、民主开放、运转灵活、法制健全、保障有力的体制机制，推动我国足球事业不断迈上新台阶。

（二）基本原则。

——立足国情与借鉴国际经验相结合。从我国足球实际出发，学习借鉴足球发达国家经验，走出一条中国特色足球改革发展新路，全面实现足球的社会价值和功能。

——着眼长远与夯实基础相结合。加强顶层设计，注重战略实施；夯实足球发展的人口基础、设施基础、管理基础、文化基础，持续用力，久久为功。

——创新重建与问题治理相结合。解放思想，转变观念，优化要素组合，创新发展平台；尊重规律，处理好当前与长远、重点与一般、规模与效益等关系，加强科学治理，破解发展难题。

——举国体制与市场机制相结合。发挥社会主义制度优势，整合资源，形成合力；充分发挥市场机制作用，激发活力，创造公平诚信环境，鼓励保护平等竞争。

——发展足球运动与推动全民健身相结合。实现普及与提高、群众足球与竞技足球互相促进，推动足球运动协调发展、全面进步，推动全民健身，增强人民体质。

（三）主要目标。把发展足球运动纳入经济社会发展规划，实行"三步走"战略。

——近期目标：改善足球发展的环境和氛围，理顺足球管理体制，制定足球中长期发展规划，创新中国特色足球管理模式，形成足球事业与足球产业协调发展的格局。

——中期目标：青少年足球人口大幅增加，职业联赛组织和竞赛水平达到亚洲一流，国家男足跻身亚洲前列，女足重返世界一流强队行列。

——远期目标：中国足球实现全面发展，足球成为群众普遍参与的体育运动，全社会形成健康的足球文化；职业联赛组织和竞赛水平进入世界先进行列；积极申办国际足联男足世界杯；国家男足国际竞争力显著提升，进入世界强队行列。

## 二、调整改革中国足球协会

（四）明确定位和职能。中国足球协会作为具有公益性和广泛代表性、专业性、权威性的全国足球运动领域的社团法人，是代表我国参加国际足球组织的唯一合法机构，主要负责团结联系全国足球力量，推广足球运动，培养足球人才，制定行业标准，发展完善职业联赛体系，建设管理国家足球队。

（五）调整组建中国足球协会。按照政社分开、权责明确、依法自治的原则调整组建中国足球协会，改变中国足球协会与体育总局足球运动管理中心两块牌子、一套人马的组织构架。中国足球协会与体育总局脱钩，在内部机构设置、工作计划制定、财务和薪酬管理、人事管理、国际专业交流等方面拥有自主权。

（六）优化领导机构。中国足球协会不设行政级别，其领导机构的组成应当体现广泛代表性和专业性，由国务院体育行政部门代表、地方及行业足球协会代表、职业联赛组织代表、知名足球专业人士、社会人士和专家代表等组成。

（七）健全内部管理机制。完善中国足球协会内部治理结构、权力运行程序和工作规则，建立决策权、执行权、监督权既相互制约又相互协调的机制。加强自身建设，广纳贤才，吸收足球、体育管理、经济、法律、国际专业交流等领域优秀人才充实工作队伍，提高人员素质；加强行业自律，着力解决足球领域存在的问题；增强服务意识，克服行政化倾向。中国足球协会按照社团法人机制运行，实行财务公开，接受审计和监督。

（八）健全协会管理体系。中国足球协会会员应当体现地域覆盖性和行业广泛性。地方、行业足球协会参照中国足球协会管理体制调整组建，按照中国足球协会章程以会员名义加入中国足球协会，接受中国足球协会行业指导和管理。地方、行业足球协会担负本地区、本行业的会员组织建设、竞赛、培训、各类足球活动开展、宣传等职责。经过努力，逐步形成覆盖全国、组织完备、管理高效、协作有力、适应现代足球管理运营需要的协会管理体系。

（九）加强党的领导。健全各级足球协会党的组织机构，按照党管干部原则和人才政策，加强协会思想政治工作和干部日常管理。中国足球协会设立党委，由体育总局党组领导。

### 三、改革完善职业足球俱乐部建设和运营模式

（十）促进俱乐部健康稳定发展。严格准入，规范管理职业足球俱乐部，充分发挥其在职业联赛中的主体地位和重要作用。俱乐部应当注重自身建设，健全规章制度，加强自律管理，遵守行业规则，积极承担社会责任，接受社会监督。鼓励地方政府创造条件，引导一批优秀俱乐部相对稳定在足球基础好、足球发展代表性和示范性强的城市，避免俱乐部随投资者变更而在城市间频繁迁转、缺乏稳定依托的现象，积极培育稳定的球迷

群体和城市足球文化。

（十一）优化俱乐部股权结构。实行政府、企业、个人多元投资，鼓励俱乐部所在地政府以足球场馆等资源投资入股，形成合理的投资来源结构，推动实现俱乐部的地域化，鼓励具备条件的俱乐部逐步实现名称的非企业化。完善俱乐部法人治理结构，加快现代企业制度建设，立足长远，系统规划，努力打造百年俱乐部。

（十二）推动俱乐部形成合理的人才结构。制定俱乐部人才引进和薪酬管理规范，探索实行球队和球员薪金总额管理，有效防止球员身价虚高、无序竞争等问题。研究引进高水平外援名额限制等相关政策及决策机制，处理好外援引进与本土球员培养的关系。加强俱乐部劳动合同管理，严厉查处"阴阳合同"等违法行为，及时纠正欠薪行为。调整俱乐部运动员转会手续费政策，减轻俱乐部负担。

## 四、改进完善足球竞赛体系和职业联赛体制

（十三）加强竞赛体系设计。完善竞赛结构，扩大竞赛规模，增加竞赛种类，逐步形成赛制稳定、等级分明、衔接有序、遍及城乡的竞赛格局。尤其要注重职业联赛、区域等级赛事、青少年等级赛事、校园足球赛事的有机衔接，实现竞赛结构科学化。逐步建立健全青少年联赛体系。积极倡导和组织行业、社区、企业、部队、中老年、五人制、沙滩足球等赛事。

（十四）调整组建职业联赛理事会。建立具有独立社团法人资格的职业联赛理事会，负责组织和管理职业联赛，合理构建中超、中甲、中乙联赛体系。中国足球协会从基本政策制度、俱乐部准入审查、纪律和仲裁、重大事项决定等方面对理事会进行监管，派代表到理事会任职。理事会派代表到中国足球协会任职，参与有关问题的讨论和决策。

（十五）完善竞赛奖励制度。制定符合足球项目特点、有别于其他体

育项目的奖励标准。

（十六）维护竞赛秩序。坚持公平竞赛，树立良好赛风。赛事组织机构和体育行政部门会同公安机关加强管理，各司其职，完善安全保障措施。公安机关负责加强对足球赛事安全秩序的监管，组织开展对比赛现场及周边地区的治安秩序管理维护工作，依法打击违法犯罪活动。引导球迷文明观赛，遵纪守法。

（十七）加强行业管理。完善裁判员公正执法、教练员和运动员遵纪守法的约束机制。严格防范、严厉查处足球行业违规违纪行为，完善纪律处罚、行业救济制度和机制。足球管理部门与公检法等方面加强协作，建立健全违法举报机制和紧密衔接的合作机制，有效防范、及时侦破、坚决打击假赌黑等违法犯罪行为。

（十八）促进国际赛事交流。推动中国足球积极参加国际足球赛事，增进交流，提高水平。研究并推动申办国际足联男足世界杯相关工作。

## 五、改革推进校园足球发展

（十九）发挥足球育人功能。深化学校体育改革、培养全面发展人才，把校园足球作为扩大足球人口规模、夯实足球人才根基、提高学生综合素质、促进青少年健康成长的基础性工程，增强家长、社会的认同和支持，让更多青少年学生热爱足球、享受足球，使参与足球运动成为体验、适应社会规则和道德规范的有效途径。

（二十）推进校园足球普及。各地中小学把足球列入体育课教学内容，加大学时比重。以扶持特色带动普及，对基础较好、积极性较高的中小学重点扶持，全国中小学校园足球特色学校在现有5000多所基础上，2020年达到2万所，2025年达到5万所，其中开展女子足球的学校占一定比例。完善保险机制，推进政府购买服务，提升校园足球安全保障水平，解除学生、家长和学校的后顾之忧。

（二十一）促进文化学习与足球技能共同发展。加强足球特长生文化课教学管理，完善考试招生政策，激励学生长期积极参加足球学习和训练。允许足球特长生在升学录取时在一定范围内合理流动，获得良好的特长发展环境。

（二十二）促进青少年足球人才规模化成长。推动成立大中小学校园足球队，抓紧完善常态化、纵横贯通的大学、高中、初中、小学四级足球竞赛体系，探索将高校足球竞赛成绩纳入高校体育工作考核评价体系。

（二十三）扩充师资队伍。通过培训现有专、兼职足球教师和招录等多种方式，提高教学教练水平，鼓励引进海外高水平足球教练。到2020年，完成对5万名校园足球专、兼职足球教师的一轮培训。完善政策措施，加强专业教育，为退役运动员转岗为体育教师创造条件。

## 六、普及发展社会足球

（二十四）推动足球运动普及。坚持以人为本，推动社会足球加快发展，不断扩大足球人口规模。鼓励机关、事业单位、人民团体、部队和企业组建或联合组建足球队，开展丰富多彩的社会足球活动。注重从经费、场地、时间、竞赛、教练指导等方面支持社会足球发展。工会、共青团、妇联等人民团体发挥各自优势，推进社会足球发展。

（二十五）推动社会足球与职业足球互促共进。通过社会足球人口不断增加、水平不断提高，为职业足球发展奠定扎实的群众基础和人才基础。通过加快发展职业足球，促进社会足球的普及和提高。

## 七、改进足球专业人才培养发展方式

（二十六）拓展足球运动员成长渠道和空间。加大培养力度，完善选用机制，多渠道造就优秀足球运动员。增强校园足球、社会足球的人才培养意识，拓宽职业足球选人视野，畅通优秀苗子从校园足球、社会足球到职业足球的成长通道。搞好体教结合，加强文化教育、意志锤炼和人格熏陶，促进足球运动员全面发展。鼓励足球俱乐部、企业和其他社会力量选派职业球员、青少年球员到足球发达国家接受培训，并力争跻身国外高水平职业联赛。

（二十七）加强足球专业人才培训。按照分级、分类管理的原则，构建国家、区域、行业、专业机构、社会力量等多级、多元的培训组织结构，加强对足球教练员、裁判员、讲师等专业人才的培训。充分发挥体育院校、体育科研院所在足球理论研究和足球专业人才培训中的作用。加强国际交流，引入一批高水平外籍讲师对我国教练员、裁判员、讲师实施规模化培训。

（二十八）加强足球管理人才培训。壮大各级足球协会、俱乐部等组织的专业力量，提升人员素质和工作水平。造就一支适应现代足球管理需要的专业化、国际化的管理队伍。

（二十九）设立足球专业学院和学校。适应足球人才培养需要，依托具备条件的本科院校设立足球学院，积极探索建立文化教育与足球运动紧密融合的新型足球学校。

（三十）做好足球运动员转岗就业工作。统筹市场机制和政策引导，为足球运动员再就业再发展搭建平台，支持其经过必要培训和考核，担任足球教练员、裁判员、讲师，或到企事业单位和部队成为群众足球活动的骨干，或进入足球协会、足球俱乐部从事足球管理和服务工作。

## 八、推进国家足球队改革发展

（三十一）精心打造国家队。发挥制度优势，强化组织领导，增强国家荣誉感和社会责任感，弘扬中华体育精神，打造技艺精湛、作风顽强、能打硬仗、为国争光的国家足球队，以优异表现振奋人民群众信心、激发青少年热情、促进全国足球发展。加大改革力度，形成符合球员身心特征和当代足球发展趋势的技术路线，稳步提升国家队水平。

（三十二）完善队员选拔机制。坚持立足当前、着眼接续，坚持技术和作风并重，坚持公开、平等、竞争，优先选拔为国效力愿望强烈、意志品质一流的优秀球员进入国家队。国家队球员从各职业俱乐部征调，通过动态选拔机制，使任何时候组建的国家队都能成为当时参赛状态、技战术能力、协作配合最好的团队。加强国家队后备人才储备，完善青少年足球人才发现与选拔机制，对拔尖青少年球员建立数据库并长期跟踪，动态调整备选队员名单。

（三十三）提高服务保障能力。加强对国家队经费投入、奖励政策、基地建设、后勤服务、情报信息等方面的保障，提高服务水平。新建2个国家足球训练基地，满足国家队不同季节的比赛和训练需要。聘请境内外高水平专业人才，深入开展足球理论、技战术、医疗康复、团队管理等研究，发挥科研对国家队的指导支撑作用。

（三十四）加强教练团队建设。建立严格规范的国家队教练及管理团队遴选、考核评价机制，加强合同管理。实行主教练负责制，对教练员团队和管理服务团队实行任期目标考核，做到责任与权益明确、激励与约束到位。

（三十五）统筹国家队与俱乐部需求。科学制定符合我国国情和职业足球规律的国家队工作规划及管理体系。完善国家队同职业联赛及其他各层级联赛协调制度，综合把握国家队赛事周期和国内赛事安排。俱乐部应当以大局为重，全力支持配合国家队建设。

### 九、加强足球场地建设管理

（三十六）扩大足球场地数量。研究制定全国足球场地建设规划。把兴建足球场纳入城镇化和新农村建设总体规划，明确刚性要求，由各级政府组织实施。因地制宜建设足球场，充分利用城市和乡村的荒地、闲置地、公园、林带、屋顶、人防工程等，建设一大批简易实用的非标准足球场。创造条件满足校园足球活动的场地要求。

（三十七）对足球场地建设予以政策扶持。对社会资本投入足球场地建设，应当落实土地、税收、金融等方面的优惠政策。

（三十八）提高场地设施运营能力和综合效益。按照管办分离和非营利性原则，通过委托授权、购买服务等方式，招标选择专业的社会组织或企业负责管理运营公共足球场，促进公共足球场低价或免费向社会开放。推动学校足球场在课外时间低价或免费向社会开放，建立学校和社会对场地的共享机制。

## 十、完善投入机制

（三十九）加大财政投入。各级政府应当加大对足球的投入，根据事权划分主要用于场地建设、校园足球、青少年足球、女子足球、国家队建设、教学科研等方面。体育、教育等部门在安排相关经费时，应当对足球改革发展给予倾斜。

（四十）成立中国足球发展基金会。基金会作为非营利性法人，依法开展募捐、接受捐赠并资助足球公益活动。鼓励各类企事业单位、社会力量和个人捐赠，捐赠资金可依法在计算企业所得税、个人所得税应纳税所得额时扣除。基金会按章程管理运行，依照有关法规加强信息公开，接受社会监督。

（四十一）加大彩票公益金支持足球发展的力度。每年从中央集中彩票公益金中安排一定资金，资助中国足球发展基金会，专项用于支持青少年足球人才培养和足球公益活动。积极研究推进发行以中国足球职业联赛为竞猜对象的足球彩票。

（四十二）加强足球产业开发。加大足球无形资产开发和保护力度，通过打造赛事品牌、开发足球附属产品、培育足球服务市场、探索足球产业与相关产业的融合发展，构建全方位、全过程足球产业链，不断增加足球产业收益，形成多种经济成分共同兴办足球产业的格局。

（四十三）加大中国足球协会市场开发力度。不断增加联赛、杯赛、国家队等的市场开发收益。加快理顺与下属商务公司的关系，按照现代企业制度改造下属公司，使其逐步成为真正的市场主体，同时引入新的竞争主体，建立面向市场、平等竞争的格局。

（四十四）建立足球赛事电视转播权市场竞争机制。创新机制，实现足球赛事电视转播权有序竞争。改革足球赛事转播权收益分配机制，确保赛事主办方和参赛主体成为主要受益者。创新足球赛事转播和推广运营方式，探索传统媒体和新媒体在足球领域融合发展的实现形式，增加新媒体市场收入。

（四十五）鼓励社会力量发展足球。引导有实力的知名企业和个人投资职业足球俱乐部、赞助足球赛事和公益项目，发挥支持足球事业的示范和带动作用，拓宽俱乐部和足球发展资金来源渠道。

## 十一、加强对足球工作的领导

（四十六）建立足球改革发展部际联席会议制度。为持续推动足球改革发展，确保本方案落实，建立足球改革发展部际联席会议制度。体育总局应当加强对足球改革发展的政策研究和宏观指导。教育部应当履行好校园足球主管责任。各方面应当各司其职、各负其责、各尽其力、协同配合，共同推动足球改革发展。

（四十七）把足球工作纳入重要工作日程。各地把足球改革发展纳入重要议事日程，解放思想，明确目标，狠抓落实，整合资源，统筹力量，大胆探索，形成特色。地方各级体育行政部门负责支持当地足球协会工作，推动本地区足球发展。

（四十八）加强足球行业作风和法治建设。加强足球领域的思想品德教育和职业道德教育，强化运动队伍精神作风和意志品质的锤炼，培养爱国奉献、坚忍不拔、团结拼搏的作风，努力形成激励中国足球发展振兴、有益于社会和谐进步的精神力量。适应足球发展需要和行业特点，完善国家相关法律法规和足球行业规范规则，打牢足球治理的制度基础。形成预防与惩处并重的足球法治教育体系、执法和监督体系，建立公正透明的法治环境。

（四十九）营造良好舆论环境。宣传引导群众客观认识足球现状，建立合理预期，理性看待输赢。创新足球宣传方式，强化涉足球新闻管理和舆论引导工作，最大限度凝聚足球改革发展共识。

（五十）发挥典型带动作用。选择一批足球基础好、发展足球条件好、工作积极性高的地方和城市，加强扶持和指导，总结推广足球改革发展的典型经验，以点带面，推动提高。

国务院办公厅

2015年3月8日

# 国家体育总局办公厅关于进一步清理规范赛事收费的通知

**体经字〔2015〕148号**

各直属单位：

按照中央巡视组整改要求及体育赛事审批制度改革布署，总局已向各单位印发了《体育总局关于推进体育赛事审批制度改革的若干意见》（体政字〔2014〕124号，以下简称《意见》），针对赛事收费问题提出了明确要求。但是仍有部分单位对文件理解不透彻，把握不准确，有的单位在实际工作中存在与文件精神不符的做法，有的单位尚未清理、修改原有的工作制度，有的单位还有向赛事承办单位违规收取费用的风险。为深化体育赛事审批制度改革，进一步清理规范赛事收费，确保中央巡视组反馈意见的整改落实到位，切实激发市场举办各类体育赛事的积极性，现就有关事宜通知如下：

一、各单位要进一步按照《意见》要求，对本单位所有涉及赛事收费的行为进行对照检查与全面清理，坚决杜绝违规收费行为。

二、各单位要对本单位涉及收费的制度规定和收费标准进行清理、修改，建立健全合法合规的赛事指导、服务制度，梳理可提供的技术、规则、器材等方面的服务内容及收费标准，并通过政府网站、新闻媒体等途径向社会公布。

三、各单位要在建立健全赛事指导、服务制度和收费标准，并向社会公布的前提下，向赛事承办单位提供技术、规则、器材等方面的指导和服务。各单位要与承办单位订立赛事服务合同，并根据实际提供的赛事服务内容与收费标准，依法合规地收取赛事服务费用。对于尚无统一收费标准的服务事项，各单位要与承办单位在赛事服务合同中明确服务内容与收费明细，依法保护双方合法权益。

四、各单位要依法依规通过组织或参与赛事商务开发活动，开发协会和赛事的无形资产价值。鼓励各单位实施赛事品牌战略，依法培育和保护名称、商标、专利、著作权等知识产权，聘请中介机构对赛事及协会无形资产价值进行评估。

五、各单位要充分尊重赛事承办单位等相关主体的诉求，与承办单位等相关主体进行平等协商，通过订立合同明确各类赛事的相关权益归属，按照公平、公正、合理、合法的原则，明确赛事商务开发收益分成名目、比例或额度，并据此获取商务开发收益。

六、对于在华举办的国际体育赛事，赛事参与各方应协商确定赛事服务内容与收费金额，约定商务开发分成比例或额度，并订立合同。

七、各单位要按照市场原则，与包括下属或参股公司在内的赛事运营公司订立合同，清晰界定双方权责关系与经济往来关系，约定赛事权益归属与收益分配。

八、各单位所取得的合规赛事收入，不得滞留在具体操作执行的公司或个人，必须按照预算管理及事业单位财务和会计制度的有关规定纳入单位预算，统一核算，统一管理，坚决杜绝"小金库"和其他违纪违规问题。

九、总局将赛事收费纳入经济活动考核体系，加大对赛事收费行为的监督检查力度，完善问责机制，严格奖惩制度，依法依规严肃处理违规单位和个人，并追究相应责任。

十、各全国性单项体育协会的赛事收费行为，按照《意见》和本通知执行。

国家体育总局办公厅

2015年3月31日

# 国家发展改革委办公厅
# 国家体育总局办公厅
# 关于做好体育产业联系点
# 有关工作的通知

发改办社会〔2015〕1916号

各省、自治区、直辖市发展改革委、体育局；体育总局有关协会（中心）：

根据《国家发展改革委办公厅 国家体育总局办公厅关于组织开展建立体育产业联系点工作的通知》（发改办社会〔2015〕354号，以下简称《通知》）要求，国家发展改革委、国家体育总局对申报材料进行了认真审查，结合各申报地区及单位体育产业发展实际，现将确定的联系点名单和有关事项通知如下：

## 一、关于联系点名单

为鼓励相关地区和单位及时出台改革创新举措，做好引导带动作用，加快推进全国体育产业发展，现确定北京市期阳区等35个地级城市（包括副省级城市、计划单列市）为联系点城市；同时，确定中国滑雪协会等4个国家级单项体育协会、山东乐陵等3个国家体育产业基地、河南建业足球俱乐部等3个职业体育俱乐部为联系点单位（详见附件1）。各地各单位要充分认识开展本项工作的积极作用，解放思想，真抓实干，确保联系点工作取得实效。

## 二、关于联系点工作方案

请根据《通知》要求，结合当地实际和体育产业发展形势，明确工作任务和工作计划，进一步修改完善《工作方案》，于2015年8月10日前报送国家发展改革委（社会发展司）、国家体育总局（体育经济司），两部委将适时在部门网站或媒体上陆续发布。

## 三、关于组织实施要求

### （一）关于联系点城市

1. 加强工作协调指导。省级发展改革和体育部门要加强政策和工作指导，及时将本通知要求转发联系点城市，积极协调相关部门帮助解决联系点工作推进实施过程中遇到的突出困难和问题。鼓励区域内其他地区主动深化改革，形成更多的改革举措和典型经验，全面推进体育产业健康发展。

2. 切实加强组织实施。各联系点城市人民政府是联系点工作的责任主体，具体负责联系点工作的组织领导和统筹协调。要建立由政府主要负责同志牵头的联系点工作机制，组织人员专门负责实施，保障联系点工作顺利推进。当地发展改革和体育部门要在地方政府的领导下，做好具体组织实施工作。

3. 抓紧形成创新成果。各联系点城市要紧密围绕《通知》提出的8个方面内容开展工作，注重改革创新，结合当地实际，创造发展条件，出台一批可复制可推广的政策创新成果，及时总结典型经验和先进做法，为全国体育产业发展提供引导经验。

4. 建立交流工作机制。为了促进信息共享和工作交流，请省级发展改革和体育部门认真跟踪和分析联系点城市发展情况，做好信息上报和宣传工作，每年6月底和12月底向国家发展改革委（社会发展司）、国家体育总局（体育经济司）报送上半年和下半年工作进展情况。国家发展改革委和体育总局将建立联系点工作评价机制，加强督导评估，将有益经验通过召开联系点现场座谈会、经验交流会等形式，及时向全国推广。

（二）关于联系点单位

中国滑雪协会等4个国家级单项体育协会由体育总局体育经济司负责协调指导。山东乐陵等3个国家体育产业基地由体育总局体育器材装备中心负责协调指导。河南建业足球俱乐部等3个职业体育俱乐部由中国足球协会负责协调指导。请协调持导部门负责跟踪分折，汇总上报材料。具体组织实施和工作要求请参照对联系点城市的要求执行。

附件：体育产业联系点名单

国家发展改革委办公厅

国家体育总局办公厅

2015年7月21日

附件

## 体育产业联系点名单

一、联系点城市名单

北京市　朝阳区

河北省　秦皇岛市、承德市

山西省　长治市

内蒙古自治区　包头市

辽宁省　沈阳市

大连市

吉林省　长春市

黑龙江省　七台河市

上海市　徐汇区

江苏省　苏州市

浙江省　温州市

安徽省　黄山市

福建省　泉州市

厦门市

江西省　宜春市

山东省　德州市

河南省　洛阳市

湖北省　武汉市

湖南省　郴州市

广东省　佛山市、广州市

广西壮族自治区　南宁市

海南省　三亚市

重庆市　涪陵区、万盛经开区

四川省　成都市

贵州省　贵阳市

云南省　玉溪市

西藏自治区　拉萨市

陕西省　渭南市

甘肃省　张掖市

青海省　西宁市

宁夏回族自治区　银川市

新疆维吾尔自治区　乌鲁木齐市

二、联系点单位名单

1. 国家级单项体育协会联系点

中国滑雪协会

中国棒球协会

中国登山协会

中国航空运动协会

2. 国家级体育产业基地

山东乐陵国家体育产业基地

苏南（县城）国家体育产业基地

北京奥林匹克公园国家体育产业示范基地

3. 职业体育俱乐部

河南建业足球俱乐部

北京理工足球俱乐部

青岛中能足球俱乐部

# 国家体育产业统计分类

**中华人民共和国国家统计令 2015年第17号**

## 一、分类目的

为了推动体育产业发展，科学界定体育产业的统计范围，建立体育产业统计调查制度，依据《中华人民共和国统计法》和《国务院关于加快发展体育产业促进体育消费的若干意见》（国发〔2014〕46号，以下简称《意见》），以《国民经济行业分类》（GB/T 4754—2011）为基础，制定本分类。

## 二、分类范围

本分类将体育产业范围确定为体育管理活动，体育竞赛表演活动，体育健身休闲活动，体育场馆服务，体育中介服务，体育培训与教育，体育传媒与信息服务，其他与体育相关服务，体育用品及相关产品制造，体育用品及相关产品销售、贸易代理与出租，体育场地设施建设等十一大类。

## 三、编制原则

（一）以国务院有关文件为指导。本分类依据《意见》提出的重点任务，确定体育产业的基本范围。

（二）以《国民经济行业分类》为基础。本分类是对《国民经济行业分类》中符合体育产业特征有关活动的再分类。

（三）以体现我国体育活动的特点为主要划分依据。本分类突出了我国体育活动的特点和我国体育实际发展现状，兼顾与体育相关的上下游产业及新兴产业。

## 四、结构编码

本分类将体育产业划分为三层，分别用阿拉伯数字编码表示。

第一层为体育产业的 11 个大类，用 2 位数字编码表示；第二层为体育产业的 37 个中类，用 3 位数字编码表示；第三层为体育产业的 52 个小类，用 4 位数字编码表示，该层对应《国民经济行业分类》代码。

代码结构：

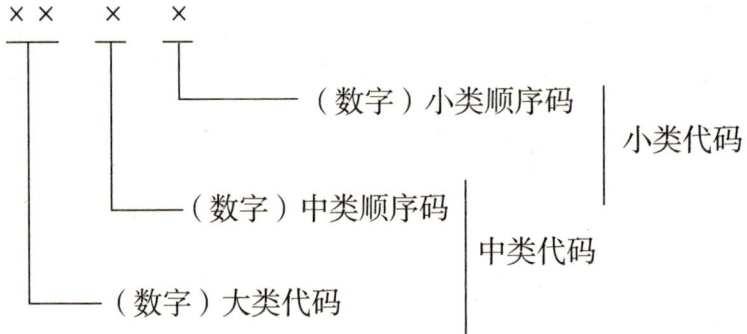

## 五、有关说明

（一）本分类建立了与《国民经济行业分类》的对应关系。在国民经济行业分类中，一个行业类别仅部分活动属于一个体育产业类别的，行业代码用"*"做标记；一个行业类别属于两个以上体育产业类别的，行业代码用"**"做标记。

（二）本分类在说明栏中，对《意见》的重点任务，以及带"*"和"**"行业类别的内容作了说明。

（三）本分类对应《国民经济行业分类》的具体范围和说明，参见《2011国民经济行业分类注释》。

（四）以法人单位作为划分对象时，其主要活动为体育产业活动的，按本分类划分；以产业活动单位为划分对象时，所有法人单位内部从事体育产业活动的产业活动单位（例如学校的体育场，宾馆的健身房、游泳池，企事业、机关单位的运动队、活动中心等），各自按本分类划分。

## 六、国家体育产业统计分类表

**国家体育产业统计分类表**

| 代码 | | | 名称 | 说明 | 行业分类代码 |
|---|---|---|---|---|---|
| 大类 | 中类 | 小类 | | | |
| 01 | | | 体育管理活动 | 仅包括各级政府部门体育行政事务管理机构的活动 | 9124* |
| | 011 | 0110 | 公共体育事务管理活动 | | |
| | 012 | 0120 | 体育社会组织管理活动 | 仅包括体育专业团体管理、体育行业团体管理和体育基金会等的管理和服务 | 9421*<br>9422*<br>9430* |
| | 013 | 0130 | 其他体育管理活动 | 仅包括体育战略规划、竞技体育、全民健身、体育产业、反兴奋剂、体育器材装备及其他未列明的保障性体育管理和服务 | 8890** |
| 02 | | | 体育竞赛表演活动 | 仅包括商业化、市场化的职业体育赛事活动的组织、宣传、训练，以及职业俱乐部和运动员展示、交流等活动 | 8810**<br>7219*<br>8710* |
| | 021 | 0210 | 职业体育竞赛表演活动 | | |
| | | | 非职业体育竞赛表演活动 | 仅包括公益性质的非职业或业余体育赛事活动的组织、宣传、训练、展示、交流等活动 | 8810** |

（续表）

| 代码 | | | 名 称 | 说 明 | 行业分类代码 |
|---|---|---|---|---|---|
| 大类 | 中类 | 小类 | | | |
| 03 | | | 体育健身休闲活动 | | |
| | 031 | 0310 | 休闲健身活动 | | 8830 |
| | | | 体育文化活动 | | |
| | | | 群众体育文化活动 | 仅包括由城乡群众参与的社区、乡村（含全民健身活动站点、文体活动站，以及老年、少儿体育活动中心等）体育文化展演、交流等公益性群众体育文化活动 | 8770* |
| | 032 | 0320 | 非职业体育竞赛表演活动 | | |
| | 033 | 0330 | 其他休闲健身活动 | 仅包括区域特色、民族民间体育（含少数民族特色体育）的保护和活动组织 | 8740* |
| | | | | 仅包括体育电子游艺活动，网络（手机）体育游艺、展演以及电子竞技等体育娱乐活动 | 8912* 8790* |
| 04 | | | 体育场馆服务 | 仅包括社区、公园、健身步道、多功能城市广场等运动场所的管理服务 | 8820* 8890** |
| | 041 | 0410 | 体育场馆 | | |
| | 042 | 0420 | 其他体育场地 | | 7810* 7851* |

（续表）

| 代码 | | | 名 称 | 说 明 | 行业分类代码 |
|---|---|---|---|---|---|
| 大类 | 中类 | 小类 | | | |
| 05 | | | 体育中介服务 | | |
| | 051 | | 体育经纪与广告活动 | | |
| | | 0511 | 体育经纪人 | | 8940 |
| | | 0512 | 体育广告服务 | 仅包括体育广告制作、发布、代理等活动 | 7240* |
| | 052 | 0520 | 体育活动的策划服务 | 仅包括运动会及其他体育赛事策划组织，群众体育活动策划组织，以及体育赛事票务服务 | 7299* |
| | 053 | 0530 | 其他相关体育中介服务 | 仅包括各类体育赞助活动、体育招商活动、体育文化活动推广，以及其他体育音像、动漫、影视代理等服务 | 8890**<br>8949* |
| 06 | | | 体育培训与教育 | | |
| | 061 | | 体育培训 | | 8292 |
| | | 0611 | 体校及体育培训 | 仅包括各种体育培训机构、专项运动俱乐部的体育技能培训（武术、棋类、赛车、气功、航空等），青少年、少儿体育培训，体育经营管理、创意设计、科研、中介等体育专门人才培训 | 8291** |
| | | 0612 | 其他体育培训 | | 8299* |
| | 062 | 0620 | 体育教育 | 仅包括高等院校、中等职业学校的体育专业教育 | 8241*<br>8236* |

（续表）

| 代码 | | | 名称 | 说明 | 行业分类代码 |
|---|---|---|---|---|---|
| 大类 | 中类 | 小类 | | | |
| 07 | | | **体育传媒与信息服务** | 仅包括体育书籍、期刊、报纸、音像、电子出版物、互联网出版服务 | 8521\* |
| | 071 | 0710 | 体育出版物出版服务 | | 8522\* |
| | | | | | 8523\* |
| | | | | | 8524\* |
| | | | | | 8525\* |
| | | | | | 8529\* |
| | 072 | 0720 | 体育影视及其他传媒服务 | 仅包括体育广播电视节目的制作与播出，体育电影的摄制与放映，体育录音录像等音视频内容制作，体育新闻的专业活动，以及体育摄影服务 | 7492\* |
| | | | | | 8510\* |
| | | | | | 8610\* |
| | | | | | 8620\* |
| | | | | | 8630\* |
| | 073 | 0730 | 互联网体育服务 | 仅包括互联网体育信息采集、传输、存储、分析、处理与传播等服务，体育网络平台服务，体育动漫游戏及电子竞技服务，体育APP应用，互联网与体育其他业态的融合发展服务 | 6420\* |
| | | | | | 6540\* |
| | 074 | 0740 | 其他体育信息服务 | 仅包括非互联网体育信息（含文字、视频、数据等形式）内容加工服务，体育健身、竞赛、管理、市场调查与体育经济等咨询服务，体育应用软件（含专业分析、电子竞技、动漫游戏等）开发与经营等信息技术服务 | 6510\* |
| | | | | | 6591\* |
| | | | | | 7233\* |
| | | | | | 7332\* |

(续表)

| 代码 | | | 名称 | 说明 | 行业分类代码 |
|---|---|---|---|---|---|
| 大类 | 中类 | 小类 | | | |
| 08 | | | **其他与体育相关服务** | | |
| | 081 | 0810 | 体育旅游活动 | 仅包括观赏性体育旅游活动（如观赏体育赛事、体育节、体育表演等内容的旅游活动）；体验性体育旅游活动（如参与滑雪、帆船、帆板、漂流、马拉松等运动的旅游活动）；景区体育旅游活动（如户外宿营、徒步骑行、汽车露营等形式的旅游活动） | 7271*<br>6190*<br>7852*<br>5531* |
| | 082 | 0820 | 体育健康服务 | 仅包括国民体质监测与康体服务、科学健身调理服务、社会体育指导员服务，体育运动医学和创伤医院、体育康复疗养场所服务，中医运动康复医疗服务 | 8890*<br>8315*<br>8316*<br>8312* |
| | 083 | 0830 | 体育彩票服务 | 仅包括体育彩票管理、发行、分销等服务 | 8930* |
| | 084 | 0840 | 体育会展服务 | 仅包括体育用品、体育旅游、体育文化等各类体育博览、展览或展会以及体育博物馆等服务 | 7292*<br>8750* |
| | 085 | 0850 | 体育金融与资产管理服务 | 仅包括体育基金（含体育产业投资基金）管理服务、体育保险服务，体育投资与资产管理、产权交易服务 | 6713*<br>6740*<br>6812*<br>7212* |

（续表）

| 代码 | | | 名 称 | 说 明 | 行业分类代码 |
|---|---|---|---|---|---|
| 大类 | 中类 | 小类 | | | |
| | 086 | 0860 | 体育科技与知识产权服务 | 仅包括体育人文社会科学、运动医学、体育工程等研究与技术服务，体育知识产权相关服务（如体育著作权、体育无形 资产评估等服务） | 7350*<br>7340*<br>7250* |
| | 087 | 0870 | 其他未列明与体育相关服务 | 仅包括体育设施工程管理与勘察设计服务，专业化体育用品、服装、动漫及衍生产品的设计活动，体育场所清洁服务 | 7481*<br>7482*<br>7491*<br>8111*<br>8119* |
| 09 | | | 体育用品及相关产品制造 | | |
| | 091 | | 体育用品制造 | | |
| | | 0911 | 球类制造 | | 2441 |
| | | 0912 | 体育器材及配件制造 | | 2442 |
| | | 0913 | 训练 | | |
| | | 0914 | 健身器材制造 | | 2443 |
| | | 0915 | 运动防护用具制造 | | 2444 |
| | | | 其他体育用品制造 | | 2449 |
| | 092 | 0920 | 运动车、船、航空器等设备制造 | 仅包括运动船艇制造，运动航空器制造，运动休闲车及配件制造（含越野车、运动跑车、赛车、高尔夫球车、休闲雪地车、沙滩车、滑板车、卡丁车等），潜水设备制造 | 3733*<br>3749*<br>3761*<br>3770*<br>3620*<br>3650*<br>3791* |

（续表）

| 代码 | | | 名称 | 说明 | 行业分类代码 |
|---|---|---|---|---|---|
| 大类 | 中类 | 小类 | | | |
| | 093 | 0930 | 特殊体育器械及配件制造 | 仅包括武术器械和用品，运动用枪械、运动枪械用弹，可穿戴运动监测装备，体育场馆用显示屏、计时记分系统等设备制造；卡丁车场、赛车场（含汽车和摩托车）等用显示器、计时记分设备，以及飞行用风向标、测风仪制造；无线电测向、导航、定向用电子打卡计时设备及运动轨迹实时监控系统等制造 | 3329*<br>3399*<br>4030*<br>3891*<br>4022*<br>4023* |
| | 094 | 0940 | 体育服装鞋帽制造 | | |
| | | 0941 | 运动服装制造 | 仅包括田径服、球类运动服、水上运动服（含泳装）、举重服、摔跤服、体操服、体育舞蹈服、击剑服、赛车服、航空运动服、登山和户外运动服、冰雪运动服、领奖服、体育礼服等服装及其相关服饰制造 | 1810*<br>1820*<br>1830* |
| | | 0942 | 运动鞋帽制造 | 仅包括纺织面运动鞋、运动皮鞋、运动用布面胶鞋、运动用塑料鞋靴及其他运动鞋制造，运动帽、游泳帽制造 | 1951*<br>1952*<br>1953*<br>1954*<br>2929* |

（续表）

| 代码 |  |  | 名　称 | 说　明 | 行业分类代码 |
|---|---|---|---|---|---|
| 大类 | 中类 | 小类 |  |  |  |
|  | 095 | 0950 | 体育游艺娱乐用品设备制造 | 仅包括台球器材及配件、沙狐球桌及其配套器材、桌式足球器材及配件、棋类娱乐用品、牌类娱乐用品、专供游戏用家具式桌子制造、带动力装置仿真运动模型及其附件制造、保龄球设备及器材制造 | 2462*<br>2450* |
|  | 096 | 0960 | 其他体育用品及相关产品制造 | 仅包括运动饮料、运动营养品生产、按摩器材、户外帐篷制造、人造运动草坪、运动地板、运动地胶、体育场馆看台座椅、移动游泳池等制造 | 3856*<br>1529*<br>1784*<br>2140*<br>1491*<br>1492*<br>2033*<br>2437*<br>2919* |
| 10 | 101 |  | 体育用品及相关产品销售、贸易代理与出租 |  |  |
|  |  | 1011 | 体育及相关产品销售 |  | 5142 |
|  |  | 1012 | 体育用品销售 | 仅包括运动服装批发和运动及休闲服装专门销售服务 | 5242<br>5132*<br>5232* |
|  |  | 1013 | 运动鞋帽销售 | 仅包括运动鞋帽批发、零售服务 | 5133*<br>5233* |

（续表）

| 代码 | | | 名称 | 说明 | 行业分类代码 |
|---|---|---|---|---|---|
| 大类 | 中类 | 小类 | | | |
| | | 1014 | 运动饮料营养品销售 | 仅包括运动饮料、营养品批发、零售服务 | 5126*<br>5127*<br>5225*<br>5226* |
| | | 1015 | 体育出版物销售 | 仅包括体育书籍、期刊、报纸、音像、电子出版物销售服务 | 5143*<br>5144*<br>5145*<br>5243*<br>5244* |
| | | 1016 | 其他体育用品及相关产品销售 | 仅包括人造运动草坪、运动地板、运动地胶等运动地面设施销售服务，台球、飞镖、沙狐球以及游艺娱乐用品等其他体育用品批发和零售服务 | 5169*<br>5165*<br>5286*<br>5149*<br>5249* |
| | | 1017 | 体育用品及相关产品综合销售 | 仅包括百货、超市销售的体育及相关产品零售服务 | 5211*<br>5212* |
| | | 1018 | 体育用品及相关产品互联网销售 | 仅包括体育用品及相关产品的互联网零售服务，体育电子商务服务 | 5294* |
| | 102 | 1020 | 体育设备出租 | 仅包括其他体育设备及器材出租服务 | 7121* |
| | 103 | 1030 | 体育用品及相关产品贸易代理 | 仅包括体育用品及相关产品贸易经纪与代理活动 | 5189*<br>5181* |

（续表）

| 代码 | | | 名称 | 说明 | 行业分类代码 |
|---|---|---|---|---|---|
| 大类 | 中类 | 小类 | | | |
| 11 | | | 体育场地设施建设 | | |
| | 111 | 1110 | 室内体育场地设施建设 | 仅包括体育馆工程服务、体育及休闲健身用房屋建设活动，室内运动地面（如足球场、篮球场、网球场等）以及室内滑冰、游泳设施（含可拼装设施）的安装施工活动 | 4700*<br>5010* |
| | 112 | 1120 | 室外体育场地设施建设 | 仅包括室外田径场、篮球场、足球场、网球场、高尔夫球场、跑马场、赛车场、卡丁车赛场以及室外全民体育健身工程（含健身路径、健身步道等）设施等室外场地设施的工程施工活动 | 4890* |

附件：体育产业分类新旧对照表

中华人民共和国国家统计局
2015年9月6日

## 附件

### 体育产业分类新旧对照表

| 代码 | | | 名　称 | 2008年标准<br>类别名称 | 说明 |
|---|---|---|---|---|---|
| 大类 | 中类 | 小类 | | | |
| 01 | | | 体育管理活动 | | |
| | 011 | 0110 | 公共体育事务管理活动 | 一、1.社会事务管理机构* | 一对一，名称调整 |
| | 012 | 0120 | 体育社会组织管理活动 | 一、2.专业性团体* | 一对多，新增类别 |
| | | | | 一、2.其他社会团体* | |
| | 013 | 0130 | 其他体育管理活动 | 四、3.其他体育 | 多对一，新增类别 |
| 02 | | | 体育竞赛表演活动 | | |
| | 021 | 0210 | 职业体育竞赛表演活动 | 一、1.体育组织 | 多对一，新增类别，职业表演比赛、职业联盟管理、国标舞表演 |
| | 022 | 0220 | 非职业体育竞赛表演活动 | 一、1.体育组织 | 多对一，新增类别，增加非职业表演比赛 |
| 03 | | | 体育健身休闲活动 | | |
| | 031 | 0310 | 休闲健身活动 | 三、1.休闲健身娱乐活动 | 一对一，名称调整 |
| | 032 | | 体育文化活动 | | |
| | | 0321 | 群众体育文化活动 | | 新增类别 |
| | | 0322 | 民族民间体育活动 | 五、9.文物及文化保护* | 一对一，名称调整 |
| | 033 | 0330 | 其他休闲健身活动 | | 新增类别 |
| 04 | | | 体育场馆服务 | | |
| | 041 | 0410 | 体育场馆 | 二、1.体育场馆 | 一对一 |
| | 042 | 0420 | 其他体育场地 | 四、3.其他体育 | 多对一，新增类别，增加多功能城市广场 |

(续表)

| 代码 | | | 名称 | 2008年标准类别名称 | 说明 |
|---|---|---|---|---|---|
| 大类 | 中类 | 小类 | | | |
| 05 | | | **体育中介服务** | | |
| | 051 | | 体育经纪与广告活动 | | |
| | | 0511 | 体育经纪人 | 四、1.其他未列明的商务服务* | 多对一，新增类别 |
| | | 0512 | 体育广告服务 | | 新增类别 |
| | 052 | 0520 | 体育活动的策划服务 | 四、1.其他未列明的商务服务* | 多对一，新增类别 |
| | 053 | 0530 | 其他相关体育中介服务 | 四、3.其他体育 | 多对一，新增类别，增加体育音像、动漫代理 |
| 06 | | | **体育培训与教育** | | |
| | 061 | | 体育培训 | | |
| | | 0611 | 体校及体育培训 | 五、1.职业技能培训* | 一对一，名称调整 |
| | | 0612 | 其他体育培训 | | 新增类别 |
| | 062 | 0620 | 体育教育 | | 新增类别 |
| 07 | | | **体育传媒与信息服务** | | |
| | 071 | 0710 | 体育出版物出版服务 | 五、4.图书出版* | 一对多，新增类别，增加互联网体育出版物出版 |
| | | | | 五、4.期刊出版* | |
| | | | | 五、4.音像制作* | |
| | | | | 五、4.音像制品出版* | |
| | 072 | 0720 | 体育影视及其他传媒服务 | 五、4.广播* | 一对多，新增类别，增加体育摄影，电影、录音、录像制作 |
| | | | | 五、4.电视* | |
| | 073 | 0730 | 互联网体育服务 | | 新增类别 |

（续表）

| 代码 | | | 名　称 | 2008年标准类别名称 | 说明 |
|---|---|---|---|---|---|
| 大类 | 中类 | 小类 | | | |
| | 074 | 0740 | 其他体育信息服务 | 四、2.社会经济咨询* | 新增类别，增加体育数字内容服务、体育应用软件开发、体育咨询服务 |
| 08 | | | 其他与体育相关服务 | | |
| | 081 | 0810 | 体育旅游活动 | | 新增类别 |
| | 082 | 0820 | 体育健康服务 | | 新增类别 |
| | 083 | 0830 | 体育彩票服务 | 五、3.其他娱乐活动* | 一对一，名称调整 |
| | 084 | 0840 | 体育会展服务 | 五、5.会议及展览服务* | 一对一，名称调整 |
| | 085 | 0850 | 体育金融与资产管理服务 | | 新增类别 |
| | 086 | 0860 | 体育科技与知识产权服务 | 五、2.社会人文科学研究与实验发展* | 名称调整，增加体育知识产权服务 |
| | 087 | 0870 | 其他未列明与体育相关服务 | 五、7.工程勘察设计*<br>五、8.其他清洁活动* | 一对多，新增类别，新增体育产品和衍生品设计 |
| 09 | | | 体育用品及相关产品制造 | | |
| | 091 | | 体育用品制造 | | |
| | | 0911 | 球类制造 | 六、1.球类制造 | 一对一 |
| | | 0912 | 体育器材及配件制造训练 | 六、1.体育器材及配件制造 | 一对一 |
| | | 0913 | 健身器材制造 | 六、1.训练健身器材制造 | 一对一 |
| | | 0914 | 运动防护用具制造其他体育用品制造 | 六、1.运动防护用具制造 | 一对一 |
| | | 0915 | | 六、1.其他体育用品制造 | 一对一 |
| | 092 | 0920 | 运动车、船、航空器等设备制造 | 六、3.汽车车身、挂车制造*<br>六、3.脚踏自行车及残疾人座车制造* | 一对多，新增类别，新增运动船、航天器制造 |

（续表）

| 代码 大类 | 代码 中类 | 代码 小类 | 名称 | 2008年标准 类别名称 | 说明 |
|---|---|---|---|---|---|
| | 093 | 0930 | 特殊体育器械及配件制造 | 六、3.武器弹药制造*<br>六、3.车辆专用照明及电气信号设备装置制造* | 一对多，新增类别，增加运动显示、计时记分、监控、导航等设备制造 |
| | 094 | | 体育服装鞋帽制造 | | |
| | | 0941 | 运动服装制造 | 六、2.纺织服装制造* | 一对一，名称调整 |
| | | 0942 | 运动鞋帽制造 | 六、2.制帽*<br>六、2.皮鞋制造*<br>六、2.橡胶鞋制造*<br>六、2.塑料鞋制造* | 一对多，新增类别 |
| | 095 | 0950 | 体育游艺娱乐用品设备制造 | 六、3.游艺用品及室内游艺器材制造* | 一对一，名称调整 |
| | 096 | 0960 | 其他体育用品及相关产品制造 | 六、3.茶饮料及其他软饮料制造* | 新增类别，新增运动营养产品、按摩器、户外帐篷、人造草坪、运动地胶、地板、场馆座椅、移动游泳池等制造 |
| 10 | | | 体育用品及相关产品销售、贸易代理与出租 | | |
| | 101 | | 体育及相关产品销售 | | |
| | | 1011 | 体育用品销售 | 七、1.体育用品批发<br>七、2.体育用品零售 | 一对多，新增类别 |
| | | 1012 | 运动服装销售 | 七、1.服装批发*<br>七、2.服装零售* | 一对多，新增类别 |

（续表）

| 代码 | | | 名称 | 2008年标准类别名称 | 说明 |
|---|---|---|---|---|---|
| 大类 | 中类 | 小类 | | | |
| | | 1013 | 运动鞋帽销售 | 七、1.鞋帽批发* | 一对多，新增类别 |
| | | | | 七、2.鞋帽零售* | |
| | | 1014 | 运动饮料营养品销售 | | 新增类别 |
| | | 1015 | 体育出版物销售 | 七、1.图书批发* | 一对多，新增类别 |
| | | | | 七、1.报刊批发* | |
| | | | | 七、1.音像制品及电子出版物批发* | |
| | | 1016 | 其他体育用品及相关产品销售 | 七、1.其他文化用品批发* | 名称调整，增加台球、飞镖、沙狐球及游艺娱乐用品的零售 |
| | | 1017 | 体育用品及相关产品综合销售 | 七、2.百货零售* | 一对多，新增类别 |
| | | | | 七、2.超级市场零售* | |
| | | 1018 | 体育用品及相关产品互联网销售 | | 新增类别 |
| | 102 | 1020 | 体育设备出租 | | |
| | 103 | 1030 | 体育用品及相关产品贸易代理 | 七、3.贸易经纪与代理* | 名称调整，减少体育用品拍卖 |
| 11 | | | **体育场地设施建设** | | |
| | 111 | 1110 | 室内体育场地设施建设 | 八、1.房屋工程建筑* | 一对一，名称调整，增加室内体育设施安装 |
| | 112 | 1120 | 室外体育场地设施建设 | 八、2.其他土木工程建筑* | 一对一，名称调整，增加室外体育设施安装 |

(续表)

| 代码 | | | 名 称 | 2008年标准类别名称 | 说明 |
|---|---|---|---|---|---|
| 大类 | 中类 | 小类 | | | |
| | | | | 五、6.市场管理* | 删除类别 |
| | | | | 六、3.绳、索、缆的制造* | 删除类别 |
| | | | | 六、3.皮箱、包（袋）制造* | 删除类别 |
| | | | | 六、3.机械化农业及园艺机具制造* | 删除类别 |

# 财政部 国家税务总局关于体育场馆房产税和城镇土地使用税政策的通知

财税〔2015〕130号

各省、自治区、直辖市、计划单列市财政厅（局）、地方税务局，西藏、宁夏、青海省（自治区）国家税务局，新疆生产建设兵团财务局：

为贯彻落实《国务院关于加快发展体育产业促进体育消费的若干意见》（国发〔2014〕46号），现将体育场馆自用的房产和土地有关房产税和城镇土地使用税政策通知如下：

一、国家机关、军队、人民团体、财政补助事业单位、居民委员会、村民委员会拥有的体育场馆，用于体育活动的房产、土地，免征房产税和城镇土地使用税。

二、经费自理事业单位、体育社会团体、体育基金会、体育类民办非企业单位拥有并运营管理的体育场馆，同时符合下列条件的，其用于体育活动的房产、土地，免征房产税和城镇土地使用税：

（一）向社会开放，用于满足公众体育活动需要；

（二）体育场馆取得的收入主要用于场馆的维护、管理和事业发展；

（三）拥有体育场馆的体育社会团体、体育基金会及体育类民办非企业单位，除当年新设立或登记的以外，前一年度登记管理机关的检查结论为"合格"。

三、企业拥有并运营管理的大型体育场馆，其用于体育活动的房产、土地，减半征收房产税和城镇土地使用税。

四、本通知所称体育场馆，是指用于运动训练、运动竞赛及身体锻炼的专业性场所。

本通知所称大型体育场馆，是指由各级人民政府或社会力量投资建设、向公众开放、达到《体育建筑设计规范》（JGJ 31—2003）有关规模规定的体育场（观众座位数20000座及以上）、体育馆（观众座位数3000座及以上）、游泳馆、跳水馆（观众座位数1500座及以上）等体育建筑。

五、本通知所称用于体育活动的房产、土地，是指运动场地、看台、辅助用房（包括观众用房、运动员用房、竞赛管理用房、新闻媒介用房、广播电视用房、技术设备用房和场馆运营用房等）及占地，以及场馆配套设施（包括通道、道路、广场、绿化等）。

六、享受上述税收优惠体育场馆的运动场地用于体育活动的天数不得低于全年自然天数的70%。

体育场馆辅助用房及配套设施用于非体育活动的部分，不得享受上述税收优惠。

七、高尔夫球、马术、汽车、卡丁车、摩托车的比赛场、训练场、练习场，除另有规定外，不得享受房产税、城镇土地使用税优惠政策。各省、自治区、直辖市财政、税务部门可根据本地区情况适时增加不得享受优惠体育场馆的类型。

八、符合上述减免税条件的纳税人，应当按照税收减免管理规定，持相关材料向主管税务机关办理减免税备案手续。

九、本通知自2016年1月1日起执行。此前规定与本通知规定不一致的，按本通知执行。

请遵照执行。

财政部　国家税务总局
2015年12月17日

# 国家新闻出版广电总局关于改进体育比赛广播电视报道和转播工作的通知

**新广发〔2015〕125号**

各省、自治区、直辖市新闻出版广电局，新疆生产建设兵团新闻出版广电局，总局机关各司局、各直属单位：

为贯彻落实《国务院关于加快发展体育产业促进体育消费的若干意见》（国发〔2014〕46号）和《国务院办公厅关于印发中国足球改革发展总体方案的通知》（国办发〔2015〕11号）的有关精神，满足广大群众收听收看体育比赛的需求，保障体育比赛的正常传播秩序，营造重视体育、支持体育、参与体育的舆论氛围，现就改进体育比赛报道和转播管理工作的有关问题，通知如下：

一、重大的国际体育比赛，包括奥运会、亚运会和世界杯足球赛（包括预选赛），在我国境内的电视转播权统一由中央电视台负责谈判与购买，其他电台电视台不得直接购买。中央电视台在保证最大观众覆盖面的原则下，应就其他电台电视台的需要，通过协商转让特定区域内的转播权，确保重大国际体育赛事在中国境内的播出覆盖。

二、除奥运会、亚运会和世界杯足球赛（包括预选赛）外的其他国内外各类体育赛事，各电台电视台可以本着公平、公正、公开流转的原则直接购买或转让，实现体育赛事转播权有序竞争。

三、各电台电视台报道和转播体育比赛，要遵守有关管理规定，把握正确的舆论导向，遵守新闻报道的职业道德要求和体育比赛规则，真实、客观、公正地进行赛事报道和解说。对损害中国形象的敏感画面、音响、文字等，各电台电视台须采取必要措施加以防范。直播体育赛事需按直播节目管理要求执行。

四、各电台电视台要本着支持体育事业产业发展、满足观众收看需要的原则，共同做好体育比赛的转播工作。凡电台电视台之间已达成转播协议的，相关单位和部门要提供必要的技术保障，确保节目信号的传输安全、畅通。

五、体育报道和体育转播要把社会效益放在首位，将社会效益与经济效益相统一，防止只讲经济效益、该播不播的现象出现，同时也要防止哄抬转播权价格、进行恶性竞争的现象出现。

六、各电台电视台要严格按照本通知的要求做好体育报道和体育比赛的转播工作。各级广播电视行政管理部门要做好对本通知贯彻执行情况的督促检查工作。

七、《关于加强体育比赛电视报道和转播管理工作的通知》（广发办字〔2000〕42号）自即日起废止。

国家新闻出版广电总局

2015年12月24日

# 国家税务总局关于贯彻落实《高新技术企业认定管理办法》的通知

税总函〔2016〕74号

各省、自治区、直辖市和计划单列市国家税务局、地方税务局：

经国务院批准，科技部、财政部、国家税务总局联合修订印发了《高新技术企业认定管理办法》（以下简称认定办法）。为做好认定办法的贯彻落实工作，现就有关问题通知如下：

## 一、高度重视，确保政策全面落实

高新技术企业税收优惠政策是供给侧结构性改革的重要举措，是加快产业结构调整、促进经济提质增效的重要推手。优惠政策"含金量"大，社会关注度高，税务机关要统一思想，高度重视，统筹谋划，扎实部署，建立科学有序、衔接顺畅的工作机制，既要加强内部各部门、各环节之间的配合，又要注重与科技、财政等部门的沟通，形成合力。要通过优化服务，简政放权，为纳税人享受税收优惠政策营造良好环境，降低纳税人享受税收优惠的成本，充分释放政策红利，将对企业的税收优惠转化为鼓励市场主体加大研发投入、提高创新水平的强大动力。

## 二、广泛宣传，保证企业应享尽知

既要通过报刊杂志、税务网站、办税服务厅等传统媒介，又要充分利用微博、微信等新媒体，因地制宜地开展政策宣传，提升宣传深度和广度，确保纳税人及时准确掌握统一的政策口径。要将政策规定、认定程序、申报条件、管理方式等内容及时充实到12366知识库，规范12366热线人员答复口径，保证政策解释权威准确、口径统一、容易理解。要加大税务机关内部培训力度，着力提升税务干部的业务素质，确保其能准确、迅速掌握和落实政策。要与科技、财政部门之间建立顺畅的沟通机制，发挥部门合力，及时收集、发现政策执行中存在的问题，共同研究，妥善解决，防止出现多头管理、互相推诿的现象，确保政策全面落地。

### 三、简化程序，切实降低办税成本

简化备案程序，严格按照《国家税务总局关于发布〈企业所得税优惠政策事项办理办法〉的公告》（国家税务总局公告2015年第76号）的规定，认真做好所得税优惠政策备案和后续管理工作，不得以任何理由变相审批。

各地税务机关还要加强联系、信息共享，采取有效手段，对跨认定机构管理区域迁移的高新技术企业实现管理的无缝对接，降低纳税人的涉税成本。

### 四、强化统计，做好政策效应分析

结合高新技术企业认定情况和享受优惠情况，用好用活现有数据，扎实做好统计分析工作。及时、全面掌握高新技术企业认定的户数、享受优惠的户数及优惠金额等数据，认真进行政策效应分析，及时发现问题，全面实施政策落实情况的跟踪问效，为进一步完善政策、加强管理提供参考依据，为国家经济升级发展建言献策。

国家税务总局

2016年2月18日

# 国家体育总局关于进一步加强国家体育产业基地建设工作的通知

**体经字〔2016〕183号**

各省、自治区、直辖市、计划单列市、新疆生产建设兵团体育局：

2006年以来，国家体育产业基地对充分发挥产业集群的聚集效应、规模效应、区域辐射效应，全面带动全国体育产业的发展起到了积极的示范和带头作用。2011年，以《国务院办公厅关于加快发展体育产业的指导意见》为指导，国家体育总局出台《国家体育产业基地管理办法（试行）》（以下简称"《办法》"），在国家体育产业基地的建设管理过程中发挥了重要作用。2014年10月，《国务院关于加快发展体育产业促进体育消费的若干意见》（以下简称"国务院46号文件"）正式颁布，明确提出要"打造一批符合市场规律、具有市场竞争力的体育产业基地"。为贯彻落实国务院46号文件精神，针对近年来建设和管理工作中出现的新问题，现就进一步加强国家体育产业基地建设相关要求通知如下，请遵照执行。

## 一、根据现实需要，进一步明确国家体育产业基地的概念和类型

（一）明确国家体育产业基地的概念。国家体育产业基地是指经国家体育总局命名或认定的，在体育产业发展方面具备相当基础、规模和特色的地区，在体育产业重点领域具有较大影响力和较强竞争力的单位或机

构，以及在体育产业特定领域成绩显著、具备较好经济和社会效益的活动或项目的总称。

（二）扩展国家体育产业基地的类型。将国家体育产业基地的具体类型扩展为三类：一是以地区（县或县域集群、不设区的市、市辖区）为单位，命名为"（地区名称）国家体育产业示范基地"（以下简称"示范基地"）；二是以体育产业重点领域的知名企业或组织机构为单位，认定为"国家体育产业示范单位"（以下简称"示范单位"）；三是以持续运营的优秀体育产业活动或项目为单位，认定为"国家体育产业示范项目"（以下简称"示范项目"）。

（三）进一步明晰国家体育产业基地的设置原则。国家体育产业基地的设置要按照有利于创新体育产业发展模式、有利于引导社会资本投入体育产业、有利于全面带动体育产业发展的原则，注重在全国范围内的合理布局，兼顾区域分布和产业结构升级，依据资源禀赋，因地制宜，突出特色，切实打造一批符合市场规律、具有市场竞争力的国家体育产业基地。

## 二、理清管理权限，建立健全分级管理体制

国家体育总局负责国家体育产业基地的命名和认定工作，并对其业务开展给予宏观指导。

国家体育总局体育器材装备中心（以下简称"装备中心"）承担国家体育产业基地评审、考核、指导和管理的具体工作。

各省、自治区、直辖市体育行政主管部门负责国家体育产业基地的申报组织、初审、推荐和协调管理工作。

示范基地所在地人民政府应建立管理机构，负责日常管理和服务工作。

### 三、减少环节，进一步优化申报、评审及认定程序

（四）关于申报周期。国家体育产业基地原则上每年申报、命名或认定一次，申请材料提交至国家体育总局装备中心的截止时间为每年4月30日。

（五）关于申报程序。示范基地、示范单位和示范项目的申请，分别由所在地人民政府向其所在省、自治区、直辖市体育行政主管部门，申请单位向其注册地省、自治区、直辖市体育行政主管部门，项目运营机构向其注册地省、自治区、直辖市体育行政主管部门提出。各省、自治区、直辖市体育行政主管部门负责本行政区域内示范基地的初审和推荐工作，对申请材料的真实性、规范性和完整性进行审核。除示范基地需经省级人民政府同意外，示范单位、示范项目经初审合格后，由各省、自治区、直辖市体育行政主管部门向国家体育总局统一报送。具体申报条件和须提交申报材料见附件1。

（六）关于评审原则。国家体育产业基地的评审遵循公平、公正、公开和突出特色、兼顾均衡、优化结构布局、合理配置资源的原则，依照透明、规范、严谨的程序进行。

（七）关于评审程序。装备中心负责组建专家评审组。专家评审组对初审合格的申请材料进行评审，提出评审意见。装备中心根据专家评审组提出的评审意见提交拟命名示范基地、拟认定示范单位和示范项目名单，报国家体育总局核定批准。

（八）关于认定批准。国家体育总局对专家评审组意见进行核定后，将在国家体育总局政府门户网站和相关媒体上公示核定结果，公示时间为10个工作日。经公示无异议或异议不成立的，国家体育总局以正式文件形式批复并命名示范基地，以正式文件形式认定示范单位和示范项目。

### 四、加强政策引导，切实做好国家体育产业基地的建设与服务工作

（九）明确国家体育总局的指导与服务职责。除赋予其按相关管理规定使用国家体育产业基地名称和标识的权利外，国家体育总局对国家体育产业基地在政策、信息服务、市场开拓和基地间交流合作等方面给予扶持，在国际交流活动及重大项目合作中给予支持。

（十）加强国家体育产业基地的自身建设。国家体育产业基地应扎实做好体育产业统计、标准化、体育产业人才培训等基础工作。

示范基地应建设体育产业发展平台，向体育企业提供完善的配套服务体系和优质的公共服务，进一步完善政策，优化市场环境，扶持体育企业培育竞争优势，不断引导体育企业做强做精，提升社会资本投入体育产业的质量和效益。

示范单位应积极开展技术创新和机制创新，整合资源，逐步建成大型骨干体育产业集团，打造知名品牌，同时辐射带动相关体育产业企业和机构的发展。

示范项目运营机构应总结并发挥优势，不断扩大项目的影响力和综合效益，切实为体育产业特定领域相关活动和项目的开展发挥示范作用。

### 五、建立退出机制，强化对国家体育产业基地的考核监督，实行动态管理、优胜劣汰

（十一）关于考核方式。通过总结评估、抽检巡查、全面考核等方式，国家体育总局对国家体育产业基地的建设运营情况进行全面考评，定期通报考评结果，实行动态管理。

（十二）关于总结评估。国家体育产业基地应于每年1月底前将上一年度发展情况报告（含主要发展数据）、本年度工作计划报送国家体育总

局装备中心及省级体育行政主管部门。对年度总结和发展数据的评估结果将作为国家体育产业基地年度建设和管理工作的常规考核依据。

（十三）关于抽检巡查。装备中心每年组织对国家体育产业基地建设、管理情况的随机抽检和巡查。如在抽检巡查过程中发现存在附件2中所述情况的，将予以书面警示、限期整改；如发现存在附件3中所述情况的，将在报国家体育总局核定后，取消其国家体育产业基地资格。

（十四）关于全面考核。国家体育总局每5年组织一次对所有国家体育产业基地的全面考核，由装备中心具体实施。考核不合格的，将由国家体育总局取消其国家体育产业基地资格。

请各地结合贯彻落实国务院46号文件精神，认真执行本通知要求，扎实做好国家体育产业基地的建设管理工作。

通知执行过程中发现的相关情况和问题，请及时与体育总局经济司和装备中心联系。

特此通知。

附件：1. 国家体育产业基地申报条件
　　　2. 国家体育产业基地应予警示的行为
　　　3. 国家体育产业基地应予撤销资格的行为

国家体育总局
2016年3月28日

附件1

# 国家体育产业基地申报条件

一、国家体育产业示范基地

（一）申请国家体育产业示范基地，应具备以下条件：

1. 体育资源丰富，体育产业聚集效应明显，有相当的体育产业基础和规模，产业特色鲜明，体育产业增加值占地区生产总值比重高于本省（自治区、直辖市）的平均水平，社会资本投入体育产业效益显著，对本地区及周边体育产业发展具有带动作用；

2. 建设发展环境优越，具有较好的基础设施，服务体系健全，具备培育大型骨干体育企业和孵化中、小体育企业的条件；

3. 建设与发展思路清晰，规划切实可行，中长期发展目标明确，政策措施具体得当；

4. 当地政府重视体育产业发展，将体育产业作为重点扶持产业，列入经济社会发展整体规划，并制定相应配套政策。

（二）申请国家体育产业示范基地须提交以下材料：

1. 国家体育产业示范基地申报表；

2. 本地区体育产业发展基本情况；

3. 示范基地建设、管理与发展规划；

4. 地方政府对本地区体育产业发展的支持政策；

5. 所在省、自治区、直辖市体育行政主管部门推荐材料。

二、国家体育产业示范单位

（一）申请国家体育产业示范单位，应具备以下条件：

1. 在体育产业的重点领域成绩显著，特色鲜明，优势突出，在本领域内的业绩及案例具有典型性和示范意义；

2. 持续经营3年以上，社会效益和经济效益显著；

3. 内部管理制度健全，具有较强的自主创新能力和市场开拓能力，发展趋势良好；

4. 发展思路清晰，规划切实可行，中长期发展目标明确，措施具体得当；

5. 具有独立法人资格。

（二）申请国家体育产业示范单位须提交以下材料：

1. 国家体育产业示范单位申报表；

2. 单位基本情况介绍和相关证明文件（包括单位资质信用、经营状况、经济效益和社会效益等方面）；

3. 单位体育产业重点领域主要业绩及相关案例；

4. 单位体育产业发展规划和发展战略；

5. 所在省、自治区、直辖市体育行政主管部门推荐材料。

三、国家体育产业示范项目

（一）申请国家体育产业示范项目，应具备以下条件：

1. 项目持续运营时间3年以上、影响范围广、参与者众多，特色鲜明，优势突出，在体育产业特定领域中具有典型性和示范意义；

2. 社会效益和经济效益显著；

3. 项目运营及管理制度健全；

4. 由具有独立法人资格的机构运营管理。

（二）申请国家体育产业示范项目须提交以下材料：

1. 国家体育产业示范项目申报表；

2. 项目基本情况介绍和相关证明文件（包括项目运营机构的资质信用、项目运营状况、项目经济效益和社会效益等方面）；

3. 项目未来发展规划；

4. 所在省、自治区、直辖市体育行政主管部门推荐材料。

附件2

## 国家体育产业基地应予警示的行为

一、国家体育产业示范基地

对于发生下列情况的国家体育产业示范基地，体育总局装备中心将予以警示：

1. 基地管理机制、机构及制度不健全或现有管理机制不能发挥应有作用的；

2. 未按本办法要求提交年度报告和相关材料的；

3. 连续两年缺席国家体育产业基地年度会议或无合理事由缺席国家体育产业基地年度会议一次的；

4. 未按相关管理规定规范使用国家体育产业基地名称及标识的；

5. 年度总结评估、抽检巡查不合格的。

受到警示的示范基地应在收到书面通知后10个工作日内提出整改措施和完成时间，限期整改。

二、国家体育产业示范单位

对于发生下列情况的国家体育产业示范单位，体育总局装备中心将予以警示：

1. 所提供的产品、服务、所运营的项目、活动或企业行为给社会造成不良影响的；

2. 因管理不当连续两年严重亏损的；

3. 未按本办法要求提交年度报告和相关材料的；

4. 连续两年缺席国家体育产业基地年度会议或无合理事由缺席国家体育产业基地年度会议一次的；

5. 未按相关管理规定规范使用国家体育产业基地名称及标识的；

6. 年度总结评估、抽检巡查不合格的。

受到警示的示范单位应在收到书面通知后10个工作日内提出整改措施和完成时间，限期整改。

三、国家体育产业示范项目

对于发生下列情况的国家体育产业示范项目，体育总局装备中心将予以警示：

1. 示范项目及其所提供的产品、服务或运营机构的行为给社会造成不良影响的；

2. 因管理不当连续两年未正常运营或严重亏损的；

3. 未按本办法要求提交年度报告和相关材料的；

4. 未按相关管理规定规范使用国家体育产业基地名称及标识的；

5. 年度总结评估、抽检巡查不合格的。

受到警示的示范项目运营机构应在收到书面通知后10个工作日内提出整改措施和完成时间，限期整改。

附件3

## 国家体育产业基地应予撤销资格的行为

有下列行为之一者,经总局装备中心报国家体育总局核定批准,将予取消国家体育产业基地资格:

1. 提供虚假信息或进行虚假宣传的;
2. 采取不正当竞争手段的;
3. 发生重大安全生产责任事故的;
4. 不具备正常运营能力的;
5. 无十分特殊原因连续停止建设或经营1年以上的;
6. 有重大违法、违规行为的;
7. 有本通知附件2所述行为,连续两次受到警示未予整改或整改不合格的;
8. 项目、规划、经营方向等发生重大变化,不再符合国家体育产业基地申报条件的;
9. 其他应当予以取消资格的行为。

# 中国足球中长期发展规划
## （2016—2050年）

**发改社会〔2016〕780号**

改革开放以来，我国经济社会快速发展，人民生活水平显著提高，群众对体育健身需求日益增长。当前，我国正处于全面建成小康社会的关键时期，振兴和发展足球是全国人民的热切期盼，关系到群众身心健康和优秀文化培育，对于建设体育强国、促进经济社会发展、实现中华民族伟大复兴的中国梦具有重要意义。为贯彻落实《国务院关于加快发展体育产业促进体育消费的若干意见》和《中国足球改革发展总体方案》等文件精神，促进中国足球持续健康发展，经国务院同意，制定本规划。规划近期至2020年，中期至2030年，远期展望至2050年。

## 一、发展基础

——足球运动逐步发展。目前，我国经常参加足球运动的人数达到一定规模，球迷人数过亿。校园足球初步普及，联赛体系逐渐形成，每年比赛超过10万场。社会足球初具氛围，各级足协、企事业单位和社会各界积极开展足球活动，每年举办2万余场业余足球比赛。职业足球稳步发展，职业俱乐部达到52个，已初步建立起中超、中甲、中乙为主体的职业联赛框架。

——足球产业初具规模。经过多年发展，我国足球产业规模逐步扩大，产业链不断拓展，带动作用日趋增强。足球运动的群众关注度不断提高。近十年，中超足球联赛场均观赛规模达到1.5万人次。

——国际交流日益增强。足球国际活动明显增加，成为体育外交的重要组成部分，国际化程度日益提高。国内运动员、教练员和裁判员赴外学习、训练、参赛明显增多，引进外籍教练员和运动员的水平明显提升。国内俱乐部与国际高水平俱乐部形成合作机制。

尽管我国足球发展取得了一些进展，具备了一定的基础，但总体看仍然存在许多问题：发展理念滞后，对足球价值和发展规律认识不足，急功近利的思想较为严重；体制机制落后，政社不分、管办不分、事企不分的问题依然存在；法治水平偏低，行风不正，竞赛秩序较乱，缺乏有效监管；足球基础薄弱，人才短缺、设施不足，难以满足社会日益增长的足球运动需求。

## 二、总体思路

### （一）指导思想。

全面贯彻党的十八大和十八届三中、四中、五中全会精神，深入学习贯彻习近平总书记系列重要讲话精神，推动落实"四个全面"战略布局，树立现代足球运动理念，遵循足球运动发展规律，以服务于人的全面发展为宗旨，以改革创新为动力，以足球普及为导向，持续用力，久久为功，扎扎实实筑牢足球发展的制度基础、人才基础、设施基础、社会基础，不断提升足球运动的规模和质量，不断增强全民族的身体素质和健康水平，走出一条适合中国实际的足球发展路子，努力实现"足球崛起梦、体育强国梦、民族复兴梦"。

### （二）战略定位。

——全民健身的重要事业。足球是一项深受广大人民群众喜爱的体育运动。振兴和发展足球，可以提高全民健身参与程度，增强群众身体素质，是提高全民族身心健康水平的重要支撑。

——国民经济的重要产业。足球产业是朝阳产业、绿色产业，在转方式、调结构、促发展中扮演着重要角色。振兴和发展足球，可以扩大消费，拉动体育产业及相关产业发展，形成新的经济增长点。

——体育强国的重要基石。足球是具有广泛影响力的世界性运动。振兴和发展足球，可以促进体育运动全面发展，托起中国体育强国梦，绘就民族伟大复兴的蓝图。

——民族精神的重要载体。足球运动具有重要的育人功能，有利于弘扬社会主义核心价值观。振兴和发展足球，可以构建有中国特色的足球文化，激励人们顽强奋斗精神，促进人的全面发展，提升中华民族的凝聚力和自豪感。

**（三）发展原则。**

——坚持遵循规律，持续发展。遵循足球发展规律，科学谋划，以人为本，从娃娃抓起，从基层抓起，从基础抓起，有序推进，持之以恒。

——坚持改革引领，创新发展。充分发挥足球对我国体育发展和改革的引领作用，以改革体制机制为突破口，转变足球发展方式，积极探索足球发展的新路径，提升足球运动的活力和水平。

——坚持依法治理，规范发展。把足球发展纳入法治化轨道，全面提升法治观念和法治水平，创造平等参与、公平竞争的发展环境，构建依法、依规、依章的治理体系。

——坚持包容共享，开放发展。充分调动全社会的积极性和创造力，营造重视足球、支持足球、参与足球的良好氛围。提高对内对外开放水平，在合作共赢中谋发展。

## 三、发展目标

**（一）近期目标（2016—2020年）。**

努力实现中国足球保基本、强基层、打基础的发展目标。

保基本：人民群众对足球运动的需求得到基本满足，开展足球活动的场地、时间、经费得到基本保障，全社会关心和支持足球发展的良好氛围基本形成。

强基层：校园足球加快发展，全国特色足球学校达到2万所，中小学生经常参加足球运动人数超过3000万人。社会足球发展基础不断夯实，基层足球组织蓬勃发展，基层足球活动广泛开展。全社会经常参加足球运动的人数超过5000万人。

打基础：中国特色的足球管理体制机制初步建立，政策法规初具框架，行业标准和规范趋于完善，竞赛和培训体系科学合理，足球事业和产业协调发展的格局基本形成。全国足球场地数量超过7万块，使每万人拥有0.5—0.7块足球场地。

（二）中期目标（2021—2030年）。

奋力实现中国足球动力更足、活力更强、影响力更大，跻身世界强队的发展目标。

动力更足：管理体制科学顺畅，法律法规完善健全，多元投入持续稳定，足球人口基础坚实。每万人拥有1块足球场地。

活力更强：校园足球、社会足球、职业足球体系有效运行，各类市场主体踊跃参与，足球产业规模有较大提高，成为体育产业的重要引擎。

影响力更大：职业联赛组织和竞赛水平达到亚洲一流，国家男足跻身亚洲前列，女足重返世界一流强队行列，体育大国形象得到进一步提升。

（三）远期目标（2031—2050年）。

全力实现足球一流强国的目标，中国足球实现全面发展，共圆中华儿女的足球梦想，为世界足球运动作出应有贡献。

## 四、主要任务

（一）构建制度体系。

科学构建中国特色足球管理体制。搭建政府统筹推进、部门分工负责、社会广泛参与的管理框架。政府的主要职责是提供公共服务，营造市场环境，加强监督管理。体育行政部门加强对足球改革发展的政策研究和宏观指导，促进各职能部门协同配合。教育行政部门履行好校园足球主管责任，积极推动校园足球发展。中国足球协会主要负责统一组织、管理和指导全国足球运动发展，推动足球运动普及和提高。

健全完善足球可持续发展机制。激发市场活力，充分调动社会力量参与足球发展的积极性，实现足球运动经济效益和社会效益良性循环。打破利益藩篱，创造公平竞争环境，促进资源优化配置。

---

### 专栏1 "十三五"足球体制改革攻坚工程

深化足球协会管理体制改革，调整改革中国足球协会，完善中国足球协会内部管理机制，健全协会管理体系，逐步建立体制完善、结构合理、职责明确、规章健全、监管完善的协会管理体制，形成协会依法自主管理、科学民主决策的新机制。地方、行业足球协会参照中国足球协会调整组建。建立具有独立社团法人资格的职业联赛管理机构，负责组织和管理职业联赛。完善俱乐部法人治理结构，加快现代企业制度建设，推动俱乐部的地域化和名称的非企业化。

---

建立规范有效的足球法治体系。完善国家相关法律法规和足球行业规范规则。推进标准化和规范化建设。健全监督、执法和仲裁机制，加强足球组织、俱乐部、从业人员诚信守则自律，严肃赛风赛纪，依法严厉查处打击足球领域的违法犯罪行为。完善足球赛事和活动安保服务标准，积极推进安保服务规范化、社会化。

（二）培养人才队伍。

大幅增加青少年足球参与规模。加强校园足球建设，把足球列入体育课教学内容，发展足球社团，培养足球兴趣，开展足球竞赛活动，不断培育足球爱好者和足球人才。增强学生、家长对足球的认同感，支持学生课余、校外参加足球活动。以市场化、社会化为导向，构建多渠道、多形式人才发现和培养机制，不断增加足球人才后备力量。

---

**专栏2　"十三五"校园足球普及行动**

深化足球教学改革，形成内容丰富、形式多样、因材施教的青少年校园足球教学体系。制定校园足球教学训练指南，开发校园足球网络课程并免费开放。将校园足球骨干教师纳入中小学幼儿园教师国家级培训计划等培训项目，对5万名专兼职足球师资进行培训。建立健全校园足球竞赛体系，实施全国校园足球四级联赛制度。完善考试招生政策，激励学生长期积极参加足球学习和训练。支持建设一批校园足球特色学校和试点县。

---

显著扩大教练员、裁判员队伍。提高体育教师的足球教学水平，发展足球专业教师队伍，培养学校足球教练员、裁判员。加强职业教练员、裁判员队伍建设，不断完善教练员、裁判员培训体系。构建社区足球指导服务体系，提高社会体育指导员的技能水平，有条件的地区探索设立社区足球指导员专门岗位，鼓励专业教练员、裁判员服务城乡社区和校园。

建立职业运动员良性发展机制。逐步增加注册球员，优化发现和选拔机制，让技术过硬、素养较高的优秀足球运动员脱颖而出。坚持运动技能和文化教育相结合，加大多技能培养培训力度，拓宽退役运动员发展空间，打通向教练员、裁判员、社会体育指导员、企事业单位和足球协会管理人员的转岗就业渠道。

培养复合型产业人才。面向市场需求，通过高等院校、科研院所、中职教育、职业培训和继续教育等多种形式，培养足球行业人才。重点发展经营管理、资本运作、营销推广、研发设计、中介服务、文化创意等专业人才队伍。加强足球产业人才的国际合作与交流。

> **专栏3　"十三五"专业化人才培养计划**
>
> 提高高等院校体育类专业招收足球专项学生的比重，鼓励吸引其他专业学生选修足球方向，依托具备条件的本科院校设立足球学院，积极在中等职业学校开设足球专业。鼓励社会力量举办足球培训机构。加快培养足球职业教练员和社区足球指导员，轮训人数逐年增加，2020年达到1万人次。健全足球裁判员培养体系，注册裁判员总量在现有基础上翻一番。

### （三）建设场地设施。

科学规划足球场地设施发展。扩大足球场地供给，优化类型结构，提高设施质量，不断满足全社会足球运动发展需求。根据人口规模、自然条件、经济发展水平，逐步配置完善足球场地设施。制定各类足球场地建设指南。创新足球场地设施管理方式，促进场地设施集约高效利用。

加大校园足球运动场地建设力度。每个中小学足球特色学校均建有1块以上足球场地，有条件的高等院校均建有1块以上标准足球场地，其他学校创造条件建设适宜的足球场地。提高学校足球场地利用率，加快形成校园场地与社会场地开放共享机制。

推进社区配建足球运动场地。在城市建设和新农村建设规划中统筹考虑社区足球场地建设。鼓励建设小型化、多样化的足球场地，方便城乡居民就近参与足球运动。

> **专栏4　"十三五"足球场地设施重点建设工程**
>
> 全国修缮、改造和新建6万块足球场地，使每万人拥有0.5—0.7块足球场地，其中校园足球场地4万块，社会足球场地2万块。除少数山区外，每个县级行政区域至少建有2个社会标准足球场地，有条件的城市新建居住区应建有1块5人制以上的足球场地，老旧居住区也要创造条件改造建设小型多样的场地设施。

**（四）丰富赛事活动。**

广泛开展校园足球活动。开展以强身健体和快乐参与为导向的校园足球比赛。以增强学生体质和意志品质、普及足球知识和技能、培养足球兴趣爱好为目的，举办多种形式的校园足球活动。逐步健全高校、高中、初中、小学校园足球四级赛事，科学、合理、适度组织竞赛活动。

优化职业联赛结构。改进职业联赛框架布局，形成中超、中甲、中乙参赛球队数量递增的联赛结构，稳定扩大中甲、中乙联赛队伍规模，提升职业联赛竞赛质量。推进职业联赛管理现代化，不断提升联赛运行管理水平，推动职业俱乐部建立现代治理结构。

支持社会足球赛事活动。鼓励因地制宜、多种形式组建社区足球队、社区足球协会和区域性非职业足球联盟，注重家庭参与，丰富社会足球比赛形式。注重区域等级赛事、青少年赛事、校园足球赛事的有机衔接，逐步实现竞赛结构的科学化。支持党政机关、企事业单位、人民团体、基层部队开展常态化的内部竞赛活动。加强对社会足球的宣传推广。

> **专栏5 "十三五"职业联赛提升计划**
>
> 基本建立体系完整、布局合理的职业足球联赛架构,科学设定参赛队伍数量,形成中超、中甲、中乙联赛合理的规模结构。严格准入、规范管理职业足球俱乐部,加强行业自律。加强职业俱乐部梯队建设,扩大职业联赛影响力。提升中超联赛品牌价值,使场均观赛人次达到世界前列。

> **专栏6 "十三五"社会足球培育行动**
>
> 在全国基础较好的50个城市,建立分级制度的城市业余足球体系。在全国100个城市建立草根球队广泛参与的城市业余足球杯赛体系,并形成年度城市赛—大区赛—全国总决赛的业余足球竞赛框架。积极支持、鼓励行业、企业、人民团体、社区等社会各界举办业余足球活动,并将他们的比赛与城市足球联赛、杯赛体系相衔接。逐步构建社会足球发展体系,做好社会足球活动的宣传推广,营造广泛参与的社会氛围。

### (五)壮大足球产业。

大力发展足球服务业。积极发展高水平的足球赛事,推动电视转播、媒体广告、网络服务、大众娱乐等相关产业发展。大力开拓足球场馆运营、足球培训、足球中介代理机构等服务市场。加快发展足球金融保险服务业。积极研究推进发行以中国足球职业联赛为竞猜对象的足球彩票。

做大做强足球用品制造业。大力发展足球制品、运动服装、器材设施、纪念品的研发设计、生产制造和销售推广，打造若干龙头企业和国际品牌。

> **专栏7　"十三五"优秀足球企业培育行动**
>
> 　　培养2—3家亚洲一流、世界知名的足球俱乐部，打造中国足球品牌，扩大世界影响力，推动和培育具备条件的足球俱乐部上市。支持企业加大研发设计投入力度，培育形成一批自主创新能力强、产品科技含量高、具备国际知名度的足球用品制造企业。扶持发展一批成长型足球小微企业，支持其进入各类创业平台和孵化基地，提供足球运营、足球培训、足球网络媒体和社区平台等服务。鼓励组建由制造企业、服务供应商、职业俱乐部等组成的足球产业联盟。

> **专栏8　"十三五""足球+互联网"创新行动**
>
> 　　推动互联网技术与足球产业深度融合，重点引入移动互联网、电子商务、大数据等新技术和新业态，促进足球产业多点创新。积极利用互联网平台，形成多元参与、有效竞争的赛事转播格局（奥运会、亚运会、世界杯足球赛除外），为广大球迷提供丰富的转播形式和多样选择。支持开发足球类手机应用程序、互联网和手机足球游戏、足球题材动漫和影视作品。

　　促进足球产业与相关产业融合发展。加快足球产业与旅游业、建筑业、文化创意、餐饮酒店、健康养生等行业的互动发展，催生足球运动新业态。

### （六）培育足球文化。

传承中华民族的传统文化，树立健康、快乐、进取的足球理念，充分发挥足球在强身健体、立德树人方面的积极作用，让参与足球成为健康生活的重要方式。大力弘扬拼搏进取、团结协作、快乐分享的体育精神。加强诚信体系建设。积极倡导尊重规则、尊重对手、尊重观众的行为规范，不断增强足球运动的集体荣誉感和民族自豪感。注重发挥新媒体作用和足球志愿者奉献、友爱、互助、进步的精神，努力培育文明参赛、文明观赛的良好氛围，使足球运动成为传播正能量的重要载体。

### （七）促进足球开放。

实施海外人才引进计划，吸引高水平的足球人才来华工作，完善出入境、居留、医疗、子女教育等相关政策。积极引入境外资本，优化本土俱乐部等足球企业的股权结构，提高运营管理水平和多元化盈利能力。拓展足球对外交流渠道，鼓励各类主体举办形式多样的国际足球交流活动。鼓励足球各类专业人才赴国外学习、培训，支持更多的优秀专业人才赴国际组织工作。

## 五、配套政策和保障措施

### （一）财政和金融政策。

完善公共财政对足球事业发展的投入机制，通过政府购买服务等多种方式加大支持足球运动发展的力度。要加大投入，安排投资支持基础性、公益性足球场地设施建设。鼓励金融机构在风险可控、商业可持续的基础上拓展足球领域金融服务新业务。拓宽足球产业投融资渠道，支持符合条件的足球用品、赛事服务等企业进入资本市场或发行债券。鼓励企业、社会资本单独或合作设立足球发展基金。采取直接投资、贷款贴息、补贴补助、后期奖励等方式，支持足球事业发展。引导保险公司根据足球运动特点开发职业球员伤残保险、校园足球和社会足球人身意外伤害保险、足球场地设施财产保险等多样化的保险产品，鼓励企事业单位、学校、个人购买运动伤害类保险。

（二）规划和土地政策。

将足球场地设施建设纳入城乡规划、土地利用总体规划和年度用地计划，在配建体育设施中予以保障。鼓励新建居住区和社区配套建设足球场地，支持老城区与已建成居住区改造现有设施、增加足球活动空间。可利用有条件的公园绿地、城乡空置场所等设置足球场地。对单独成宗、依法应当有偿使用的新建足球场地设施项目用地，供地计划公布后只有一个意向用地者的，可采取协议方式供应。在其他项目中配套建设足球场地设施的，可将建设要求纳入供地条件。利用以划拨方式取得的存量房产和原有土地兴办足球场地设施，土地用途和使用权人可暂不变更，连续运营1年以上、符合《划拨用地目录》的，可以划拨方式办理用地手续；不符合的，可采取协议出让方式办理用地手续。严禁改变足球场地设施用地的土地用途，对于不符合城市规划擅自改变土地用途的，应由政府收回，重新安排使用。

（三）税费和价格政策。

足球场馆自用的房产和土地，可按有关规定享受有关房产税和城镇土地使用税优惠。足球领域的社会组织，经认定取得非营利组织企业所得税免税优惠资格的，依法享受相关优惠政策。足球俱乐部及相关企业发生的符合条件的广告费支出，符合税法规定的可在税前扣除。鼓励企业和社会力量捐赠足球运动服装和器材装备，支持校园足球和社会足球发展，对符合税收法律法规规定条件的捐赠，按照相关规定在计算应纳税所得额时扣除。足球场地设施的水、电、气、热价格按不高于一般工业标准执行。

（四）人才和就业政策。

建立和规范运动员、教练员、裁判员等人才注册制度，理顺球员培养补偿和转会机制，推动与国际通行规则相接轨。加大足球从业人员培训力度，将校园足球教师、社会足球指导员、足球教练员的专业技能培训，按规定纳入教师培训、全民健身、技能人才培养、就业培训等专项范围。鼓励社区、企业等设立相应岗位，吸引退役运动员、教练员从事社会足球指导工作。通过购买服务、特聘教师等方式，聘请退役运动员、教练员参与校园足球发展。通过职业培训和创业培训，支持退役运动员从事足球相关产业工作。

**（五）组织实施和监测评估。**

各地要积极贯彻落实本规划，建立由政府牵头，相关行政部门、足协等社会团体共同参与的足球发展工作机制，切实加强组织领导和沟通协调。要加快制订本地足球发展规划或实施方案，建立动态跟踪监测和考核评估机制，确保责任落实到位、建设任务顺利推进、规划目标如期实现。发展改革委、国务院足球改革发展部际联席会议办公室（中国足球协会）、体育总局、教育部等负责本规划的监督检查。

国家发展改革委<br>
国务院足球改革发展部际联席会议办公室（中国足球协会）<br>
国家体育总局<br>
教育部<br>
2016年4月6日

# 关于促进消费带动转型升级的行动方案

发改综合〔2016〕832号

为促进居民消费扩大和升级，带动产业结构调整升级，加快培育发展新动力，增强经济韧性，按照国务院有关部署，主要围绕十个主攻方向，出台实施"十大扩消费行动"。

## 一、总体考虑

当前我国人民日益增长的物质文化需要同落后社会生产之间的矛盾这一社会主要矛盾没有变，突出表现为供给结构、供给质量不适应居民消费需求持续增长、消费结构加快升级的要求，制约了消费对经济增长基础作用的发挥。随着我国经济发展进入新常态，工业生产等领域面临着较为严重的产能过剩，供给结构调整转型升级的任务十分艰巨。为此，要通过积极发挥新消费引领作用，加快培育形成新供给，从而在更高层次上推动供需矛盾的解决，为经济社会发展增添新动力。

——尊重消费发展规律，创造环境引导居民扩大消费。顺应居民消费个性化、多样化发展的大趋势，以适应居民吃穿用住行和服务性消费为线索，以拓展和畅通居民消费自由选择渠道为目标，努力增加高品质商品和服务供给，进一步完善商贸物流、信息网络等基础设施，打通物流、信息障碍，大力加强消费市场信用体系建设，营造居民愿消费、敢消费的良好环境。

——发挥市场机制作用，激发企业主体的活力和动力。充分发挥市场配置资源的决定性作用，突出以需求为导向、以企业为主体，通过平台搭建、环境营造、金融支持、舆论宣传等社会化、市场化手段，引导企业按照需求总量和结构的变化特别是消费升级的方向，提升供给质量，带动产业升级，拓展市场空间，提高盈利能力，激发企业不断提升产品质量和培育品牌的内生动力。

——依靠改革创新引领，破除制度障碍推动转型升级。加速打破教育、文化、体育、养老、健康等领域存在的深层次体制机制障碍，深入推进事业单位和垄断行业改革，营造有利于各类所有制企业公平竞争的市场环境；推动互联网等新技术与传统商贸流通业有机结合，促进线上线下、体验分享等多种消费业态兴起和发展，增强创新驱动发展的能力。

——加强政府引导扶持，提高政策的针对性和有效性。围绕长期和短期结合、软环境建设和硬环境建设结合、投资补短板和培育新动能结合、市场作用发挥和市场失灵矫正结合，创新思路、转变理念，因地制宜、分类施策，发挥好政府特别是地方政府的引导促进作用，发挥好行业协会的桥梁纽带作用，充分尊重企业意愿，确保各项政策措施具体化、可操作、能落地。

## 二、十大扩消费行动

（一）城镇商品销售畅通行动在尽快推动物流短板建设、逐步扩大电子商务物流快递协同发展试点、扩大免税店设立范围等政策的同时，要重点降低物流成本提高物流效率，促进优质商品向三四线城市延伸。

1. 畅通市场流通网络。推动铁路与物流、电商加快枢纽节点的相互配套融合，在重要的铁路干线站点，争取年内建设一批综合物流中心，因地制宜逐步推广城市中心铁路货场转为城市配送中心，发展快消品等民生物资仓储、共配等业务，降低流通成本。同时增开货运快运列车，扩大快运网络覆盖范围。

2. 降低物流成本。在快递等行业推行同一工商登记机关管辖范围内"一照多址"模式改革，降低企业设立成本，提高服务居民消费的能力。

3. 促进优质品牌商品销售向三四线城市延伸。发挥行业协会作用，鼓励引导有实力、有意愿的地方大型商业零售企业，在三四线城市推进连锁网点建设，促进适应当地市场需求的品牌商品销售。

### （二）农村消费升级行动

在加快推进农村易地扶贫搬迁、农村危房改造、乡村公路建设、农村电网改造升级、农村安全饮水工程、积极发展乡村旅游和休闲农业等政策的同时，要进一步改善农村消费软硬环境，着力引导农村消费质量升级。

4. 挖掘农村电商消费潜力。推动电子商务进农村，充分发挥邮政系统、供销社系统现有农村网点布局优势，支持电商和物流企业向乡镇农村延伸。鼓励供销系统年内重点建设100个县级电商运营服务中心，新建和改造3万个乡村信息化综合经营服务网点。

5. 畅通城乡双向联动销售渠道。鼓励地方特别是中西部地区政府，与电商开展多种形式的合作，支持有实力的电子商务平台开设特色地方馆，集中展示销售特色农产品；开展电子商务进社区，推动城乡市场互联互通；通过政府购买服务支持电商企业开展电子商务专业培训等，以返乡创业青年、特色种养殖大户、农村合作社负责人等为重点培训对象，培养一批农产品电子商务实用人才。

6. 改善农村信息消费基础设施。进一步深化向民资开放宽带接入业务试点。统筹协调前期投入大、资金回收慢的农村宽带网络与规模效应强、盈利能力高的城市地区宽带网络建设，建立农村地区宽带投资的多元化资金来源和市场化运作机制。将宽带乡村示范工程推广至全国。

### （三）居民住房改善行动

要给予地方调控自主权，分城施策化解房地产库存，建立租购并举的住房制度，满足居民改善性住房消费需求。

7. 推进住宅小区采暖改造。利用专项建设基金等，支持改造北方采暖地区集中供热老旧管网设施；南方夏热冬冷地区住宅因地制宜发展电采暖、燃气壁挂炉和浅层地热能等，采用分散、局部采暖方式解决采暖需求。

8. 稳定住房消费预期。增加一线和部分热点二线城市的住宅建设用地供应；加大对房地产中介机构的管理，规范房地产市场秩序；加快培育和发展住房租赁市场。

9. 用足用好住房公积金。允许个人公积金账户内资金随工作地点变动进行跨省跨市转移接续，允许有条件的地区开展省内统筹管理住房公积金试点，满足居民因就业地变动而购房、返回家乡购房等需求，化解三四线城市房地产库存。

### （四）汽车消费促进行动

在落实国Ⅰ标准排放汽车报废更新、破除阻碍二手车跨行政区流通、支持新能源汽车发展五项措施等政策的同时，进一步完善汽车购置和使用政策、加快停车设施建设，满足居民汽车消费需求。

10. 逐步扩大放宽皮卡车进城试点范围。指导河北、辽宁、河南、云南等省放宽皮卡进城限制试点及效果评价，视情逐步在全国范围内实行取消或放宽对皮卡进城限制的相关措施。

11. 支持各地加快建设停车场。鼓励各地将分散停车场建设项目进行集中招标，实施项目的统一审核和土地的统一供应，通过专项建设基金给予适当支持。对规划编制进展较快、项目建设质量较高的地区，进一步加大专项建设基金的支持力度。

12. 促进汽车售后服务质量提升。推进汽车企业"三包"自我声明公开，开展汽车"三包"责任保险试点，支持第三方机构开展汽车售后服务和质量评价，合理引导市场销售。

### （五）旅游休闲升级行动

在切实落实职工带薪休假、加快建设自驾车房车营地建设、培育新兴旅游消费热点等政策的同时，下一步要着力增加个性化、多样化旅游产品供给，进一步满足居民旅游休闲消费升级需求。

13. 着力打造全域旅游示范区。结合特色旅游小镇建设和乡村旅游发展，年内建成100个全域旅游示范区。鼓励地方引导企业有效利用本地旅游特色资源，开发绿色、实用、有创意的旅游商品，推动线上线下旅游商品销售。着力推进国际旅游岛、旅游带等旅游重点区发展。各地在"五一"小长假或"十一"黄金周之前，选择一个本地的旅游主题进行集中宣传推介。

14. 加快发展邮轮游艇等消费。将上海实施的国际邮轮入境外国旅游团15天免签政策逐步扩大至其他邮轮口岸。规范并简化邮轮通关手续，拓展国内邮轮航线。培育本土邮轮发展，支持国内造船企业与国外造船企业联合生产制造大型邮轮项目。逐步开放供游艇旅游使用的水域，制定休闲船艇管理服务规范，出台粤港澳游艇自由行试点政策，支持游艇码头等基础设施建设。

15. 积极发展研学旅行、老年旅游。制定研学旅行和老年旅游服务规范，推出一批休闲养生等老年旅游示范项目，以及博物馆等研学旅行项目。

16. 加快培育通用航空消费市场。充分发挥市场主导和地方统筹谋划、规划引导的作用，加快推进通用机场建设，年内开工建设一批通用机场，通过专项建设基金给予适当支持；在适宜地区开展空中游览、飞行赛事、航空文化交流等活动；支持通用航空俱乐部、爱好者协会等社会团体发展。

### （六）康养家政服务扩容提质行动

在深入推进医药卫生体制改革等政策的同时，加大家政服务人员培训,深入推进医养结合,着力提升养老、健康和家政服务品质。

17. 增加高水平护理、家政服务人员供给。鼓励地方加大支持力度,依托大型家庭服务机构、各类职业技能培训机构,对家政从业人员进行专项培训。对低保人群从事护理、家政服务的,在核算其家庭收入时,扣除其培训等必要的就业成本。

18. 推进公办养老机构社会化运作。鼓励政府投资新建或购置的养老服务设施采取"公建民营"、转企改制等方式,进行社会化运作。进一步加大公办养老机构实行"公建民营"试点的工作力度。

19. 提高医养结合服务能力。支持老年病医院、康复医院、护理院、综合医院老年病科等机构建设,在基层医疗卫生机构增设康复、护理床位。规范基层医疗卫生机构为养老机构、居家老年人提供上门服务的医疗和护理服务项目,将符合规定的医疗费用纳入医保支付范围。借鉴试点经验,鼓励有条件的地方建立长期护理保险制度。

20. 支持整合改造闲置社会资源发展养老服务。鼓励地方通过招标等方式,将城市中废弃工厂、事业单位改制后腾出的办公用房、乡村撤校并点等方式腾退的闲置用房,低费或免费提供给各类民间资本举办的养老机构。

21. 推进个性化多层次健康服务业发展。修订部分医疗机构设置标准,丰富商业健康保险产品,引导社会力量投向康复护理、临终关怀以及高端医疗、口腔、医疗美容等资源稀缺领域。支持发展中医医疗保健、健康体检、医疗保健旅游等多样化健康服务。试点取得医师执业证书或医师职称后从事5年以上同一专业临床工作的医师,利用业余时间到基层医疗卫生机构执业或开设工作室。加大对儿科医疗服务体系和省市县三级妇幼保健院建设的投入力度。

### (七)教育文化信息消费创新行动

在扩大城乡居民文化消费试点、推动文化创意产品开发、发展数字创意产业等政策的同时，下一步要进一步创新教育文化娱乐的供给，加快推进事业单位分类改革，打破教育文化消费方面的制度障碍，提供更多优质服务和产品。

22. 开展高水平职业教育和中外合作办学。鼓励有条件的地方对行业内有影响的国有企业举办的职业院校（含技工院校）给予政策支持，避免因企业经营困难丧失优质职业培训资源。积极引进境外强校名校优质教育资源，重点围绕理工农医、国家急需的交叉前沿、薄弱空白等学科领域，优化专业结构，建设一批高水平、示范性机构和项目，帮助学生实现"不出国的留学"。

23. 支持乡镇影院建设。鼓励电影院线和社会各方面力量，参与条件成熟的乡镇级数字影院建设，满足居民日益增长的观影需求。鼓励有实力的院线对分散的乡镇级影院建设项目进行打包，通过专项建设基金给予适当支持。

24. 鼓励各级文博单位发展文化创意产业。推出一批主题鲜明的精品展览，推动国家及省级博物馆定期举办特展。鼓励各级文博单位通过委托经营、授权经营等方式，加强与第三方文创企业合作，共同开发文博创意产品，增值收益可用于文博单位日常支出、征集藏品或提供公共服务。引导规范民间文物收藏、鉴定活动，促进文物艺术品市场健康发展。实施"互联网+中华文明"行动计划。

25. 鼓励文化产品和服务供给创新。推动电影、电视剧内容创作升级，在弘扬社会主义核心价值观的前提下，鼓励更多题材的影视作品创作，激发电影创作的热情和积极性。鼓励大型剧场院线或各种社会资本参与事业单位性质剧场的建设运营，盘活剧场资源，提高剧场使用效率，发挥剧场在繁荣演出市场方面的作用。

26. 推进智慧家庭等新兴信息消费应用推广。建立完善智慧家庭标准体系，加快制定智能家居、可穿戴设备、虚拟现实设备等领域关键技术标准，推进标准应用示范，规范行业竞争，满足居民个性化多样化的新兴信息消费需求。

27. 开展电子竞技游戏游艺赛事活动。加强组织协调和监督管理，在做好知识产权保护和对青少年引导的前提下，以企业为主体，举办全国性或国际性电子竞技游戏游艺赛事活动。

### （八）体育健身消费扩容行动

在落实好吸引社会资本参与体育设施建设、推进健身休闲产业发展、大力发展冰雪产业等政策的同时，进一步盘活体育场馆资源、丰富体育赛事活动，激发并满足居民对体育消费的需求。

28. 完善赛事运营市场竞争机制。深化足球协会改革，做好全国性体育协会与体育行政机关脱钩工作，年内完成首批14个协会的脱钩工作，推动中国足球超级联赛、中国男子职业篮球联赛等职业化、社会化程度较高的职业联赛改革，丰富春节、"五一""十一"等节假日体育赛事活动，安排重量级、大型体育赛事。

29. 充分盘活体育场馆资源。对行政机关和事业单位所属的体育场馆，通过引入社会资本和现代公司化运营机制等，推广"所有权属于国有，经营权属于公司"的分离改革模式，并探索在同一省（市、区）打造体育场馆联盟，加快推动场馆设施开放利用。支持各类球场、冰雪运动场地、健身步道、登山步道、体育公园、沿河沿湖健身带、健身器械场地、健身房（馆）、全民健身中心和冬奥会场馆建设。

### （九）绿色消费壮大行动

在尽快落实加大对绿色环保产品信贷等政策支持力度的同时，进一步出台一批促进绿色消费的政策措施。

30. 实施家用电器能效领跑者计划。发布电视、冰箱、空调能效领跑者产品目录，引导企业、公共机构优先购买使用能效领跑者产品。

31. 增加家用绿色净化器具的供给。引导和支持净气、净水、净物及其监测等设备生产企业,加大研发、设计和制造的投入,通过专项建设基金给予适当支持,满足居民家用绿色净化器具需求。将净气、净水、净物等绿色净化器具纳入能效领跑者实施范围。

32. 推广绿色建材应用。开展绿色建材评价标识,发布绿色建材产品目录,推广使用节能门窗、陶瓷薄砖、节水洁具等绿色建材和水性涂料等环保装修材料,鼓励选购节水龙头等节水产品,鼓励建立绿色商场、节能超市、节水超市等绿色流通主体。建立绿色建材检验检测保障体系,加快绿色建材生产应用,在供地方案和土地出让合同中明确要求提高绿色建材的使用比例,完善部门联合履约监管机制,加快提高新建建筑使用绿色建材的比例。

33. 促进居民生活用能清洁改造。抓住天然气价格较低的时机,在雾霾等大气污染问题较重、有条件实施煤改气的地区,支持居民自采暖等生活用能由散烧煤炭改为天然气、电力等清洁能源。

### (十)消费环境改善和品质提升行动

在做好已有的食品药品、日用消费品等领域消费专项整治行动的同时,要依托全国信用信息共享平台、企业信用信息公示系统和12358价格监管平台,谋划一批更加有力、社会影响更大的消费环境改善行动。

34. 推广应用全国信用信息共享平台。加大各有关部门及各地方掌握的企业侵害消费者权益信息归集力度。将企业因侵害消费者权益受到的有关行政处罚信息在企业信用信息公示系统上公示。建立健全失信黑名单制度,并依法依规予以公开,供消费者查询。结合"3·15"国际消费者权益日,开展一周的信用评价等宣传展示活动,重点评述"3·15"期间社会关注的信用领域重大和热点消费者权益事件,集中发布一批严重失信主体黑名单,进一步扩大企业信用信息公示系统和"信用中国"网站社会影响力。

35. 充分用好12358价格监管平台。进一步拓宽12358价格监管平台的应用范围，大力查处商品销售、网络购物、旅游休闲、餐饮服务、停车、物业、教育等领域的价格欺诈、价格垄断、哄抬价格、不实行明码标价的价格违法行为，定期公布市场价格举报情况，实时解析全国价格举报数据，召开专题新闻发布会以公开曝光典型查处案例的方式向社会推介12358平台。

36. 进一步清理和规范政策环境障碍。清理整合强制性行业标准和地方标准，推进检验检测认证证书、报告在全国范围内的应用和采信，实现"一次检验检测、一次认证、全国通行"。加大对经营者利用"霸王条款"侵害消费者权益等行为的惩处力度。有关部门与行业协会联合，组织国内大型消费品制造商向社会宣示企业高标准规范，树立国产品牌形象。

37. 推动消费产品质量提升。实施国家质量技术基础示范工程，提高嵌入式、互联式计量检测和校准服务水平。实施进出口消费品和食品质量安全、出口食品企业内外销"同线同标同质"工程，加强产品质量安全信息收集、风险监测、风险评估和风险预警。培育发展知名品牌，加强国家地理标志产品保护，开展空气净化器、电饭煲、智能马桶盖、智能手机、儿童纸尿裤、儿童玩具、婴幼儿童装、厨具、床上用品、家具等民生关注的10类消费品质量提升行动和"质检利剑"消费品专项打假活动。

38. 支持分享经济等消费新业态发展。对无车承运物流、网络租赁汽车等分享经济发展较快的行业和地区，行业主管部门和地方要及时调整完善政策，为培育和发展分享经济创造宽松的制度环境。

国家发展改革委

教育部

工业和信息化部

公安部

民政部

人力资源社会保障部

国土资源部
住房城乡建设部
交通运输部
商务部
文化部
卫生计生委
工商总局
质检总局
新闻出版广电总局
体育总局
旅游局
保监会
能源局
民航局
邮政局
文物局
供销总社
中国铁路总公司
2016年4月15日

# 全国足球场地设施建设规划
# （2016—2020年）

发改社会〔2016〕987号

为进一步满足群众体育健身需求，普及推广足球运动，全面振兴中国足球和建设体育强国，根据《国务院关于加快发展体育产业 促进体育消费的若干意见》（国发〔2014〕46号）、《中国足球改革发展总体方案》（国办发〔2015〕11号）和《中国足球中长期发展规划》（发改社会〔2016〕780号），制定本规划。

## 一、规划背景

足球运动是具有广泛影响的世界性运动，深受广大人民群众喜爱。随着人民生活水平不断提高，体育健身意识不断增强，足球运动在我国快速发展，已经成为全民健身的重要组成部分，对于提高国民素质，丰富精神文化生活，发展体育产业，实现体育强国梦具有重要意义。

足球场地设施是发展足球运动的物质基础和必要条件，但目前我国现有足球场地设施与广大人民群众的足球运动需求不相适应。截至2013年底，全国拥有较好条件的足球场地1万余块，平均约13万人拥有一块足球场地，与足球发达国家存在较大差距。

当前，我国正处于新型城镇化建设的关键时期，体育设施建设迎来难得的发展机遇，科学规划建设足球场地设施，有利于增加足球场地有效供给，夯实足球运动发展基础，普及足球运动，提高足球运动水平。

## 二、指导思想和基本原则

### （一）指导思想

以邓小平理论、"三个代表"重要思想、科学发展观为指导，全面贯彻党的十八大和十八届二中、三中、四中、五中全会精神，深入学习贯彻习近平总书记系列重要讲话精神，推动落实"四个全面"战略布局，把足球场地设施作为重要民生工程和中国足球振兴的基础性工程，调动全社会力量共同参与，有效增加供给，增强公益性，提高可及性，为足球运动在全国蓬勃发展奠定坚实的物质基础。

### （二）基本原则

——面向基层、服务群众。以群众健身、足球普及为导向，以校园和社区为重点，积极建设群众身边的足球场地设施，大幅提高场地设施的覆盖率，方便城乡居民就近参与足球运动。

——因地制宜、分类指导。充分考虑区域内人口数量及分布、自然环境特点和现有体育设施资源等因素，合理布点布局，科学确定足球场地数量、类型及标准。

——政府引导、多方参与。强化政府在规划、政策、标准和投入方面的责任，充分调动社会力量积极性，积极引导社会资本参与设施建设和运行。

——建管并重、提高效益。既要努力增加供给，又要盘活存量资源，既要注重硬件建设，又要注重运行管理，不断提高足球场地设施利用效率。

## 三、目标和任务

本规划所指足球场地包括5人制、7人制（8人制）和11人制场地；标准场地指11人制足球场。

### (一)建设目标

到2020年,全国足球场地数量超过7万块,平均每万人拥有足球场地达到0.5块以上,有条件的地区达到0.7块以上。足球设施的利用率和运营能力有较大提升,经济社会效益明显提高,初步形成布局合理、覆盖面广、类型多样、普惠性强的足球场地设施网络。

### (二)建设任务

全国建设足球场地约6万块。

——修缮改造校园足球场地4万块。坚持因地制宜,逐步完善,充分利用现有条件,每个中小学足球特色学校均建有1块以上足球场地,有条件的高等院校均建有1块以上标准足球场地,其他学校创造条件建设适宜的足球场地。

——改造新建社会足球场地2万块。除少数山区外,每个县级行政区域至少建有2个社会标准足球场地,有条件的城市新建居住区应建有1块5人制以上的足球场地,老旧居住区也要创造条件改造建设小型多样的场地设施。

——完善专业足球场地。新建2个国家足球训练基地。依托现有设施,建设一批省级足球训练基地。鼓励职业俱乐部完善各梯队比赛和训练场地。

## 四、建设方式和资金来源

### (一)建设方式

——综合利用。立足整合资源,充分利用体育中心、公园绿地、闲置厂房、校舍操场、社区空置场所等,拓展足球运动场所。

——修缮改造。立足改善质量,对农村简易足球场地进行改造,支持学校和有条件的城市社区改善设施水平。

——新建扩容。立足填补空白,将足球场地设施建设纳入城乡规划、土地利用总体规划和年度用地计划,合理布局布点,在缺乏足球场地的中小学校、城乡社区加快建设一批足球场地。

### （二）资金筹措

——加大公共财政投入。地方政府安排财政性资金，支持基础性、公益性足球场地设施建设，中央财政通过现有资金渠道予以补助。

——吸引社会资本投入。鼓励企业、个人和境外资本投资建设、运营足球场地，支持社会力量捐资建设各类足球场地。

——推动政府和社会资本合作。采取公建民营、民办公助、委托管理、PPP等方式，因地制宜建设足球场地设施。

## 五、开放利用

——校园场地开放。在确保正常教学秩序和校园安全的前提下，加快推动校园场地在课余时间向学生开放、向社会开放，建立学校和社区场地资源共享机制，显著提高校园场地综合利用率。

——公共体育设施开放。坚持以公益性为导向，政府投资兴建的足球场地应免费或低收费向社会开放。

——其他社会场地开放。引导厂矿企业、机关事业单位等所属的足球场地设施向社会开放。通过政府购买服务等方式引导营利性场地设施为群众健身服务。鼓励职业俱乐部以适当形式开放场地，供训练、比赛和参观学习。

——场地设施高效利用。建立场地设施的长效运营机制，明确校园和公共足球场地开放的条件和要求，对设施状况、开放时间、收费价格等予以公开明示。

## 六、组织实施

### （一）建立工作机制

各地要充分认识加强足球场地设施建设的重要性，将足球场地设施建设纳入当地国民经济和社会发展规划，成立政府领导负责，发展改革、体育、财政、国土资源、住房城乡建设、教育、税务、足协等部门参加的规划实施领导小组，切实加强沟通协调，共同推动足球场地设施建设。

### （二）编制地方规划

各地根据本规划要求编制足球场地设施建设规划，建立项目储备库，明确分年度建设目标任务、时间进度、责任主体，落实资金渠道，抓好项目建设，确保工程质量。

### （三）抓好政策落实

各地要建立稳定的足球场地设施建设投入保障机制，确保建设用地供给，落实体育设施建设和运营税费减免政策，执行好水、电、气、热等方面的价格政策。拓宽投融资渠道，支持社会资本建设足球场地。加强足球场地建设运营和管理人才培养。

### （四）强化监督检查

各地要加强工作绩效考核，确保责任到位、任务落实，及时开展对足球场地设施建设规划实施情况的监督检查，引入第三方评估机制，接受社会群众监督。国家发展改革委、教育部、体育总局、全国足球改革发展部际联席会议办公室（中国足球协会）等部门负责本规划的监督检查。

国家发展改革委

教育部

国家体育总局

国务院足球改革发展部际联席会议办公室（中国足球协会代章）

2016年5月9日

# 国务院办公厅关于发挥品牌引领作用推动供需结构升级的意见

国办发〔2016〕44号

各省、自治区、直辖市人民政府，国务院各部委、各直属机构：

品牌是企业乃至国家竞争力的综合体现，代表着供给结构和需求结构的升级方向。当前，我国品牌发展严重滞后于经济发展，产品质量不高、创新能力不强、企业诚信意识淡薄等问题比较突出。为更好发挥品牌引领作用、推动供给结构和需求结构升级，经国务院同意，现提出以下意见：

## 一、重要意义

随着我国经济发展，居民收入快速增加，中等收入群体持续扩大，消费结构不断升级，消费者对产品和服务的消费提出更高要求，更加注重品质，讲究品牌消费，呈现出个性化、多样化、高端化、体验式消费特点。发挥品牌引领作用，推动供给结构和需求结构升级，是深入贯彻落实创新、协调、绿色、开放、共享发展理念的必然要求，是今后一段时期加快经济发展方式由外延扩张型向内涵集约型转变、由规模速度型向质量效率型转变的重要举措。发挥品牌引领作用，推动供给结构和需求结构升级，有利于激发企业创新创造活力，促进生产要素合理配置，提高全要素生产率，提升产品品质，实现价值链升级，增加有效供给，提高供给体系的质量和效率；有利于引领消费，创造新需求，树立自主品牌消费信心，挖掘消费潜力，更好发挥需求对经济增长的拉动作用，满足人们更高层次的物质文化需求；有利于促进企业诚实守信，强化企业环境保护、资源节约、公益慈善等社会责任，实现更加和谐、更加公平、更可持续的发展。

## 二、基本思路

按照党中央、国务院关于推进供给侧结构性改革的总体要求，积极探索有效路径和方法，更好发挥品牌引领作用，加快推动供给结构优化升级，适应引领需求结构优化升级，为经济发展提供持续动力。以发挥品牌引领作用为切入点，充分发挥市场决定性作用、企业主体作用、政府推动作用和社会参与作用，围绕优化政策法规环境、提高企业综合竞争力、营造良好社会氛围，大力实施品牌基础建设工程、供给结构升级工程、需求结构升级工程，增品种、提品质、创品牌，提高供给体系的质量和效率，满足居民消费升级需求，扩大国内消费需求，引导境外消费回流，推动供给总量、供给结构更好地适应需求总量、需求结构的发展变化。

## 三、主要任务

发挥好政府、企业、社会作用，立足当前，着眼长远，持之以恒，攻坚克难，着力解决制约品牌发展和供需结构升级的突出问题。

（一）进一步优化政策法规环境。加快政府职能转变，创新管理和服务方式，为发挥品牌引领作用推动供给结构和需求结构升级保驾护航。完善标准体系，提高计量能力、检验检测能力、认证认可服务能力、质量控制和技术评价能力，不断夯实质量技术基础。增强科技创新支撑，为品牌发展提供持续动力。健全品牌发展法律法规，完善扶持政策，净化市场环境。加强自主品牌宣传和展示，倡导自主品牌消费。

（二）切实提高企业综合竞争力。发挥企业主体作用，切实增强品牌意识，苦练内功，改善供给，适应需求，做大做强品牌。支持企业加大品牌建设投入，增强自主创新能力，追求卓越质量，不断丰富产品品种，提升产品品质，建立品牌管理体系，提高品牌培育能力。引导企业诚实经营，信守承诺，积极履行社会责任，不断提升品牌形象。加强人才队伍建设，发挥企业家领军作用，培养引进品牌管理专业人才，造就一大批技艺精湛、技术高超的技能人才。

（三）大力营造良好社会氛围。凝聚社会共识，积极支持自主品牌发展，助力供给结构和需求结构升级。培养消费者自主品牌情感，树立消费信心，扩大自主品牌消费。发挥好行业协会桥梁作用，加强中介机构能力建设，为品牌建设和产业升级提供专业有效的服务。坚持正确舆论导向，关注自主品牌成长，讲好中国品牌故事。

## 四、重大工程

根据主要任务，按照可操作、可实施、可落地的原则，抓紧实施以下重大工程。

（一）品牌基础建设工程。围绕品牌影响因素，打牢品牌发展基础，为发挥品牌引领作用创造条件。

1.推行更高质量标准。加强标准制修订工作，提高相关产品和服务领域标准水平，推动国际国内标准接轨。鼓励企业制定高于国家标准或行业标准的企业标准，支持具有核心竞争力的专利技术向标准转化，增强企业市场竞争力。加快开展团体标准制定等试点工作，满足创新发展对标准多样化的需要。实施企业产品和服务标准自我声明公开和监督制度，接受社会监督，提高企业改进质量的内生动力和外在压力。

2.提升检验检测能力。加强检验检测能力建设，提升检验检测技术装备水平。加快具备条件的经营性检验检测认证事业单位转企改制，推动检验检测认证服务市场化进程。鼓励民营企业和其他社会资本投资检验检测服务，支持具备条件的生产制造企业申请相关资质，面向社会提供检验检测服务。

打破部门垄断和行业壁垒，营造检验检测机构平等参与竞争的良好环境，尽快形成具有权威性和公信力的第三方检验检测机构。加强国家计量基标准建设和标准物质研究，推进先进计量技术和方法在企业的广泛应用。

3. 搭建持续创新平台。加强研发机构建设，支持有实力的企业牵头开展行业共性关键技术攻关，加快突破制约行业发展的技术瓶颈，推动行业创新发展。鼓励具备条件的企业建设产品设计创新中心，提高产品设计能力，针对消费趋势和特点，不断开发新产品。支持重点企业利用互联网技术建立大数据平台，动态分析市场变化，精准定位消费需求，为开展服务创新和商业模式创新提供支撑。加速创新成果转化成现实生产力，催生经济发展新动能。

4. 增强品牌建设软实力。培育若干具有国际影响力的品牌评价理论研究机构和品牌评价机构，开展品牌基础理论、价值评价、发展指数等研究，提高品牌研究水平，发布客观公正的品牌价值评价结果以及品牌发展指数，逐步提高公信力。开展品牌评价标准建设工作，完善品牌评价相关国家标准，制定操作规范，提高标准的可操作性；积极参与品牌评价相关国际标准制定，推动建立全球统一的品牌评价体系，增强我国在品牌评价中的国际话语权。鼓励发展一批品牌建设中介服务企业，建设一批品牌专业化服务平台，提供设计、营销、咨询等方面的专业服务。

（二）供给结构升级工程。以增品种、提品质、创品牌为主要内容，从一、二、三产业着手，采取有效举措，推动供给结构升级。

1. 丰富产品和服务品种。支持食品龙头企业提高技术研发和精深加工能力，针对特殊人群需求，生产适销对路的功能食品。鼓励有实力的企业针对工业消费品市场热点，加快研发、设计和制造，及时推出一批新产品。支持企业利用现代信息技术，推进个性化定制、柔性化生产，满足消费者差异化需求。开发一批有潜质的旅游资源，形成以旅游景区、旅游度假区、旅游休闲区、国际特色旅游目的地等为支撑的现代旅游业品牌体系，增加旅游产品供给，丰富旅游体验，满足大众旅游需求。

2.增加优质农产品供给。加强农产品产地环境保护和源头治理，实施严格的农业投入品使用管理制度，加快健全农产品质量监管体系，逐步实现农产品质量安全可追溯。全面提升农产品质量安全等级，大力发展无公害农产品、绿色食品、有机农产品和地理标志农产品。参照出口农产品种植和生产标准，建设一批优质农产品种植和生产基地，提高农产品质量和附加值，满足中高端需求。大力发展优质特色农产品，支持乡村创建线上销售渠道，扩大优质特色农产品销售范围，打造农产品品牌和地理标志品牌，满足更多消费者需求。

3.推出一批制造业精品。支持企业开展战略性新材料研发、生产和应用示范，提高新材料质量，增强自给保障能力，为生产精品提供支撑。优选一批零部件生产企业，开展关键零部件自主研发、试验和制造，提高产品性能和稳定性，为精品提供可靠性保障。鼓励企业采用先进质量管理方法，提高质量在线监测控制和产品全生命周期质量追溯能力。支持重点企业瞄准国际标杆企业，创新产品设计，优化工艺流程，加强上下游企业合作，尽快推出一批质量好、附加值高的精品，促进制造业升级。

4.提高生活服务品质。支持生活服务领域优势企业整合现有资源，形成服务专业、覆盖面广、影响力大、放心安全的连锁机构，提高服务质量和效率，打造生活服务企业品牌。鼓励社会资本投资社区养老建设，采取市场化运作方式，提供高品质养老服务供给。鼓励有条件的城乡社区依托社区综合服务设施，建设生活服务中心，提供方便、可信赖的家政、儿童托管和居家养老等服务。

（三）需求结构升级工程。发挥品牌影响力，切实采取可行措施，扩大自主品牌产品消费，适应引领消费结构升级。

1.努力提振消费信心。统筹利用现有资源，建设有公信力的产品质量信息平台，全面、及时、准确发布产品质量信息，为政府、企业和教育科研机构等提供服务,为消费者判断产品质量高低提供真实可信的依据,便于选购优质产品,通过市场实现优胜劣汰。结合社会信用体系建设,建立企业诚信管理体系,规范企业数据采集,整合现有信息资源,建立企业信用档案,逐步加大信息开发利用力度。鼓励中介机构开展企业信用和社会责任评价,发布企业信用报告,督促企业坚守诚信底线,提高信用水平,在消费者心目中树立良好企业形象。

2. 宣传展示自主品牌。设立"中国品牌日",大力宣传知名自主品牌,讲好中国品牌故事,提高自主品牌影响力和认知度。鼓励各级电视台、广播电台以及平面、网络等媒体,在重要时段、重要版面安排自主品牌公益宣传。定期举办中国自主品牌博览会,在重点出入境口岸设置自主品牌产品展销厅,在世界重要市场举办中国自主品牌巡展推介会,扩大自主品牌的知名度和影响力。

3. 推动农村消费升级。加强农村产品质量安全和消费知识宣传普及,提高农村居民质量安全意识,树立科学消费观念,自觉抵制假冒伪劣产品。开展农村市场专项整治,清理"三无"产品,拓展农村品牌产品消费的市场空间。加快有条件的乡村建设光纤网络,支持电商及连锁商业企业打造城乡一体的商贸物流体系,保障品牌产品渠道畅通,便捷农村消费品牌产品,让农村居民共享数字化生活。深入推进新型城镇化建设,释放潜在消费需求。

4. 持续扩大城镇消费。鼓励家电、家具、汽车、电子等耐用消费品更新换代,适应绿色环保、方便快捷的生活需求。鼓励传统出版企业、广播影视与互联网企业合作,加快发展数字出版、网络视听等新兴文化产业,扩大消费群体,增加互动体验。有条件的地区可建设康养旅游基地,提供养老、养生、旅游、度假等服务,满足高品质健康休闲消费需求。合理开发利用冰雪、低空空域等资源,发展冰雪体育和航空体育产业,支持冰雪运动营地和航空飞行营地建设,扩大体育休闲消费。推动房车、邮轮、游艇等高端产品消费，满足高收入群体消费升级需求。

## 五、保障措施

（一）净化市场环境。建立更加严格的市场监管体系，加大专项整治联合执法行动力度，实现联合执法常态化，提高执法的有效性，追究执法不力责任。严厉打击侵犯知识产权和制售假冒伪劣商品行为，依法惩治违法犯罪分子。破除地方保护和行业壁垒，有效预防和制止各类垄断行为和不正当竞争行为，维护公平竞争市场秩序。

（二）清除制约因素。清理、废除制约自主品牌产品消费的各项规定或做法，形成有利于发挥品牌引领作用、推动供给结构和需求结构升级的体制机制。建立产品质量、知识产权等领域失信联合惩戒机制，健全黑名单制度，大幅提高失信成本。研究提高违反产品质量法、知识产权保护相关法律法规等犯罪行为的量刑标准，建立商品质量惩罚性赔偿制度，对相关企业、责任人依法实行市场禁入。完善汽车、计算机、家电等耐用消费品举证责任倒置制度，降低消费者维权成本。支持高等院校开设品牌相关课程，培养品牌创建、推广、维护等专业人才。

（三）制定激励政策。积极发挥财政资金引导作用，带动更多社会资本投入，支持自主品牌发展。鼓励银行业金融机构向企业提供以品牌为基础的商标权、专利权等质押贷款。发挥国家奖项激励作用，鼓励产品创新，弘扬工匠精神。

（四）抓好组织实施。各地区、各部门要统一思想、提高认识，深刻理解经济新常态下发挥品牌引领作用、推动供给结构和需求结构升级的重要意义，切实落实工作任务，扎实推进重大工程，力争尽早取得实效。国务院有关部门要结合本部门职责，制定出台具体的政策措施。各省级人民政府要结合本地区实际，制定出台具体的实施方案。

国务院办公厅
2016年6月10日

# 全民健身计划
## （2016—2020年）

**国办发〔2016〕37号**

全民健康是国家综合实力的重要体现，是经济社会发展进步的重要标志。全民健身是实现全民健康的重要途径和手段，是全体人民增强体魄、幸福生活的基础保障。实施全民健身计划是国家的重要发展战略。在党中央、国务院正确领导下，过去五年，经过各地各有关部门和社会各界的共同努力，覆盖城乡、比较健全的全民健身公共服务体系基本形成，为提供更加完备公共体育服务、建设体育强国奠定坚实基础。今后五年，面对人民群众日益增长的体育健身需求、全面建成小康社会的目标要求、推动健康中国建设的机遇挑战，需要更加准确把握新时期全民健身发展内涵的深刻变化，不断开拓发展新境界，使其成为健康中国建设的有力支撑和全面建成小康社会的国家名片。为实施全民健身国家战略，提高全民族的身体素质和健康水平，制定本计划。

## 一、总体要求

（一）指导思想。全面贯彻党的十八大和十八届三中、四中、五中全会精神，紧紧围绕"四个全面"战略布局和党中央、国务院决策部署，牢固树立和贯彻落实创新、协调、绿色、开放、共享的发展理念，以增强人民体质、提高健康水平为根本目标，以满足人民群众日益增长的多元化体育健身需求为出发点和落脚点,坚持以人为本、改革创新、依法治体、确保基本、多元互促、注重实效的工作原则,通过立体构建、整合推进、动态实施,统筹建设全民健身公共服务体系和产业链、生态圈,提升全民健身现代治理能力,为全面建成小康社会贡献力量,为实现中华民族伟大复兴的中国梦奠定坚实基础。

(二)发展目标。到2020年,群众体育健身意识普遍增强,参加体育锻炼的人数明显增加,每周参加1次及以上体育锻炼的人数达到7亿,经常参加体育锻炼的人数达到4.35亿,群众身体素质稳步增强。全民健身的教育、经济和社会等功能充分发挥,与各项社会事业互促发展的局面基本形成,体育消费总规模达到1.5万亿元,全民健身成为促进体育产业发展、拉动内需和形成新的经济增长点的动力源。支撑国家发展目标、与全面建成小康社会相适应的全民健身公共服务体系日趋完善,政府主导、部门协同、全社会共同参与的全民健身事业发展格局更加明晰。

## 二、主要任务

(三)弘扬体育文化,促进人的全面发展。普及健身知识,宣传健身效果,弘扬健康新理念,把身心健康作为个人全面发展和适应社会的重要能力,树立以参与体育健身、拥有强健体魄为荣的个人发展理念,营造良好舆论氛围,通过体育健身提高个人的团队协作能力。引导发挥体育健身对形成健康文明生活方式的作用,树立人人爱锻炼、会锻炼、勤锻炼、重规则、讲诚信、争贡献、乐分享的良好社会风尚。

将体育文化融入体育健身的全周期和全过程,以举办体育赛事活动为抓手,大力宣传运动项目文化,弘扬奥林匹克精神和中华体育精神,挖掘传承传统体育文化,发挥区域特色文化遗产的作用。树立全民健身榜样,讲述全民健身故事,传播社会正能量,发挥体育文化在践行社会主义核心价值观、弘扬中华民族传统美德、传承人类优秀文明成果和提升国家软实力等方面的独特价值和作用。

（四）开展全民健身活动，提供丰富多彩的活动供给。因时因地因需开展群众身边的健身活动，分层分类引导运动项目发展，丰富和完善全民健身活动体系。大力发展健身跑、健步走、骑行、登山、徒步、游泳、球类、广场舞等群众喜闻乐见的运动项目，积极培育帆船、击剑、赛车、马术、极限运动、航空等具有消费引领特征的时尚休闲运动项目，扶持推广武术、太极拳、健身气功等民族民俗民间传统和乡村农味农趣运动项目，鼓励开发适合不同人群、不同地域和不同行业特点的特色运动项目。

激发市场活力，为社会力量举办全民健身活动创造便利条件，发挥网络等新兴活动组织渠道的作用，完善业余体育竞赛体系。鼓励举办不同层次和类型的全民健身运动会，设立残疾人组别，促进健全人与残疾人体育运动融合开展。支持各地、各行业结合地域文化、农耕文化、旅游休闲等资源，打造具有区域特色、行业特点、影响力大、可持续性强的品牌赛事活动。推动各级各类体育赛事的成果惠及更多群众，促进竞技体育与群众体育全面协调发展。重视发挥健身骨干在开展全民健身活动中的作用，引导、服务、规范全民健身活动健康发展。

（五）推进体育社会组织改革，激发全民健身活力。按照社会组织改革发展的总体要求，加快推动体育社会组织成为政社分开、权责明确、依法自治的现代社会组织，引导体育社会组织向独立法人组织转变，推动其社会化、法治化、高效化发展，提高体育社会组织承接全民健身服务的能力和质量。

积极发挥全国性体育社会组织在开展全民健身活动、提供专业指导服务等方面的龙头示范作用。加强各级体育总会作为枢纽型体育社会组织的建设，带动各级各类单项、行业和人群体育组织开展全民健身活动。加强对基层文化体育组织的指导服务，重点培育发展在基层开展体育活动的城乡社区服务类社会组织，鼓励基层文化体育组织依法依规进行登记。推进体育社会组织品牌化发展并在社区建设中发挥作用，形成架构清晰、类型多样、服务多元、竞争有序的现代体育社会组织发展新局面。

（六）统筹建设全民健身场地设施，方便群众就近就便健身。按照配置均衡、规模适当、方便实用、安全合理的原则，科学规划和统筹建设全民健身场地设施。推动公共体育设施建设，着力构建县（市、区）、乡镇（街道）、行政村（社区）三级群众身边的全民健身设施网络和城市社区15分钟健身圈，人均体育场地面积达到1.8平方米，改善各类公共体育设施的无障碍条件。

有效扩大增量资源，重点建设一批便民利民的中小型体育场馆，建设县级体育场、全民健身中心、社区多功能运动场等场地设施，结合基层综合性文化服务中心、农村社区综合服务设施建设及区域特点，继续实施农民体育健身工程，实现行政村健身设施全覆盖。新建居住区和社区要严格落实按"室内人均建筑面积不低于0.1平方米或室外人均用地不低于0.3平方米"标准配建全民健身设施的要求，确保与住宅区主体工程同步设计、同步施工、同步验收、同步投入使用，不得挪用或侵占。老城区与已建成居住区无全民健身场地设施或现有场地设施未达到规划建设指标要求的，要因地制宜配建全民健身场地设施。充分利用旧厂房、仓库、老旧商业设施、农村"四荒"（荒山、荒沟、荒丘、荒滩）和空闲地等闲置资源，改造建设为全民健身场地设施，合理做好城乡空间的二次利用，推广多功能、季节性、可移动、可拆卸、绿色环保的健身设施。利用社会资金，结合国家主体功能区、风景名胜区、国家公园、旅游景区和新农村的规划与建设，合理利用景区、郊野公园、城市公园、公共绿地、广场及城市空置场所建设休闲健身场地设施。

进一步盘活存量资源，做好已建全民健身场地设施的使用、管理和提档升级，鼓励社会力量参与现有场地设施的管理运营。完善大型体育场馆免费或低收费开放政策，研究制定相关政策鼓励中小型体育场馆免费或低收费开放。确保公共体育场地设施和符合开放条件的企事业单位、学校体育场地设施向社会开放。

（七）发挥全民健身多元功能，形成服务大局、互促共进的发展格局。结合"健康中国2030"等总体发展战略，以及科技、教育、文化、卫生、养老、助残等事业发展，统筹谋划全民健身重大项目工程，发挥全民健身在促进素质教育、文化繁荣、社会包容、民生改善、民族团结、健身消费和大众创业、万众创新等方面的积极作用。

充分发挥全民健身对发展体育产业的推动作用，扩大与全民健身相关的体育健身休闲活动、体育竞赛表演活动、体育场馆服务、体育培训与教育、体育用品及相关产品制造和销售等体育产业规模，使健身服务业在体育产业中所占比重不断提高。鼓励发展健身信息聚合、智能健身硬件、健身在线培训教育等全民健身新业态。充分利用"互联网＋"等技术开拓全民健身产品制造领域和消费市场，使体育消费在居民消费支出中所占比重不断提高。

（八）拓展国际大众体育交流，引领全民健身开放发展。坚持"请进来、走出去"，拓展全民健身理论、项目、人才、设备等国际交流渠道，推动全民健身向更高层次发展。

搭建全民健身国际交流平台，加强国际间互动交流。传播和推广全民健身发展过程中的中国理念、中国故事、中国人物、中国标准、中国产品，发出中国声音，提升国际影响力，有效发挥全民健身在推广中国文化、提升国家形象和增强国家软实力等方面的独特作用。

（九）强化全民健身发展重点，着力推动基本公共体育服务均等化和重点人群、项目发展。依法保障基本公共体育服务，推动基本公共体育服务向农村延伸，以乡镇、农村社区为重点促进基本公共体育服务均等化。坚持普惠性、保基本、兜底线、可持续、因地制宜的原则，重点扶持革命老区、民族地区、边疆地区、贫困地区发展全民健身事业。

将青少年作为实施全民健身计划的重点人群，大力普及青少年体育活动，提高青少年身体素质。加强学校体育教育，将提高青少年的体育素养和养成健康行为方式作为学校教育的重要内容，保证学生在校的体育场地和锻炼时间，把学生体质健康水平纳入工作考核体系，加强学校体育工作绩效评估和行政问责。全面实施青少年体育活动促进计划，积极发挥"青少年阳光体育大会"等青少年体育品牌活动的示范引领作用，使青少年提升身体素质、掌握运动技能、培养锻炼兴趣，形成终身体育健身的良好习惯。推进老年宜居环境建设，统筹规划建设公益性老年健身体育设施，加强社区养老服务设施与社区体育设施的功能衔接，提高使用率，支持社区利用公共服务设施和社会场所组织开展适合老年人的体育健身活动，为老年人健身提供科学指导。进一步加大对国家全民健身助残工程的支持力度，采取优惠政策，推动残疾人康复体育和健身体育广泛开展。开展职工、农民、妇女、幼儿体育，推动将外来务工人员公共体育服务纳入属地供给体系。加大对社区矫正人员等特殊人群的全民健身服务供给，使其享受更多社会关爱，在融入社会方面增加获得感和满足感。

加快发展足球运动和冰雪运动。着力加大足球场地供给，把建设足球场地纳入城镇化和新农村建设总体规划，因地制宜鼓励社会力量建设小型、多样化的足球场地。广泛开展校园足球活动，抓紧完善常态化、纵横贯通的大学、高中、初中、小学四级足球竞赛体系。积极倡导和组织行业、社区、企业、部队、残疾人、中老年、五人制、沙滩足球等形式多样的民间足球活动，举办多层级足球赛事，不断扩大足球人口规模，促进足球运动蓬勃发展。大力推广普及冰雪运动，利用筹备和举办北京2022年冬奥会和冬残奥会的契机，实施群众冬季运动推广普及计划。支持各地建设和改建多功能冰场和雪场，引导社会力量进入冰雪运动领域，推进冰雪运动进景区、进商场、进社区、进学校，扶持花样滑冰、冰球、高山滑雪等具有一定群众基础的冰雪健身休闲项目，打造品牌冰雪运动俱乐部、冰雪运动院校和一系列观赏性强、群众参与度高的品牌赛事活动。积极培育冰雪设备和运动装备产业，推动其发展壮大。鼓励各地依托当地自然人文资源开展形式多样的冰雪运动，实现3亿人参与冰雪运动，使冰雪运动的群众基础更加坚实。

### 三、保障措施

（十）完善全民健身工作机制。通过强化政府主导、部门协同、全社会共同参与的全民健身组织架构，推动各项工作顺利开展。政府要按照科学统筹、合理布局的原则，做好宏观管理、政策制定、资源整合分配、工作监督评估和协调跨部门联动；各有关部门要将全民健身工作与现有政策、目标、任务相对接，按照职责分工制定工作规划、落实工作任务；智库可为有关全民健身的重要工作、重大项目提供咨询服务，并在顶层设计和工作落实中发挥作用；社会组织可在日常体育健身活动的引导、培训、组织和体育赛事活动的承办等方面发挥作用，积极参与全民健身公共服务体系建设。以健康为主题，整合基层宣传、卫生计生、文化、教育、民政、养老、残联、旅游等部门相关工作，在街道、乡镇层面探索建设健康促进服务中心。

（十一）加大资金投入与保障。建立多元化资金筹集机制，优化投融资引导政策，推动落实财税等各项优惠政策。县级以上地方人民政府应当将全民健身工作相关经费纳入财政预算，并随着国民经济的发展逐步增加对全民健身的投入。安排一定比例的彩票公益金等财政资金，通过设立体育场地设施建设专项投资基金和政府购买服务等方式，鼓励社会力量投资建设体育场地设施，支持群众健身消费。依据政府购买服务总体要求和有关规定，制定政府购买全民健身公共服务的目录、办法及实施细则，加大对基层健身组织和健身赛事活动等的购买比重。完善中央转移支付方式，鼓励和引导地方政府加大对全民健身的财政投入。落实好公益性捐赠税前扣除政策，引导公众对全民健身事业进行捐赠。社会力量通过公益性社会组织或县级以上人民政府及其部门用于全民健身事业的公益性捐赠，符合税法规定的部分，可在计算企业所得税和个人所得税时依法从其应纳税所得额中扣除。

（十二）建立全民健身评价体系。制定全民健身相关规范和评价标准，建立政府、社会、专家等多方力量共同组成的工作平台，采用多层级、多主体、多方位的方式对全民健身发展水平进行立体评估，注重发挥各类媒体的监督作用。把全民健身评价指标纳入精神文明建设以及全国文明城市、文明村镇、文明单位、文明家庭和文明校园创建的内容，将全民健身公共服务相关内容纳入国家基本公共服务和现代公共文化服务体系。进一步明确全民健身发展的核心指标、评价标准和测评方法，为衡量各地全民健身发展水平提供科学依据。出台全国全民健身公共服务体系建设指导标准，鼓励各地结合实际制定全民健身公共服务体系建设地方标准，推进全民健身基本公共服务均等化、标准化。鼓励各地依托特色资源，积极创建体育特色城市、体育生活化街道（乡镇）和体育生活化社区（村）。继续完善全民健身统计制度，做好体育场地普查、国民体质监测以及全民健身活动状况调查数据分析，结合卫生计生部门的营养与慢性病状况调查等，推进全民健身科学决策。

（十三）创新全民健身激励机制。搭建更加适应时代发展需求的全民健身激励平台，拓展激励范围，有效调动城乡基层单位和个人的积极性，发挥典型示范带动作用。推行《国家体育锻炼标准》，颁发体育锻炼标准证书、证章，有条件的地方可通过试行向特定人群或在特定时段发放体育健身消费券等方式，建立多渠道、市场化的全民健身激励机制。鼓励对体育组织、体育场馆、全民健身品牌赛事和活动等的名称、标志等无形资产的开发和运用，引导开发科技含量高、拥有自主知识产权的全民健身产品，提高产品附加值。对支持和参与全民健身、在实施全民健身计划中作出突出贡献的组织机构和个人进行表彰。

（十四）强化全民健身科技创新。制定并实施运动促进健康科技行动计划，推广"运动是良医"等理念，提高全民健身方法和手段的科技含量。开展国民体质测试，开发应用国民体质健康监测大数据，研究制定并推广普及健身指导方案、运动处方库和中国人体育健身活动指南，开展运动风险评估，大力开展科学健身指导，提高群众的科学健身意识、素养和能力水平。推动移动互联网、云计算、大数据、物联网等现代信息技术手段与全民健身相结合，建设全民健身管理资源库、服务资源库和公共服务信息平台，使全民健身服务更加便捷、高效、精准。利用大数据技术及时分析经常参加体育锻炼人数、体育设施利用率，进行运动健身效果综合评价，提高全民健身指导水平和全民健身设施监管效率。推进全民健身场地设施创新，促进全民健身场地设施升级换代，为群众提供更加便利、科学、安全、灵活、无障碍的健身场地设施。积极支持体育用品制造业创新发展，采用新技术、新材料、新工艺，提高产品科技含量，增加产品品种，提升体育用品的质量水平和品牌影响力。鼓励企业参与全民健身科技创新平台和科学健身指导平台建设，加强全民健身科学研究和科学健身指导。

（十五）加强全民健身人才队伍建设。树立新型全民健身人才观，发挥人才在推动全民健身中的基础性、先导性作用，努力培养适应全民健身发展需要的组织、管理、研究、健康指导、志愿服务、宣传推广等方面的人才队伍。创新全民健身人才培养模式，加大对民间健身领军示范人物的发掘和扶持力度，重视对基层管理人员和工作人员中榜样人物的培育。将全民健身人才培养与综治、教育、人力资源社会保障、农业、文化、卫生计生、工会、残联等部门和单位的人才教育培训相衔接，畅通各类人才培养渠道。加强竞技体育与全民健身人才队伍的互联互通，形成全民健身与学校体育、竞技体育后备人才培养工作的良性互动局面，为各类体育人才培养和发挥作用创造条件。发挥互联网等科技手段在人才培训中的作用，加大对社会化体育健身培训机构的扶持力度。

（十六）完善法律政策保障。推动在《中华人民共和国体育法》修订过程中进一步完善全民健身的相关内容，依法保障公民的体育健身权利。推动加快地方全民健身立法，加强全民健身与精神文明、社区服务、公共文化、健康、卫生、旅游、科技、养老、助残等相关制度建设的统筹协调，完善健身消费政策，将加快全民健身相关产业与消费发展纳入体育产业和其他相关产业政策体系。建立健全全民健身执法机制和执法体系，做好全民健身中的纠纷预防与化解工作，利用社会资源提供多样化的全民健身法律服务。完善规划与土地政策，将体育场地设施用地纳入城乡规划、土地利用总体规划和年度用地计划，合理安排体育用地。鼓励保险机构创新开发与全民健身相关的保险产品，为举办和参与全民健身活动提供全面风险保障。

## 四、组织实施

（十七）加强组织领导与协调。各地要加强对全民健身事业的组织领导，建立完善实施全民健身计划的组织领导协调机制，确保全民健身国家战略深入推进。要把全民健身公共服务体系建设摆在重要位置，纳入当地国民经济和社会发展规划及基本公共服务发展规划，把相关重点工作纳入政府年度民生实事加以推进和考核，构建功能完善的综合性基层公共服务载体。

（十八）严格过程监管与绩效评估。县级以上地方人民政府要制定本地《全民健身实施计划（2016—2020年）》，做好任务分工和监督检查，并在2020年对《全民健身实施计划（2016—2020年）》实施情况进行全面评估。建立全民健身公共服务绩效评估指标体系，定期开展第三方评估和社会满意度调查，对重点目标、重大项目的实施进度和全民健身实施计划推进情况进行专项评估，形成包括媒体在内的多方监督机制。

国务院

2016年6月15日

# 体育产业发展"十三五"规划

**体经字〔2016〕417号**

## 前 言

"十三五"时期是全面建成小康社会决胜阶段,也是加快体育产业发展的重要时期。为统筹"十三五"期间体育产业的各项工作,充分发挥体育产业在建设健康中国、保障和改善民生、推进体育供给侧结构性改革、挖掘和释放消费潜力、增强经济增长新动能等方面的积极作用,根据党中央、国务院的总体部署和"十三五"时期我国体育产业发展面临的新形势、新任务、新要求,制定本规划。

## 一、"十三五"体育产业发展基础与面临形势

"十二五"时期是我国体育产业发展取得较大成绩的5年。在党中央、国务院的高度重视和正确领导下,体育产业发展乘势而上,为国民经济发展和全民健康发挥了重要作用。一是产业规模逐步扩大。2014年全国体育产业总规模超过1.35万亿元,实现增加值4041亿元,占当年国内生产总值的0.64%,2011—2014年体育产业增加值年均增长率为12.74%,凸显出成为国民经济新兴产业的巨大潜力。二是产业体系日益健全。体育产业初步形成了以竞赛表演和健身休闲为驱动,体育用品为支撑,体育场馆、体育培训、体育中介、体育传媒等业态快速发展的良好态势。体育与科技、文化、传媒、健康、养老、旅游等相关行业日益融合。三是产业结构

明显优化。体育用品业稳定增长，体育服务业比重逐步提升，体育产业呈现出多种经济成分并存，非公有制经济占据主体的格局。四是产业政策取得重大突破。2014年10月，国务院印发《关于加快发展体育产业促进体育消费的若干意见》（国发〔2014〕46号，以下简称《意见》），明确了体育产业的地位，指明了发展方向。各级政府认真贯彻落实《意见》取得积极进展，为体育产业发展营造了良好环境。五是体育产业各项工作稳步推进。大型体育场馆运营管理改革创新取得突破，体育产业统计工作稳步推进，体育市场监管体系初步建立。体育产业"十二五"规划的目标基本实现，我国体育产业总体实力、产业覆盖面、社会参与度、市场认可度又上了一个大台阶。

总体上看，目前我国体育产业发展水平还不高，结构不尽合理；市场主体活力和创造力不强，产品有效供给不足，体育产业供给侧结构性改革亟待推进；公民体育健身意识不强，大众体育消费激发不够；市场在体育资源配置中的决定性作用尚未充分发挥；政策体系还不完善，体育产业公共服务水平有待加强，体育产业距离国民经济转型升级重要力量还有明显差距。

"十三五"时期，伴随着供给侧结构性改革的不断深入、科技革命和产业变革的不断发展和"健康中国"战略的逐步实施，我国体育需求将从低水平、单一化向多层次、多元化扩展，体育消费方式将从实物型消费向参与型和观赏型消费扩展，体育产业将从追求规模向提高质量和竞争力扩展，体育产业必将迎来重大战略机遇。

## 二、总体要求

### （一）指导思想

全面贯彻党的十八大和十八届三中、四中、五中全会精神，按照"五位一体"总体布局和"四个全面"战略布局，牢固树立和贯彻落实创新、协调、绿色、开放、共享的发展理念，认真落实党中央、国务院决策部署，以增进人民福祉、提高健康水平为出发点和落脚点，以体育产业供给侧结构性改革为主线，以优化体育产业结构为重点，推动体育产业全面健康持续发展，不断满足大众多层次多样化的体育需求，提升幸福感和获得感，为经济发展新常态下扩大消费需求、拉动经济增长、转变发展方式提供有力支撑和持续动力。

### （二）基本原则

坚持改革引领。强化改革对体育产业发展的推动作用，以开放促改革，以改革促发展。大力推动政府简政放权、放管结合、优化服务，加强规划、政策、标准引导，着力破解社会资本投资体育产业的各种障碍。

坚持市场主导。处理好政府和市场的关系，充分发挥市场在资源配置中的决定性作用和更好发挥政府作用，加快构建统一开放、竞争有序的现代体育市场体系。

坚持创新驱动。充分激发各类市场主体的创新活力，引导各类主体在组织管理、建设运营、研发生产等环节创新理念和模式，提高服务质量，更好满足消费升级的需要。

坚持协调发展。积极推动体育与经济社会的协调发展，促进体育事业与体育产业协调发展、体育服务业与体育用品业全面发展，推动东、中、西部体育产业良性互动发展、区域体育产业协同发展。

### （三）发展目标

"十三五"期间，全面落实《意见》有关要求，为完成《意见》的目标打下坚实基础。初步构建结构合理、布局均衡、功能完善、门类齐全的体育产业体系，基本形成各种经济成份竞相参与、共同兴办体育产业的发展格局。体育供给更加丰富，体育消费不断扩大，体育产业保持快速增长，成为推动经济社会持续发展的重要力量。

——产业总量进一步增长。体育产业总规模超过3万亿，从业人员数超过600万人。体育产业对国民经济的综合贡献率明显提升，产业增加值在国内生产总值中的比重达1.0%。

——产业体系进一步完善。体育产业各门类协同融合发展，产业组织形态更加丰富，产业结构更加合理，体育产品和服务供给充足，层次多样。体育服务业增加值占比超过30%。

——市场主体进一步壮大。涌现一批具有国际竞争力、带动性强的龙头企业和大批富有创新活力的中小企业、社会组织，形成一批特色鲜明的产业集群和知名品牌。建设50个国家体育产业示范基地、100个国家体育产业示范单位，100个国家体育产业示范项目。

——产业基础进一步夯实。体育场地设施供给明显增加，人均体育场地面积超过1.8平方米。居民参加体育健身意识和科学健身素养普遍增强，体育消费额占人均居民可支配收入比例超过2.5%。

——产业环境进一步优化。体制机制活力进一步增强，体育产业的政策措施进一步完备，标准体系科学完善，监管机制规范高效，市场主体诚信自律。

## 三、主要任务

### （一）优化市场环境

完善市场体系。建立全国统一、开放、竞争、有序的体育市场，采取有效措施，切实破除行政垄断、行业垄断和地方保护，着力清除体育产业中妨碍形成全国统一市场和公平竞争的各种规定和做法。实施体育产业标准化建设工程，制定体育服务规范和质量标准，提高设施建设、服务提供、技能培训、人员资质、活动管理、器材装备等方面标准化水平，推动建立公平开放透明的体育市场规则。

激发市场活力。加快政府职能转变，大幅度削减体育活动相关审批事项，实施负面清单管理，促进空域水域开放。结合行政体制改革、体育行业协会改革，进一步开放体育资源，激发市场活力，推动产业融合，不断调动体育社会组织、行业协会商会和市场主体的积极性和创造力，向社会提供丰富多彩的体育产品和服务。

打造服务平台。着力打造体育用品、体育旅游和体育文化等展示平台。建立全国体育产业投资项目库，加强对体育产业项目的招商推介工作。加快全国性体育资源交易平台建设，推进赛事举办权、场馆经营权、无形资产开发权等资源公平、公正、公开流转。完善政府在体育产业领域的管理服务职能，积极为各类体育活动举办提供"一站式"服务。进一步完善体育政务发布平台和信息交互平台，加强事中事后监督。

### （二）培育多元主体

培育骨干企业。着力扶持、培育一批有自主品牌、创新能力和竞争实力的骨干体育企业。深化体育类国有企业改革，提升体育产业领域中国有资产的价值。引导有实力的体育企业实行跨地区、跨行业、跨所有制的兼并、重组、上市。鼓励体育优势企业、优势品牌和优势项目"走出去"。积极支持体育产业的海外并购，鼓励吸引国际性的体育组织、体育企业或体育学校落户中国。

扶持中小微企业。全面落实国家扶持中小微企业发展的政策措施，通过政府采购、信贷支持、加强服务等多种形式扶持中小微体育企业发展，形成富有活力的中小微企业群体。鼓励各类中小微体育企业向"专、精、特、新"方向发展，强化特色经营、特色产品和特色服务。鼓励成立各类体育产业孵化平台，为体育领域的"大众创业、万众创新"提供良好环境。

培育体育社会组织。推进政社分开、管办分离，支持体育社会组织实体化运作，探索建立法人治理结构。进一步健全政府向体育社会组织购买体育服务的体制机制，鼓励各类体育社会组织承接公共体育服务。引导各级运动项目协会积极制定产业发展规划，完善产业组织，提高运动项目产业化发展水平。

### （三）提升产业能级

调整产业结构。进一步优化体育服务业、体育用品业及相关产业结构，实施体育服务业精品工程、用品业升级工程和体育产业融合发展工程。支持打造一批优秀体育俱乐部、示范场馆和品牌赛事，着力提升体育服务业比重。提升体育用品业发展层次，引导体育用品企业向服务业延伸发展，形成全产业链优势。加快体育产业要素结构升级，培育专业人才、品牌、知识产权等高级要素。以足球、冰雪等重点运动项目为带动，通过制定发展专项规划、开展青少年技能培养、完善职业联赛等手段，探索运动项目的产业化发展道路。

完善产业布局。围绕"一带一路"、京津冀协同发展、长江经济带三大国家战略，合理规划布局全国体育产业发展。积极推进区域体育产业协同发展，加强京津冀、长三角、珠三角以及海峡西岸等体育产业圈建设。充分挖掘冰雪、森林、湖泊、江河、湿地、山地、草原、沙漠、滨海等独特的自然资源和传统体育人文资源，研制出台冰雪运动、山地户外运动、水上运动、航空运动等产业发展规划，重点打造冰雪运动、山地运动、户外休闲运动、水上运动、汽摩运动、航空运动、武术运动等各具特色的体育产业集聚区和产业带。

加强示范引领。完善国家体育产业基地管理方式，提升国家体育产业基地管理和服务水平，建成一批具有集聚效应和规模效应的体育产业基地。加强对体育产业联系点城市和单位的政策指导，督促相关地区和单位切实做好联系点组织实施工作，加快出台一批可复制、可推广的政策创新成果，为全国体育产业发展提供引导经验。拓宽体育服务贸易领域，在自由贸易试验区探索开展体育产业政策创新试点，培育一批体育服务贸易示范区。

促进融合发展。促进体育与文化、养老、教育、健康、农业、林业、水利、通航等产业的融合发展。大力发展体育旅游，制定体育旅游发展纲要，实施体育旅游精品示范工程，编制国家体育旅游重点项目名录。支持和引导有条件的旅游景区拓展体育旅游项目，鼓励国内旅行社结合体育赛事活动设计开发旅游项目和路线。推动体医结合，积极推广覆盖全生命周期的运动健康服务，发挥中医药在运动康复等方面的特色作用，发展运动医学和康复医学。

### （四）扩大社会供给

加强场地设施建设。统筹体育设施建设规划和合理利用，适当增加体育设施用地和配套设施配建比例。充分利用公园绿地、城市空置场所、建筑物屋顶、地下室等区域，重点建设一批便民利民的健身场地设施，形成城市15分钟健身圈。结合智慧城市、绿色出行，规划建设城市慢行体系。充分挖掘水、陆、空资源，重点建设山地户外营地、徒步骑行服务站、自驾车房车营地、运动船艇码头、航空飞行营地等健身休闲设施。

丰富体育产品市场。以足球、路跑、骑行、棋牌等为切入点，加快发展普及性广、关注度高、市场空间大的运动项目；以冰雪、山地户外、水上、汽摩、航空、电竞等运动项目为重点，引导具有消费引领性的健身休闲项目发展；以武术、龙舟、舞龙舞狮等传统体育项目为引领，大力发展少数民族传统体育项目发展。

积极推动"互联网+体育"。鼓励开发以移动互联网技术为支撑的体育服务，提升场馆预定、健身指导、交流互动、赛事参与、器材装备定制等综合服务水平。积极推动在线体育平台企业发展壮大，整合上下游企业资源，形成体育产业新生态圈。

### （五）引导体育消费

深挖消费潜力。大力开展各类群众性体育活动，合理编排职业联赛的赛程，丰富节假日体育赛事活动供给，发挥体育明星和运动达人的示范作用，激发居民健身休闲消费需求。积极推行《国家体育锻炼标准》、业余运动等级以及业余赛事等级标准，增强项目消费黏性，提升健身休闲消费水平。加强体育市场需求和消费趋势预测研究，引导体育企业开发符合市场需求的体育产品和服务。以各类体育赛事活动为平台，加强资源营销，丰富体育消费文化内涵。

完善消费政策。支持各地建立体育消费个人或家庭奖励机制，鼓励有条件的地区面向特定人群或在特定时间发放体育消费券。加强与金融企业合作，创新体育消费支付产品，试点发行"全民健身休闲卡"，落实相关优惠政策，实施特惠商户折扣。引导保险公司根据体育运动特点和不同年龄段人群，开放场地责任保险、运动人身意外伤害保险。健全学校体育活动责任保险制度。

## 四、重点行业

### （一）竞赛表演业

加强体育赛事评估，优化体育赛事结构，建立多层次、多样化的体育赛事体系。鼓励机关团体、企事业单位、学校等单位广泛举办各类体育比赛。探索完善赛事市场开发和运作模式，实施品牌战略，打造一批国际性、区域性品牌赛事。积极推进职业体育发展，鼓励有条件的运动项目走职业发展道路，努力培育和打造一批具有国际影响力的职业体育明星。加强足球、篮球、排球、乒乓球、羽毛球等职业联赛建设，全面提高职业联赛水平。

### （二）健身休闲业

制定健身休闲重点运动项目目录，以户外运动为重点，研制配套系列规划，引导具有消费引领性的健身休闲项目健康发展。通过政府购买服务等方式，鼓励社会各种资本进入健身休闲业。贯彻落实《意见》关于新建居住区和社区配套建设体育健身设施的有关规定。支持体育健身企业开展社区健身设施的品牌经营和连锁经营。

### (三)场馆服务业

积极推动体育场馆做好体育专业技术服务,开展健身服务、体育培训、竞赛表演、运动指导、健康管理等体育经营服务。充分盘活体育场馆资源,采用多种方式促进无形资产开发,扩大无形资产价值和经营效益。支持大型体育场馆发展体育商贸、体育会展、康体休闲、文化演艺、体育旅游等多元业态,打造体育服务综合体。推进体育场馆通过连锁等模式扩大品牌输出、管理输出和资本输出,提升规模化、专业化、市场化运营水平。

### (四)体育中介业

重视体育中介市场的培育和发展,积极开展赛事推广、体育咨询、运动员经纪、体育保险等多种中介服务,充分发挥体育中介机构在沟通市场需求、促进资源流通等方面的作用。优化体育中介机构的组织结构体系,逐步建立公司制、合作制、合伙制等多种经营形式并存的格局,培育以专业体育中介公司和兼业体育中介公司为主的市场竞争主体。

### (五)体育培训业

大力发展各类运动项目的培训市场,培育一批专业体育培训机构。鼓励和引导各地积极开展国际合作,创办一批高水平的国际体育学校。鼓励学校与专业体育培训机构合作,加强青少年体育爱好和运动技能的培养,组织学生开展课外健身活动。加强不同运动项目培训标准的制定与实施,提高体育培训市场的专业化水平。

### (六)体育传媒业

大力开发群众喜闻乐见的体育传媒产品,鼓励开发以体育为主、融合文化、健康等综合内容的组合产品,积极支持形式多样的体育题材文艺创作。鼓励发展多媒体广播电视、网络广播电视、手机APP等体育传媒新业态。鼓励利用各类体育社交平台,促进消费者互动交流,提升消费体验。创新体育赛事版权交易模式,加强版权的开发与保护,鼓励和支持各类新兴媒体参与国内赛事转播权的市场竞争。

### （七）体育用品业

结合传统制造业去产能，引导体育用品制造企业转型升级，鼓励企业通过海外并购、合资合作、联合开发等方式，提升冰雪运动、水上运动、汽摩运动、航空运动等高端器材装备的本土化水平。支持企业利用互联网采集技术对接体育健身个性化需求，鼓励新型体育器材装备、可穿戴式运动设备、虚拟现实运动装备等的研发。支持体育类企业积极参与高新技术企业认定，提高关键技术和产品的自主创新能力，打造一批具有自主知识产权的体育用品知名品牌。

### （八）体育彩票

加快建立健全与彩票管理体制匹配的运营机制。加快体育彩票创新步伐，积极研究推进发行以中国足球职业联赛为竞猜对象的足球彩票。适应发展趋势，完善销售渠道，稳步扩大市场规模。加强公益金的使用管理绩效评价，不断提升体育彩票的社会形象。

## 五、主要措施

### （一）深化体制改革，增强发展活力

稳步推进体育场馆运营、单项体育协会和职业体育等领域改革。对行政机关和事业单位所属的体育场馆，通过引入社会资本和现代公司化运营机制等，推广"所有权属于国有，经营权属于公司"的分离改革模式。落实《行业协会商会与行政机关脱钩总体方案》，做好单项体育协会改革试点工作。制定和完善职业体育专项政策，鼓励和支持有条件的运动项目探索职业化发展道路。鼓励发展职业联盟，逐步提高职业体育的成熟度和规范化水平。

### （二）强化政策落地，完善政策体系

切实落实现行国家支持体育产业发展的税费价格、规划布局与土地政

策,加大对政策执行的跟踪分析与监督检查。进一步与有关部门合作,研究推进体育产业发展的各项政策措施,完善体育产业政策体系。推动社会广泛关注的赛事转播、安保服务、场馆开放和产业统计等政策创新。加强对竞赛表演、健身休闲等市场的引导以及高危险性体育项目的监管。

### (三)加大财政金融支持,吸引社会投资

鼓励有条件的省市设立体育产业引导资金,优化资金使用方向、创新资金使用方式,提高资金使用效益。设立由政府引导、社会资本筹资的体育产业投资基金,鼓励各地政府引导设立地方体育产业投资基金。创新中央转移支付资金支持方向、优化资金支持项目,充分发挥转移支付资金的杠杆作用。推广运用政府和社会资本合作模式(PPP),支持社会力量进入体育产业领域。发挥多层次资本市场作用,支持符合条件的企业上市。鼓励符合条件的企业发行企业债券,鼓励金融机构拓宽对体育企业贷款的抵质押品种类和范围。

### (四)注重人才培养,强化智力支撑

继续落实《全国体育人才发展规划(2010—2020)》,鼓励校企合作,培养各类体育经营策划、运营管理、技能操作等专业应用型人才。开展"体育产业创新创业教育服务平台"建设,帮助企业、高校、金融机构进一步有效对接。加强从业人员职业培训,提高体育健身场所工作人员的服务水平和专业技能。完善体育人才培养开发、流动配置、激励保障机制,支持退役运动员、教练员投身体育产业。加强体育产业人才培育的国际交流与合作,加强体育产业理论研究,建立国家体育产业智库体系。

### (五)加强行业管理,推进基础工作

完善体育产业相关法律法规,结合《中华人民共和国体育法》修订,完善其中体育产业的内容。加强体育产业行业协会建设,充分发挥行业协会在体育产业发展中的作用。加强体育产业统计工作,建立评价与监测机制,定期发布体育产业及体育消费数据。大力推进体育产业标准化工作,

提高体育产业标准化水平。进一步完善体育行政部门的体育产业宏观管理职能，充实产业工作力量。加强体育行业社会信用体系建设，优化体育产业环境。

### （六）加强组织领导，保障规划实施

建立体育、发展改革、财政等多部门合作的体育产业发展工作协调机制，及时分析解决体育产业发展的情况和问题，落实文化、旅游等相关政策惠及体育产业。各地要把体育产业纳入各级国民经济和社会发展规划，纳入政府重要议事日程，将体育产业工作作为衡量体育工作绩效的重要内容。各级体育行政部门要结合本地区实际，进一步明确"十三五"期间本地区体育产业发展的基本任务、工作目标和保障措施，准确把握工作重点，明确职责分工，做好各项政策措施的贯彻落实。要健全规划实施的督查落实机制，采取切实有效的措施，对本地区体育产业规划实施情况进行检查监督，确保"十三五"体育产业规划的顺利实施。

国家体育总局办公厅
2016年6月27日

# 住房城乡建设部 国家发展改革委 财政部关于开展特色小镇培育工作的通知

### 建村〔2016〕147号

各省、自治区、直辖市住房城乡建设厅（建委）、发展改革委、财政厅，北京市农委、上海市规划和国土资源管理局：

为贯彻党中央、国务院关于推进特色小镇、小城镇建设的精神，落实《国民经济和社会发展第十三个五年规划纲要》关于加快发展特色镇的要求，住房城乡建设部、国家发展改革委、财政部（以下简称三部委）决定在全国范围开展特色小镇培育工作，现通知如下。

## 一、指导思想、原则和目标

### （一）指导思想

全面贯彻党的十八大和十八届三中、四中、五中全会精神，牢固树立和贯彻落实创新、协调、绿色、开放、共享的发展理念，因地制宜、突出特色，充分发挥市场主体作用，创新建设理念，转变发展方式，通过培育特色鲜明、产业发展、绿色生态、美丽宜居的特色小镇，探索小镇建设健康发展之路，促进经济转型升级，推动新型城镇化和新农村建设。

### （二）基本原则

——坚持突出特色。从当地经济社会发展实际出发，发展特色产业，传承传统文化，注重生态环境保护，完善市政基础设施和公共服务设施，防止千镇一面。依据特色资源优势和发展潜力，科学确定培育对象，防止一哄而上。

——坚持市场主导。尊重市场规律，充分发挥市场主体作用，政府重在搭建平台、提供服务，防止大包大揽。以产业发展为重点，依据产业发展确定建设规模，防止盲目造镇。

——坚持深化改革。加大体制机制改革力度，创新发展理念，创新发展模式，创新规划建设管理，创新社会服务管理。推动传统产业改造升级，培育壮大新兴产业，打造创业创新新平台，发展新经济。

## （三）目标

到2020年，培育1000个左右各具特色、富有活力的休闲旅游、商贸物流、现代制造、教育科技、传统文化、美丽宜居等特色小镇，引领带动全国小城镇建设，不断提高建设水平和发展质量。

## 二、培育要求

### （一）特色鲜明的产业形态

产业定位精准，特色鲜明，战略新兴产业、传统产业、现代农业等发展良好、前景可观。产业向做特、做精、做强发展，新兴产业成长快，传统产业改造升级效果明显，充分利用"互联网+"等新兴手段，推动产业链向研发、营销延伸。产业发展环境良好，产业、投资、人才、服务等要素集聚度较高。通过产业发展，小镇吸纳周边农村剩余劳动力就业的能力明显增强，带动农村发展效果明显。

### （二）和谐宜居的美丽环境

空间布局与周边自然环境相协调，整体格局和风貌具有典型特征，路网合理，建设高度和密度适宜。居住区开放融合，提倡街坊式布局，住房舒适美观。建筑彰显传统文化和地域特色。公园绿地贴近生活、贴近工作。店铺布局有管控。镇区环境优美，干净整洁。土地利用集约节约，小镇建设与产业发展同步协调。美丽乡村建设成效突出。

### （三）彰显特色的传统文化

传统文化得到充分挖掘、整理、记录，历史文化遗存得到良好保护和利用，非物质文化遗产活态传承。形成独特的文化标识，与产业融合发展。优秀传统文化在经济发展和社会管理中得到充分弘扬。公共文化传播方式方法丰富有效。居民思想道德和文化素质较高。

### （四）便捷完善的设施服务

基础设施完善，自来水符合卫生标准，生活污水全面收集并达标排放，垃圾无害化处理，道路交通停车设施完善便捷，绿化覆盖率较高，防洪、排涝、消防等各类防灾设施符合标准。公共服务设施完善、服务质量较高，教育、医疗、文化、商业等服务覆盖农村地区。

### （五）充满活力的体制机制

发展理念有创新，经济发展模式有创新。规划建设管理有创新，鼓励多规协调，建设规划与土地利用规划合一，社会管理服务有创新。省、市、县支持政策有创新。镇村融合发展有创新。体制机制建设促进小镇健康发展，激发内生动力。

## 三、组织领导和支持政策

三部委负责组织开展全国特色小镇培育工作，明确培育要求，制定政策措施，开展指导检查，公布特色小镇名单。省级住房城乡建设、发展改革、财政部门负责组织开展本地区特色小镇培育工作，制定本地区指导意见和支持政策，开展监督检查，组织推荐。县级人民政府是培育特色小镇的责任主体，制定支持政策和保障措施，整合落实资金，完善体制机制，统筹项目安排并组织推进。镇人民政府负责做好实施工作。

国家发展改革委等有关部门支持符合条件的特色小镇建设项目申请专项建设基金，中央财政对工作开展较好的特色小镇给予适当奖励。

三部委依据各省小城镇建设和特色小镇培育工作情况,逐年确定各省推荐数量。省级住房城乡建设、发展改革、财政部门按推荐数量,于每年8月底前将达到培育要求的镇向三部委推荐。特色小镇原则上为建制镇(县城关镇除外),优先选择全国重点镇。

中华人民共和国住房和城乡建设部<br>
中华人民共和国国家发展和改革委员会<br>
中华人民共和国财政部<br>
2016年7月1日

体育产业政策文件汇编（国务院及部门篇）

# 全国生态旅游发展规划
# （2016—2025年）

发改社会〔2016〕1831号

国家发展和改革委员会

国家旅游局

2016年8月22日

# 目 录

序言

第一章　发展基础

　　一、现状问题

　　二、面临形势

第二章　总体要求

　　一、指导思想

　　二、基本原则

　　三、规划目标

第三章　总体布局

　　一、东北平原漫岗生态旅游片区

　　二、黄河中下游生态旅游片区

　　三、北方荒漠与草原生态旅游片区

　　四、青藏高原生态旅游片区

　　五、长江上中游生态旅游片区

　　六、东部平原丘陵生态旅游片区

　　七、珠江流域生态旅游片区

　　八、海洋海岛生态旅游片区

第四章　重点任务

　　一、培育20个生态旅游协作区

　　二、建设200个重点生态旅游目的地

　　三、形成50条精品生态旅游线路

　　四、打造25条国家生态风景道

第五章　配套体系
　　一、资源保护体系
　　二、公共服务体系
　　三、环境教育体系
　　四、社区参与体系
　　五、营销推广体系
　　六、科技创新体系
第六章　实施保障
　　一、加强组织领导
　　二、加大政策扶持
　　三、加强协调合作
　　四、强化人才保障

# 前 言

我国位于亚欧大陆东部，太平洋西岸，地理位置独特，地形地貌复杂，气候类型多样，生物多样性丰富，已建成各类国家级自然保护地3000余处，为发展生态旅游奠定了坚实的资源基础。为贯彻落实《中共中央国务院关于加快推进生态文明建设的意见》《国务院关于促进旅游业改革发展的若干意见》，加强对国家重点旅游区域的指导，抓好集中连片特困地区旅游资源整体开发，引导生态旅游健康发展，更好地满足人民群众日益增长的旅游休闲消费需求和生态环境需要，编制本规划。

本规划所指生态旅游是以可持续发展为理念，以实现人与自然和谐为准则，以保护生态环境为前提，依托良好的自然生态环境和与之共生的人文生态，开展生态体验、生态认知、生态教育并获得身心愉悦的旅游方式。

规划根据区域资源特色、环境承载力和开发利用现状，将全国生态旅游发展划分为八大片区，明确功能定位和发展方向，实施差别化保护措施，完善基础设施和公共服务，打造生态旅游精品，探索人与自然和谐共生的可持续发展模式。规划是全国生态旅游发展的行动纲领，是推动生态旅游持续健康发展的基础保障。

规划期限自2016年至2025年，规划范围为全国陆地国土空间及内水和领海（不包括港澳台地区）。

## 第一章 发展基础

### 一、现状问题

生态旅游作为一种绿色消费方式，自世界自然保护联盟1983年首次提出后，迅速普及全球。20世纪90年代，随着我国实施可持续发展战略，生态旅游概念正式引入中国。经过20多年的发展，生态旅游已成为一种增进环保、崇尚绿色、倡导人与自然和谐共生的旅游方式，并初步形成了以自然保护区、风景名胜区、森林公园、地质公园及湿地公园、沙漠公园、水利风景区等为主要载体的生态旅游目的地体系（见附表），基本涵盖了山地、森林、草原、湿地、海洋、荒漠以及人文生态7大类型。生态旅游产品日趋多样，深层次、体验式、有特色的产品更加受到青睐。生态旅游方式倡导社区参与、共建共享，显著提高了当地居民的经济收益，也越来越得到社区居民的支持。通过发展生态旅游，人们的生态保护意识明显提高，"绿水青山就是金山银山"的发展理念已逐步成为共识。

与此同时，我国生态旅游发展也存在不容忽视的问题。一些地区对生态旅游的认识不到位，只顾眼前利益、局部利益，不重视资源保护和规划设计，搞竭泽而渔式的开发，造成严重的生态破坏和环境污染。部分地区过分追求门票经济，不考虑资源和环境承载，人为增加保护压力，降低旅游质量。相当数量的景区没有充分发挥生态旅游的科普、教育功能，在产品开发、导游解说上过于肤浅和形象化。部分景区所在的社区参与度低，没有决策建议权，利益共享机制缺失。此外，生态资源的保护监督体系也亟待健全。

## 二、面临形势

改革开放特别是"十二五"以来，我国旅游业快速发展，旅游已成为城乡居民日常生活的重要组成部分，成为国民经济新的重要增长点。2015年国内旅游人数达到40亿人次，旅游业总收入4.13万亿元。预计2020年国内旅游人数将突破70亿人次，居民人均旅游次数将从目前不到3次提高到5次左右，旅游产品供求矛盾将持续突出。同时，随着工业化进程加快、城镇化水平提高，人们回归大自然的愿望日益强烈，国内旅游需求特别是享受自然生态空间的需求爆发性增长。旅游消费方式从观光游到观光、休闲、度假并重转变，呈现多样化格局，深层次、体验式、特色鲜明的生态旅游产品更加受到市场青睐，观鸟旅游、探险旅游、科考旅游、生态养生、野生动物观赏等逐渐成为新热点。

但总体上看，我国生态环境仍比较脆弱，生态系统质量和功能偏低，生态安全形势依然严峻，生态保护与经济社会发展的矛盾仍旧突出。十八大明确提出推进生态文明建设，构建生态安全格局，十八届三中全会进一步要求建立空间规划体系，划定生产、生活、生态空间开发管制界限。"十三五"规划《纲要》要求加大生态环境保护力度，为人民提供更多优质生态产品。生态保护作为生态文明建设的重要内容，关系人民福祉，关乎民族未来。为加快推进生态文明建设，更好地满足日益增长的旅游休闲消费需求和生态环境需要，必须加快发展环境友好型、非资源消耗型的生态旅游，有效整合资源，促进融合发展，优化配套体系，加强资源环境国情教育，引导形成正确的生态价值观，树立崇尚生态文明新风尚，推动形成绿色消费新观念，发展负责任、可持续的旅游业，实现人与自然和谐共生。

## 第二章　总体要求

### 一、指导思想

全面贯彻党的十八大和十八届三中、四中、五中全会精神，以邓小平理论、"三个代表"重要思想、科学发展观为指导，深入学习贯彻习近平总书记系列重要讲话精神，按照"五位一体"总体布局和"四个全面"战略布局，牢固树立和贯彻落实创新、协调、绿色、开放、共享的新发展理念，以满足人民群众日益增长的旅游休闲消费需求和生态环境需要为出发点和落脚点，以优化生态旅游发展空间布局为核心，以完善生态旅游配套服务体系为支撑，坚持尊重自然、顺应自然、保护自然，强化资源保护，注重生态教育，打造生态旅游产品，促进绿色消费，推动人与自然和谐发展。

## 二、基本原则

（一）保护优先，合理利用。把保护放在生态旅游发展的首位，正确处理资源保护与利用的关系，坚守生态底线，科学适度开发，推进生态旅游集约化、低碳化、绿色化发展，实现速度、结构、质量、效益相统一，形成节约资源和保护环境的空间格局、产业结构、生产方式和消费模式。

（二）优化布局，突出重点。优化生态旅游发展空间布局，以生态旅游片区为依托，以生态旅游协作区、目的地、线路和风景道为载体，因地制宜，分类指导，推动不同地域生态旅游特色化、品牌化、差别化发展。以集中连片特困地区旅游资源整体开发为重点，探索生态旅游发展推动贫困地区脱贫攻坚的新途径。

（三）统筹协调，融合发展。以建立健全区域合作机制为抓手，在资源保护、产品开发、线路组织、宣传促销等方面开展深度合作，丰富合作方式，提升合作水平，实现一体化发展。以转型升级、提质增效为主线，促进生态旅游与农业、林业、海洋、文化等相关产业和行业融合发展，延伸生态旅游产业链，形成旅游综合服务体系。

（四）创新机制，多方参与。探索创新生态旅游投融资、环境教育、生态补偿等机制，形成生态保护与旅游发展相互促进、良性循环的新模式。坚持市场在资源配置中的决定性作用，充分发挥政府的引导作用，调动各类市场主体、社会组织的积极性，拓宽参与渠道，让当地居民更多分享生态旅游发展红利。

## 三、规划目标

到2020年，一批重点生态旅游目的地和精品线路基本建成，生态旅游基础设施和配套公共服务进一步完善，生态旅游社区参与更加广泛，带动脱贫攻坚取得明显成效，环境友好型、非资源消耗型的生态旅游理念逐步形成，培育一批生态旅游重点品牌，初步形成全国生态旅游发展的基本格局，成为具有一定国际影响力的生态旅游目的地国家。

到2025年，以生态旅游协作区、目的地、线路和风景道为主体的总体布局基本确立，区域合作机制更加健全、合作模式日益成熟，生态旅游资源保护、产品开发、公共服务、环境教育、社区参与、营销推广、科技创新体系逐步健全，生态旅游在推动生态文明建设中作用全面发挥，国际竞争力显著提升，成为世界生态旅游强国。

## 第三章　总体布局

按照全国自然地理和生态环境特征，依据《全国主体功能区规划》《全国海洋主体功能区规划》《全国生态功能区划（修编版）》《全国重要江河湖泊水功能区划（2011—2030年）》《全国生态保护与建设规划（2013—2020年）》等相关规划，结合各地生态旅游资源特色，将全国生态旅游发展划分为八个片区。不同片区依托自身优势，明确重点方向，实施差别化措施，逐步形成各具特色、主题鲜明的生态旅游发展总体布局。

### 一、东北平原漫岗生态旅游片区

本片区包括大小兴安岭、长白山、辽东丘陵森林，三江平原和东北平原湿地，东北平原西部草甸草原，大兴安岭森林草原等生态区域。总面积约126万平方公里，涉及辽宁省、吉林省、黑龙江省及内蒙古自治区赤峰市、通辽市、呼伦贝尔市、兴安盟。

重点发展方向是依托森林、湿地、草原及冰雪旅游资源，打造集森林观光度假、冰雪运动休闲、界江界湖界山观光、民俗体验于一体，辐射东北亚的生态旅游片区。加强与日本、韩国、俄罗斯、朝鲜、蒙古国合作，形成图们江流域、日本海等跨境生态旅游线路。

## 二、黄河中下游生态旅游片区

本片区包括燕山、太行山、山东丘陵、秦巴山地森林，黄土高原农业与草原，汾渭盆地与华北平原农业植被等生态区域。总面积约92万平方公里，涉及北京市、天津市、河北省、山西省、山东省、河南省和陕西省。

重点发展方向是依托黄河沿线自然风光与民俗风情、太行山、燕山、秦岭、冀北草原等生态旅游资源，打造兼具黄河与黄土高原观光、山地观光度假、森林湿地休闲、滨海休闲度假等功能的生态旅游片区。大力推动京津冀旅游一体化发展。加快区域生态旅游快速通道建设，建立区域信息交互网，构建多层级、网络化、多部门协同的安全风险防范、应急救援、安全监督机制。积极拓宽国际生态旅游市场。

## 三、北方荒漠与草原生态旅游片区

本片区包括内蒙古高原东中部典型草原与荒漠草原，内蒙古高原西部山地荒漠，阿尔泰山、天山山地森林草原，柴达木盆地、准噶尔盆地、塔里木盆地荒漠，祁连山森林与高寒草原，帕米尔—昆仑山—阿尔金山高寒荒漠草原等生态区域。总面积约284万平方公里，涉及内蒙古自治区（不包含赤峰市、通辽市、呼伦贝尔市、兴安盟）、甘肃省（不包含甘南州）、宁夏回族自治区和新疆维吾尔自治区。

重点发展方向是依托山岳、草原、森林、绿洲、沙漠戈壁、峡谷及冰雪生态旅游资源，打造具有山岳与戈壁观光探险、草原观光休闲、绿洲度假、雪域体验、少数民族文化体验、户外运动探险等特色的生态旅游片区。加强祁连山、六盘山、贺兰山等跨区域生态旅游发展规划与建设。立足连接亚欧大陆和中国内陆地区的区位优势及边境沿线生态景观优势，加强边境地区生态旅游国际合作。

## 四、青藏高原生态旅游片区

本片区包括藏东—川西山地森林，藏东南热带雨林季雨林，青海江河源区、甘南、藏南高寒草甸草原，藏北高原高寒荒漠草原，阿里山地温性干旱荒漠等生态区域。总面积约225万平方公里，涉及西藏自治区、青海省及云南省迪庆州、四川省甘孜州和阿坝州、甘肃省甘南州。

重点发展方向是依托青藏高原高大山脉、江河源区、高寒草原大体量自然生态资源和神秘多姿的人文生态资源，打造具有高原生态观光与休闲、户外运动、文化生态体验、冰川科考、峡谷探险等特色的生态旅游片区。加强基础设施、旅游公共服务设施和生态环保设施建设，强化生态补偿。促进生态旅游业对特色农牧业及其加工业的融合带动作用。

## 五、长江上中游生态旅游片区

本片区包括武陵—雪峰山与滇中北山地森林，湘赣丘陵山地森林，黔中部喀斯特森林，长江中游平原湿地与农业植被，三峡水库等生态区域。总面积约145万平方公里，涉及江西省、湖北省、湖南省、重庆市、四川省（不包含阿坝州、甘孜州）、贵州省和云南省（不包含迪庆州）。

重点发展方向是依托大江大河、湖泊湿地、山地森林、特色地貌景观及苗族、彝族、侗族、哈尼族、傣族等少数民族生态旅游资源，打造具有长江及其支流观光、喀斯特与丹霞地貌观光、亚热带森林观光、山岳与湖泊休闲避暑度假、长江流域民俗体验等特色的生态旅游片区。推动罗霄山区、秦巴山区、武陵山区、乌蒙山区等区域的生态旅游扶贫。利用长江经济带区域发展战略机遇，推动长江流域生态旅游协同发展，建设长江黄金旅游带。

## 六、东部平原丘陵生态旅游片区

本片区包括浙闽山地丘陵森林，天目山—怀玉山山地森林，长江三角洲湿地与城郊森林等生态区域。总面积约47万平方公里，涉及上海市、江苏省、浙江省、安徽省和福建省。

重点发展方向是依托江河、湖泊、山岳、湿地、滨海等生态旅游资源，打造世界自然遗产观赏、江南水乡人文生态体验、江河湖泊湿地观光、滨湖滨海休闲运动等特色的生态旅游片区。强化生态旅游土地利用空间管制，合理确定游客容量，加强跨区生态旅游公共服务体系建设。

### 七、珠江流域生态旅游片区

本片区包括桂粤山地丘陵森林，桂粤南部热带季雨林与雨林，珠江三角洲丘陵森林与农业植被等生态区域。总面积约42万平方公里，涉及广东省和广西壮族自治区。

重点发展方向是依托喀斯特地貌资源、岭南山岳资源、江河湖泊资源、温泉资源和壮族、苗族、瑶族等少数民族人文生态资源，利用毗邻港澳、东南亚的区位优势，打造具有山水观光、湖泊山岳休闲度假、健康养生、中越边关探秘、人文生态体验等特色的生态旅游片区。探索建立珠江上下游地区生态补偿机制，强化规划管控，防止生态旅游资源过度开发。加强与东盟生态旅游合作，构建中越边关生态旅游廊道。

### 八、海洋海岛生态旅游片区

本片区位于我国东部与南部，涵盖我国领海及管辖海域、海岛（含海南岛），包括渤海、黄海、东海、南海等，拥有红树林、珊瑚礁、海草床等多种典型海洋生态系统及大于500平方米的岛屿6900多个，总面积约476万平方公里。

重点发展方向是依托丰富的海洋海岛资源和海上丝绸之路文化资源，打造具有海上观光、海上运动、滨海休闲度假、热带动植物观光等特色的海洋海岛生态旅游片区。积极推进海南国际旅游岛、平潭国际旅游岛建设，推动三沙生态旅游发展。建设国际邮轮港，开辟东盟海上邮轮航线，打造东南亚生态旅游合作区。

## 第四章 重点任务

依据生态旅游资源、交通干线和节点城市分布，在八大生态旅游片区基础上，以重要生态功能区为单元，培育20个生态旅游协作区，遴选一批有代表性的生态旅游目的地，通过提升基础设施和公共服务水平，建设200个重点生态旅游目的地，按照生态要素的线性分布和旅游线路组织的基本原则，形成50条跨省和省域精品生态旅游线路，适应日益兴起的自驾车和房车旅游，结合国家整体路网布局，打造25条国家生态风景道，形成点线面相结合、适应多样化需求的生态旅游发展格局。

### 一、培育20个生态旅游协作区

按照国家区域发展总体战略，以跨省域大山、大江、大河区域生态资源为基础，选择旅游资源富集、品牌优势显著、交通基础条件较好的区域，突破行政区划限制，建立合作框架和机制，加强区域合作和资源共享，实现错位发展、集群发展。生态旅游协作区要加强旅游标准、管理和服务对接，加强重点景区与高速公路、高等级公路连接线建设，形成以铁路、公路和航空相结合的旅游立体交通系统，实现跨区域联动发展，进一步推进国家生态旅游示范区建设，依托国家重点生态工程，加强生态建设和环境保护，带动区域经济社会发展和生态文明建设。

——燕山太行山生态旅游协作区：重点发展山水休闲游、康体健身游、自然探险游、生态科普游等产品。结合京津等周边城市消费趋势，重点推出适合自驾、生态休闲游的短期旅游线路，构建自驾车房车营地体系。加强冀、晋、蒙三省区旅游合作和资源共享。

——环渤海生态旅游协作区：重点发展滨海度假旅游、海洋休闲旅游和海岛生态旅游，培育邮轮、游船、游艇及相关海洋休闲产业。开发环渤海滨海生态休闲度假旅游带，在旅游线路组织、旅游集散体系建设等方面强化合作，逐步建立互送客源、互为旅游目的地的合作机制。

——陕蒙晋豫黄河大峡谷生态旅游协作区：大力发展黄河水域观光、黄河峡谷探险、民族风情体验、沙漠观光探险等产品，深入挖掘天下黄河的文化内涵，塑造黄河风情旅游品牌和总体形象。加强沿黄河旅游基础设施和公共服务体系的衔接，建立客源共享机制，联手整治旅游市场秩序，合力打造体现华夏文明、凸显黄河生态的旅游精品线路。

——大小兴安岭生态旅游协作区：重点发展森林避暑、草原旅游、养生度假、冰雪旅游、边境旅游、民俗体验等产品，组建大小兴安岭旅游联盟，加强区域旅游通道建设，共同开发精品旅游线路，联合打造森林生态旅游特色品牌。

——长白山图们江生态旅游协作区：重点发展边境生态观光、山地度假、森林生态旅游、冰雪旅游、温泉养生和朝鲜族民俗体验等产品，形成鸭绿江-长白山-图们江边境生态旅游带，推进与周边国家旅游合作，实现东北亚地区生态旅游联动发展。

——浙皖闽赣生态旅游协作区：重点发展遗产观光、山地休闲、湖泊度假、科普教育等产品，加强黄山、庐山、九华山、三清山、江郎山、武夷山、龙虎山、泰宁等世界遗产地的深度协作，加快皖南国际文化旅游示范区建设，推进公共服务设施区域一体化，搭建区域联合营销与市场共享平台。

——罗霄山生态旅游协作区：重点发展自然生态观光、山地养生度假、乡村休闲等产品，支持基础设施和生态保护工程建设，加强历史遗址保护和生态旅游品牌宣传推广，推动生态旅游与红色旅游、文化旅游融合发展，促进跨省协作。

——大巴山生态旅游协作区：重点发展山岳生态观光、避暑度假、乡村休闲等产品。创新旅游资源开发模式和旅游产业扶贫机制。加强省际旅游线路连接和区域合作，增强旅游产业整体活力和综合实力。

——大别山生态旅游协作区：重点发展森林休闲度假、科考探险、康体健身、研学旅行等产品，有序推进大别山区旅游精准扶贫，建立区域旅游扶贫成果共享机制，有效带动农户就业增收。建设大别山旅游环线公路，探索建立大别山旅游公共服务平台。

——武陵山生态旅游协作区：重点发展休闲度假养生、康体健身旅游、科普旅游、乡村休闲等产品，加强宜昌市、恩施土家族苗族自治州、张家界市、湘西土家族苗族自治州、铜仁市、渝东南等地区的合作。

——长江中游生态旅游协作区：重点发展水上旅游、自驾车、低空旅游等产品，推动生态旅游与文化旅游、红色旅游融合发展。发挥长江黄金水道和高铁优势，共同打造长江旅游线路和国内外知名旅游品牌。推动区域一体、水陆联动发展，探索生态旅游联合发展模式。

——乌蒙山生态旅游协作区：重点发展自然遗产欣赏、山水观光、乡村生态休闲、人文生态体验等产品，促进生态旅游与民族文化旅游融合发展，加强乌蒙山区域省州市之间互联互通，提升城市、景区和口岸的交通条件，形成以高等级公路为主体的快速旅游通道。

——滇桂黔喀斯特山水生态旅游协作区：重点发展喀斯特山水观光、森林旅游、养生休闲、边关览胜、民族文化体验等产品。探索特色文化与生态旅游融合发展新路径，发展地方特色旅游商品，加大旅游脱贫攻坚力度，加强区域内交通基础设施衔接，形成优势互补的协作发展格局。

——北部湾生态旅游协作区：重点发展滨海度假、滨水旅游、海洋科普、民俗文化体验等产品，完善北海、钦州、防城港城市旅游配套服务设施，建设邮轮游艇码头，加强北部湾与国内其他滨海旅游城市、东南亚滨海国家的旅游合作。

——西江生态旅游协作区：重点发展喀斯特地貌与亚热带动植物观光、湖泊生态休闲、生态养生等产品，培育一批具有区域影响力的特色景点和精品生态旅游线路。推进桂林国际旅游胜地建设，规范巴马长寿养生旅游发展，推动设立崇左中越国际旅游合作区。

——青甘川三江源区生态旅游协作区：重点发展江河源头生态观光、户外特种旅游、民族文化体验、高原休闲等产品，在严格保护的基础上，改善内外部交通，完善旅游配套设施，挖掘生态保护价值、自然景观展示价值、历史文化原真价值，共同推广"三江之源，中华水塔"品牌形象。

——祁连山生态旅游协作区：重点发展山地冰川观光、休闲度假、探险运动和民族风情体验等产品，突出特色旅游城镇建设，破解交通瓶颈，完善沿线旅游服务功能，加强甘肃、青海两省祁连山旅游资源整体开发，建立利益共享、风险共担的联合开发机制。

——昆仑山生态旅游协作区：重点发展自然风貌观光、户外特种旅游、民俗与宗教文化体验、科普教育等产品，体现"万山之祖"的文化内涵，实现昆仑山旅游设施共享、线路联动、协同发展。

——大香格里拉生态旅游协作区：重点发展高原生态观光、科考探险、康体健身、文化体验等产品，建立务实高效的区域旅游合作机制，加强旅游通道对接，强化安全应急救援，完善旅游公共服务设施，不断扩大和提升"大香格里拉"品牌形象。

——贺兰山生态旅游协作区：重点发展生态休闲、避暑度假、岩画欣赏、葡萄酒文化体验等产品，打造环贺兰山黄金旅游圈和葡萄酒文化长廊，推进贺兰山区域旅游公共服务设施标准化建设，打造统一的服务标准、服务标识和票务系统平台。

## 二、建设200个重点生态旅游目的地

依托各类国家级自然保护地，按照向贫困地区、生态脆弱区和生态屏障区倾斜的原则，考虑资源禀赋、交通可达性、开发潜力、示范带动性等因素，在全国范围内遴选出200个重点生态旅游目的地（专栏一），坚持保护优先，高水平规划，高标准建设，加大支持力度，提升公共服务水平，打造受国内外游客欢迎的生态旅游品牌。

### 专栏1　重点生态旅游目的地

1. 东北平原漫岗生态旅游片区：呼伦贝尔草原、兴安盟阿尔山、额尔古纳湿地、克什克腾草原、阿鲁科尔沁草原、大青沟、鸭绿江、辽河口、本溪水洞、金石滩—老虎滩、双台河、棋盘山、旅顺口、长白山、松花湖、查干湖、辉南龙湾群、向海、高句丽、防川、五女峰、五大连池、汤旺河、镜泊湖、亚布力、大兴安岭、乌苏里江、绥芬河。

2. 黄河中下游生态旅游片区：灵山—百花山、密云云蒙山、盘山、大黄堡、辽河源、白洋淀、坝上草原、崇礼—赤城、衡水湖、京西百渡（涞易涞）、雾灵山、五台山、太行山大峡谷、绵山、蟒河、庞泉沟、王莽岭、五老峰、恒山、沁河源、沂蒙山、蓬莱、崂山、微山湖、黄河三角洲、南太行山—云台山、桐柏山、黄河小浪底、老君山—鸡冠洞、伏牛山、豫西大峡谷、丹江、黄河故道、金丝峡、黄龙山、丹江源、秦岭太白山、壶口瀑布、瀛湖、南宫山、黄河大峡谷、华山。

3. 北方荒漠与草原生态旅游片区：腾格里沙漠、巴丹吉林沙漠、额济纳胡杨林、锡林郭勒草原、鸣沙山月牙泉、麦积山、敦煌雅丹、张掖丹霞、平凉崆峒山、六盘山、沙坡头、贺兰山、青铜峡、沙湖、苏峪口、哈巴湖、天山、喀纳斯湖、巴音布鲁克、博斯腾湖、塔河源、白沙湖、可可托海、吐鲁番火焰山。

4. 青藏高原生态旅游片区：九寨沟—黄龙、稻城亚丁、二郎山—海螺沟、香格里拉、雅鲁藏布江、纳木错、林芝鲁郎、珠穆朗玛峰、羊八井、巴松错、昆仑山—可可西里、青海湖、祁连山、年保玉则、德令哈、冶力关、玛曲。

5. 长江上中游生态旅游片区：三清山、井冈山、婺源、鄱阳湖湿地、武功山、庐山、神农架、武当—太极湖、恩施大峡谷、丹江口、张家界、洞庭湖、莽山、崀山、大围山、长江三峡、武隆喀斯特、四面山、金佛山、黔江、蜀南竹海、大峨眉山、光雾山—诺水河、泸沽湖、大渡河峡谷、黄果树、荔波、龙宫、百里杜鹃、梵净山、赤水、雷公山、马岭河—万峰山、哈尼梯田、西双版纳、石林、玉龙雪山、腾冲、怒江大峡谷、苍山洱海。

6. 东部平原丘陵生态旅游片区：崇明岛、淀山湖、姜堰溱湖、太湖、洪泽湖、天目湖、虞山尚湖、千岛湖、天目山、钱江源、神仙居、江郎山、雁荡山、黄山、天堂寨、天柱山、九华山、巢湖、花亭湖、大金湖、湄洲岛、武夷山、泰宁、清源山、屏南白水洋、鼓岭、东山岛。

7. 珠江流域生态旅游片区：南澳岛、南岭、丹霞山、鼎湖山、珠江口、桂林漓江、巴马、北部湾、大德天、姑婆山、乐业—凤山、龙脊梯田。

8. 海洋海岛生态旅游片区：长山群岛、舟山群岛、庙岛群岛、芝罘岛群、海陵岛、平潭岛、三沙、大洲岛、五指山、东寨港红树林。

### 三、形成50条精品生态旅游线路

以线形生态要素为主轴，突破行政区划限制，强化生态旅游目的地之间的连接，整合区域资源，依托品牌生态旅游景区和主要交通干线，串联旅游节点，连点成线、串景成廊，发挥沿线生态旅游资源的整体优势，构建跨省、省域共50条生态旅游线路（专栏二）。

围绕精品生态旅游线路，统一布局生态旅游公共服务设施，在品牌培育、宣传推广、人才培养等方面强化合作，实现优势互补、互利共赢，促进与文化旅游、乡村旅游等融合，形成各具特色的生态旅游线路品牌，打造旅游消费新热点，增强对沿线地区的辐射带动作用。

---

**专栏2　跨省、省域生态旅游线路**

1. 跨省生态旅游线路：燕山长城生态旅游线路、太行山山水生态旅游线路、京杭大运河生态旅游线路、环渤海滨海生态旅游线路、黄河中下游华夏文明生态旅游线路、东北边境生态旅游线路、大别山生态旅游线路、武陵山山水民俗旅游线路、长江三峡生态旅游线路、秦巴山地生态旅游线路、滇黔桂喀斯特山水民俗生态旅游线路、大香格里拉生态旅游线路、西北丝路文化生态旅游线路、黄河上游草原风情生态旅游线路、祁连雪山冰川观光探险生态旅游线路、南水北调中线文化生态旅游线路、海上丝路生态旅游线路、南中国海生态旅游线路、长征沿线生态旅游线路、北纬30度世界遗产生态旅游线路。

2. 省域生态旅游线路：河北坝上草原生态旅游线路、中国冷极主题生态旅游线路、内蒙古大草原生态旅游线路、浙东沿海海洋海岛生态旅游线路、黄山山脉生态旅游线路、清新福建山水生态旅游线路、山东仙境海岸海岛生态旅游线路、山东黄河入海生态旅游线路、环鄱阳湖生态旅游线路、神农架生态旅游线路、神秘湘西生态旅游线路、桂东北山水生态旅游线路、世界长寿之乡休闲养生生态旅游线路、中越边关探秘生态旅游线路、海南热带风情岛生态旅游线路、三沙海洋海岛生态旅游线路、渝东南山水生态旅游线路、川东自然山水生态旅游线路、川西大九寨生态旅游线路、贵州避暑度假生态线路、云南怒江大峡谷地质生态旅游线路、云南茶马古道生态旅游线路、西藏318西线生态旅游线路、珠峰生态旅游线路、大漠雅丹探奇生态旅游线路、青海可可西里科考生态旅游线路、青海昆仑溯源生态旅游线路、三江源源头科考生态旅游线路、新疆天山丝路北道生态旅游线路、帕米尔高原生态旅游线路。

## 四、打造25条国家生态风景道

依托国家交通总体布局，按照景观优美、体验性强、距离适度、带动性大等要求，以国道、省道为基础，加强各类生态旅游资源的有机衔接，打造25条国家生态风景道（专栏三）。

按照主题化、精品化原则，加强生态风景道沿线资源环境保护，营造景观空间，建设游憩服务设施，完善安全救援体系，优化交通管理，实现道路从单一的交通功能向交通、美学、游憩和保护等复合功能的转变。

### 专栏3　国家生态风景道

1. 太行山风景道（河北石家庄、邢台、邯郸—河南安阳、新乡、焦作—山西晋城、长治）

2. 大兴安岭风景道（内蒙古阿尔山、呼伦贝尔—黑龙江加格达奇、漠河）

3. 黄土高原风景道（内蒙古鄂尔多斯—陕西榆林、延安、铜川、西安）

4. 贺兰山六盘山风景道（内蒙古和宁夏贺兰山、月亮湖、沙坡头、六盘山）

5. 东北边境风景道（辽宁丹东—吉林集安、长白山、延吉、珲春—黑龙江绥芬河）

6. 东北林海雪原风景道（吉林省吉林市、敦化—黑龙江牡丹江、鸡西）

7. 东南沿海风景道（上海—浙江杭州、宁波、台州、温州—福建福州、厦门—广东汕头、深圳）

8. 大运河风景道（浙江宁波、绍兴、杭州、湖州、嘉兴—江苏苏州、无锡、常州、镇江、扬州、淮安、宿迁）

9. 华东世界遗产风景道（安徽九华山、黄山—浙江开化钱江源、江郎山—江西上饶—福建武夷山、屏南白水洋）

10. 大别山风景道（湖北大悟、红安、麻城、罗田、英山—安徽岳西、霍山、六安）

11. 沿武陵山风景道（湖北神农架、恩施—湖南湘西—贵州铜仁、遵义、黔东南）

12. 罗霄山南岭风景道（湖南株洲—江西井冈山、赣州—广东韶关）

13. 海南环岛风景道（海南省海口、东方、三亚、琼海、海口）

14. 乌江风景道（重庆武隆、彭水、酉阳—贵州遵义、贵阳、铜仁）

15. 长江三峡风景道（重庆长寿—湖北神农架、宜昌）

16. 川藏公路风景道（四川成都、雅安、康定、巴塘—西藏林芝、拉萨）

17. 西江风景道（贵州兴义—广西百色、柳州、荔浦、梧州—广东封开、德庆、肇庆）

18. 滇桂粤边海风景道（云南富宁—广西靖西、崇左、钦州、北海—广东湛江）

19. 香格里拉风景道（云南丽江、迪庆—四川稻城—西藏昌都）

20. 滇川风景道（云南楚雄—四川攀枝花、凉山、雅安、乐山）

21. 大巴山风景道（陕西西安、安康—四川达州、广安—重庆）

22. 祁连山风景道（青海门源、祁连—甘肃民乐、张掖）

23. 青海三江源风景道（青海西宁市、海北州、海南州、果洛州玛多县、玉树市）

24. 天山世界遗产风景道（新疆霍城县、巩留县、新源县、特克斯县、和静县）

25. 中巴公路风景道（新疆喀什—塔什库尔干—红其拉甫口岸）

## 第五章 配套体系

### 一、资源保护体系

加强对生态旅游资源的分级分类保护。根据地文景观、生物景观、水文景观、气象气候景观、人文生态景观的不同特点制定相应保护措施，做好与相关规划的协调衔接，优化旅游项目的建设地点，合理确定建设规模。在自然保护区的核心区和缓冲区、风景名胜区的核心景区、重要自然生态系统严重退化的区域（如水土流失和石漠化脆弱区）、具有重要科学价值的自然遗迹和濒危物种分布区、水源地保护区等重要和敏感的生态区域，严守生态红线，禁止旅游项目开发和服务设施建设。

景区建设要因地制宜、方便简洁，鼓励采用节能、轻型、可回收利用的材料设备，实施绿色旅游引导工程，在旅游景区、宾馆饭店、民宿客栈等各类生态旅游企业开展绿色发展示范。落实生态旅游相关企业的环保责任，实施能源、水资源、建设用地总量和强度双控行动，完善市场调节、标准控制、考核监管和奖惩机制。

建立游客容量调控制度，科学合理确定游客承载量，重点生态旅游目的地特别是大江大河源头区、高山峡谷区、生态极度脆弱区等地区，按照《景区最大承载量核定导则》，严格限定游客数量、开放时段和活动规模，健全资源管理、环境监测等其他保护管理制度，严格评估游客活动对景区环境的影响，规范景区工作人员和游客行为。

## 二、公共服务体系

大力推进生态旅游交通服务设施建设，加快建设重点生态旅游目的地到中心城市、干线公路、机场、车站、码头的支线公路，以及重点生态旅游目的地间专线公路，构建重点生态旅游目的地与主干线之间的便捷交通网络体系，鼓励推行绿色交通，建立便捷的换乘系统。围绕精品生态旅游线路，支持有条件的地方依据相关规划，结合实际需要新建或改建一批支线机场，增加至主要客源地城市航线，实施交通配套服务工程。

依托重点生态旅游目的地、精品生态旅游线路和国家生态风景道，建设1000个自驾车、房车停靠式营地和综合型营地。鼓励生态旅游宣教中心、生态停车场、生态厕所、绿色饭店、生态绿道等生态设施建设。实施公共服务保障工程，支持重点生态旅游目的地游客聚集区域的旅游咨询中心建设，支持区域性的旅游应急救援基地、游客集散中心、集散分中心及集散点建设。健全旅游信息发布和安全警示功能，完善生态旅游保险体系和应急救援机制，提高突发事件应急处理能力。

### 三、环境教育体系

将生态旅游作为生态文明理念的传播途径，把生态旅游环境价值观和道德观教育纳入社会主义精神文明建设体系，提升环境教育质量，培养生态旅游者尊重自然、顺应自然、保护自然的意识。

完善生态旅游环境教育载体，有序建设自导式教育体系和向导式教育体系。加强解说牌、专题折页、路边展示、解说步道、体验设施、小型教育场馆、新媒体等载体建设，强化从业人员岗前培训和技能培训，提高解说水平和活动策划能力，开展形式多样的环境教育活动，编写具有地方特色的解说词，鼓励提供多语种服务，满足国际游客需求，提高环境教育的科学性、体验性和实用性。

推进环境教育社会参与。实施环境教育示范工程，鼓励企业、公益机构等在重点生态旅游目的地建设环境教育基地。鼓励通过志愿者服务等公益性活动推动环境教育。支持结合当地社区发展开发乡土环境教育教材，开设自然学校，为中小学生提供认知自然的第二课堂。通过开展生态教育，加深游客环境认知，提高环境保护意识。

### 四、社区参与体系

完善生态旅游社区参与机制，细化社区参与主体、途径、方式、程序和保障，明确外来企业在生态旅游发展过程中对当地生态环境和社区居民的责任，企业收益以一定形式返还当地居民。景区内经营性设施的特许经营，在同等条件下优先考虑当地居民和企业，聘用管护人员等职工时，在同等条件下优先安排当地居民。支持社区居民组织利益共同体，建立投资风险共担、投资收益共享的良性发展机制。

重视生态旅游的扶贫带动作用，依托乡村旅游富民工程，探索符合地方实际的生态旅游扶贫模式。大力发展生态旅游职业教育，提升社区居民素质和从业技能，增强参与生态旅游发展的能力，重点在生态环境建设、生态资源保护、生态解说与环境教育、生态旅游开发运营等环节扩大就业。

## 五、营销推广体系

塑造全国生态旅游整体形象，推出国家生态旅游形象宣传口号、宣传片和形象标识，鼓励各地进行独具地域特色的生态旅游形象。完善品牌管理体系，促进中国生态旅游国际知名度和美誉度的提升。

加强生态旅游市场的差别化营销推广，着力开发京津冀、长三角、珠三角等国内生态旅游主体市场，适度开发东部中小城市、中西部城市群、中东部经济发展较快的农村等国内生态旅游新兴市场。培育生态旅游市场，引导开发野生动植物观光、生态养生、户外探险、深海体验等生态旅游，积极发展入境旅游，加强市场秩序维护和舆论监督。

## 六、科技创新体系

推广有助于生态旅游发展的先进技术，加强虚拟现实技术等新技术在生态旅游中的应用，探索重要和敏感的生态区域的虚拟现实技术展现，优化旅游体验。促进移动互联网与生态旅游融合，通过移动终端、门户网站、计算机应用程序促进旅游供给与需求的有效对接，提升生态旅游产品服务质量。

把生态旅游装备纳入相关行业发展规划，制定完善安全性技术标准体系，支持企业开展生态旅游装备自主研发，按规定享受国家鼓励科技创新政策，鼓励企业自建或与高校院所联合共建生态旅游创新研发平台。

加强生态旅游基础理论研究，指导发展实践。探索建立生态旅游产业统计体系，明确生态旅游统计指标口径和测算方法。建立全国生态旅游数据库，及时掌握生态旅游市场、生态旅游影响等相关数据。

**专栏4　生态旅游配套体系重大工程**

1. 资源保护利用工程：支持国家级风景名胜区、国家级自然保护区、国家森林公园、国家地质公园、世界文化自然遗产地等重要生态旅游资源的保护监测、展示利用以及道路、水电等配套基础设施建设。

2. 交通配套服务工程：完善生态旅游协作区、重点生态旅游目的地的交通服务体系，合理布局机场、铁路站点。加快太行山旅游快速通道、沿黄旅游快速通道、跨黄河旅游连接通道、环绕伏牛山、大别山、大长白山、中越边关的旅游快速通道建设。支持依托国家生态风景道的自驾车房车营地和依托精品生态旅游线路的油轮码头建设。合理规划公共旅游和私人游艇码头，建成一批游艇码头和游艇泊位。

3. 公共服务保障工程：支持重点生态旅游目的地所在城市机场、火车站、汽车站、码头、高速公路服务区、商业集中区等游客聚集区域的旅游咨询中心建设；支持区域性的旅游应急救援基地、游客集散中心、集散分中心及集散点建设。

4. 重点景区建设工程：支持重点生态旅游目的地到交通干线的连接路，景区内的道路、步行道、停车场、厕所、供水供电设施、垃圾污水处理设施、消防设施、安全监控设施、解说教育系统、应急救援设施、游客信息服务设施以及环境整治等。

5. 乡村旅游富民工程：支持乡村旅游富民工程重点村的道路、步行道、停车场、厕所、农副土特产销售中心、供水供电设施、垃圾污水处理设施、消防设施以及环境整治等建设。对乡村旅游扶贫重点村的农家乐等，重点支持实施"三改一整"工程（即改厨、改厕、改房间、修整院落）项目。

6. 绿色旅游引导工程：支持旅游景区、宾馆饭店、民宿客栈等各类生态旅游企业开展绿色发展示范，通过节水节电、绿色低碳升级改造项目等，引导生态旅游绿色化、低碳化发展。

> 7. 环境教育示范工程：开展"千名环境友好旅游者"活动。鼓励企业、公益机构等在重点生态旅游目的地建设环境教育基地。
> 8. 人才队伍建设工程：实施"研究型英才""创新创业型英才""实践服务型英才""双师型英才""旅游企业拔尖骨干管理英才""技术技能工作室"等旅游人才建设项目，遴选培养2000名以上生态旅游专门人才。

## 第六章 实施保障

### 一、加强组织领导

国家发展改革委、国家旅游局要强化部门合作，加强对生态旅游发展重大问题的指导。国家旅游局要做好重点生态旅游协作区的统筹协调。各有关部门要按照职责分工落实好相关工作，加强生态旅游发展规划与生态保护、资源管理、交通运输等相关规划的有效衔接。各级政府要加强领导、统筹兼顾、落实责任，进一步完善工作协调机制。地方发展改革和旅游部门要加强沟通协调、科学规划、突出重点，细化分解各项任务，推动生态旅游的资源保护、社区参与、设施建设和区域合作等。要建立健全规划评估机制，及时总结规划落实情况。

### 二、加大政策扶持

各级人民政府要加大对生态旅游发展的投入。中央预算内投资要重点向生态旅游协作区、重点生态旅游目的地、精品生态旅游线路、国家生态风景道等相关项目倾斜。安排旅游基础设施专项建设基金项目时要加大对生态旅游项目的支持。鼓励有条件的地方政府设立生态旅游专项扶持资金，引导银行业金融机构针对社区经营特点和融资需求特征，创新产品和服务。发挥政府融资性担保机构和再担保机构作用，完善风险分担机制。鼓励风险投资、创业投资等支持社区生态旅游项目。推动多渠道股权融资，利用新型金融机构和融资服务机构，促进社区创业。支持企业通过政府和社会资本合作模式投资、建设、运营生态旅游项目。

### 三、加强协调合作

加强各地政府之间沟通协调，鼓励生态旅游协作区相关省（区、市）加强区域合作，建立多层级、多形式的沟通机制，协调解决区域生态旅游发展重大问题，合作举办联合宣传、协同推广等重要活动，探索建立生态旅游目的地多元化生态补偿机制，推进生态旅游协作区区际、区内的横向补偿。加强中央、地方各级政府的上下联动，支持经济欠发达地区生态旅游设施建设，加大在生态旅游产品设计、宣传推广、人才培养等方面的帮扶力度。加强与国际组织、旅游院校、旅游企业合作，跟踪生态旅游国际前沿研究，重视成果推广转化，建立科研教学、培训实践合作平台，联合开展科学研究。积极参与生态旅游国际标准规范的制定，扩大影响力。

### 四、强化人才保障

突出培养创新型科技人才，重视培养领军人才和复合型人才，大力开发生态旅游发展重点领域急需紧缺专门人才，支持引导生态、生物、地质、环保、林学等相关专业开设生态旅游课程，与旅游专业联合培养生态向导、专业解说等各类适用人才。统筹抓好企业经营管理人才、专业技术人才等人才队伍建设，营造充满活力、富有效率、更加开放的创业就业环境。鼓励重点生态旅游目的地建立专家咨询委员会，加强规划开发、产品设计等方面的专业指导。

附表 我国自然保护地基本情况

| 类型 | 总数量（个） | 国家级数量（个） | 第一批建立时间 |
|---|---|---|---|
| 自然保护区 | 2740 | 446 | 1956 |
| 风景名胜区 | 962 | 225 | 1982 |
| 森林公园 | 3234 | 826 | 1982 |
| 地质公园 | 485 | 240 | 2001 |
| 湿地公园 | 979 | 705*（含试点） | 2005* |
| 水利风景区 | 2500 | 719 | 2001 |
| 沙漠公园 | 55 | 55*（含试点） | 2013 |
| 海洋公园 | 33 | 33 | 2011 |

（注：数量截止2016年6月；*705处国家湿地公园中，52处为正式授予，其余为试点；*55处国家沙漠公园中，9处为正式授予）

# 国家发展改革委关于加快美丽特色小（城）镇建设的指导意见

发改规划〔2016〕2125号

各省、自治区、直辖市、计划单列市发展改革委，新疆生产建设兵团发展改革委：

特色小（城）镇包括特色小镇、小城镇两种形态。特色小镇主要指聚焦特色产业和新兴产业，集聚发展要素，不同于行政建制镇和产业园区的创新创业平台。特色小城镇是指以传统行政区划为单元，特色产业鲜明、具有一定人口和经济规模的建制镇。特色小镇和小城镇相得益彰、互为支撑。发展美丽特色小（城）镇是推进供给侧结构性改革的重要平台，是深入推进新型城镇化的重要抓手，有利于推动经济转型升级和发展动能转换，有利于促进大中小城市和小城镇协调发展，有利于充分发挥城镇化对新农村建设的辐射带动作用。为深入贯彻落实习近平总书记、李克强总理等党中央、国务院领导同志关于特色小镇、小城镇建设的重要批示指示精神，现就加快美丽特色小（城）镇建设提出如下意见。

## 一、总体要求

全面贯彻党的十八大和十八届三中、四中、五中全会精神，深入学习贯彻习近平总书记系列重要讲话精神，牢固树立和贯彻落实创新、协调、绿色、开放、共享的发展理念，按照党中央、国务院的部署，深入推进供给侧结构性改革,以人为本、因地制宜、突出特色、创新机制,夯实城镇产业基础,完善城镇服务功能,优化城镇生态环境,提升城镇发展品质,建设美丽特色新型小(城)镇,有机对接美丽乡村建设,促进城乡发展一体化。

——坚持创新探索。创新美丽特色小(城)镇的思路、方法、机制,着力培育供给侧小镇经济,防止"新瓶装旧酒""穿新鞋走老路",努力走出一条特色鲜明、产城融合、惠及群众的新型小城镇之路。

——坚持因地制宜。从各地实际出发,遵循客观规律,挖掘特色优势,体现区域差异性,提倡形态多样性,彰显小(城)镇独特魅力,防止照搬照抄、"东施效颦"、一哄而上。

——坚持产业建镇。根据区域要素禀赋和比较优势,挖掘本地最有基础、最具潜力、最能成长的特色产业,做精做强主导特色产业,打造具有持续竞争力和可持续发展特征的独特产业生态,防止千镇一面。

——坚持以人为本。围绕人的城镇化,统筹生产、生活、生态空间布局,完善城镇功能,补齐城镇基础设施、公共服务、生态环境短板,打造宜居宜业环境,提高人民群众获得感和幸福感,防止形象工程。

——坚持市场主导。按照政府引导、企业主体、市场化运作的要求,创新建设模式、管理方式和服务手段,提高多元化主体共同推动美丽特色小(城)镇发展的积极性。发挥好政府制定规划政策、提供公共服务等作用,防止大包大揽。

## 二、分类施策,探索城镇发展新路径

总结推广浙江等地特色小镇发展模式,立足产业"特而强"、功能"聚而合"、形态"小而美"、机制"新而活",将创新性供给与个性化需求有效对接,打造创新创业发展平台和新型城镇化有效载体。

按照控制数量、提高质量,节约用地、体现特色的要求,推动小

（城）镇发展与疏解大城市中心城区功能相结合、与特色产业发展相结合、与服务"三农"相结合。大城市周边的重点镇，要加强与城市发展的统筹规划与功能配套，逐步发展成为卫星城。具有特色资源、区位优势的小城镇，要通过规划引导、市场运作，培育成为休闲旅游、商贸物流、智能制造、科技教育、民俗文化传承的专业特色镇。远离中心城市的小城镇，要完善基础设施和公共服务，发展成为服务农村、带动周边的综合性小城镇。

统筹地域、功能、特色三大重点，以镇区常住人口5万以上的特大镇、镇区常住人口3万以上的专业特色镇为重点，兼顾多类型多形态的特色小镇，因地制宜建设美丽特色小（城）镇。

### 三、突出特色，打造产业发展新平台

产业是小城镇发展的生命力，特色是产业发展的竞争力。要立足资源禀赋、区位环境、历史文化、产业集聚等特色，加快发展特色优势主导产业，延伸产业链、提升价值链，促进产业跨界融合发展，在差异定位和领域细分中构建小镇大产业，扩大就业，集聚人口，实现特色产业立镇、强镇、富镇。

有条件的小城镇特别是中心城市和都市圈周边的小城镇，要积极吸引高端要素集聚，发展先进制造业和现代服务业。鼓励外出农民工回乡创业定居。强化校企合作、产研融合、产教融合，积极依托职业院校、成人教育学院、继续教育学院等院校建设就业技能培训基地，培育特色产业发展所需各类人才。

### 四、创业创新，培育经济发展新动能

创新是小城镇持续健康发展的根本动力。要发挥小城镇创业创新成本低、进入门槛低、各项束缚少、生态环境好的优势，打造大众创业、万众

创新的有效平台和载体。鼓励特色小（城）镇发展面向大众、服务小微企业的低成本、便利化、开放式服务平台，构建富有活力的创业创新生态圈，集聚创业者、风投资本、孵化器等高端要素，促进产业链、创新链、人才链的耦合；依托互联网拓宽市场资源、社会需求与创业创新对接通道，推进专业空间、网络平台和企业内部众创，推动新技术、新产业、新业态蓬勃发展。

营造吸引各类人才、激发企业家活力的创新环境，为初创期、中小微企业和创业者提供便利、完善的"双创"服务；鼓励企业家构筑创新平台、集聚创新资源；深化投资便利化、商事仲裁、负面清单管理等改革创新，打造有利于创新创业的营商环境，推动形成一批集聚高端要素、新兴产业和现代服务业特色鲜明、富有活力和竞争力的新型小城镇。

## 五、完善功能，强化基础设施新支撑

便捷完善的基础设施是小城镇集聚产业的基础条件。要按照适度超前、综合配套、集约利用的原则，加强小城镇道路、供水、供电、通信、污水垃圾处理、物流等基础设施建设。建设高速通畅、质优价廉、服务便捷的宽带网络基础设施和服务设施，以人为本推动信息惠民，加强小城镇信息基础设施建设，加速光纤入户进程，建设智慧小镇。加强步行和自行车等慢行交通设施建设，做好慢行交通系统与公共交通系统的衔接。

强化城镇与交通干线、交通枢纽城市的连接，提高公路技术等级和通行能力，改善交通条件，提升服务水平。推进大城市市域（郊）铁路发展，形成多层次轨道交通骨干网络，高效衔接大中小城市和小城镇，促进互联互通。鼓励综合开发，形成集交通、商业、休闲等为一体的开放式小城镇功能区。推进公共停车场建设。鼓励建设开放式住宅小区，提升微循环能力。鼓励有条件的小城镇开发利用地下空间，提高土地利用效率。

### 六、提升质量，增加公共服务新供给

完善的公共服务特别是较高质量的教育医疗资源供给是增强小城镇人口集聚能力的重要因素。要推动公共服务从按行政等级配置向按常住人口规模配置转变，根据城镇常住人口增长趋势和空间分布，统筹布局建设学校、医疗卫生机构、文化体育场所等公共服务设施，大力提高教育卫生等公共服务的质量和水平，使群众在特色小（城）镇能够享受更有质量的教育、医疗等公共服务。要聚焦居民日常需求，提升社区服务功能，加快构建便捷"生活圈"、完善"服务圈"和繁荣"商业圈"。

镇区人口10万以上的特大镇要按同等城市标准配置教育和医疗资源，其他城镇要不断缩小与城市基本公共服务差距。实施医疗卫生服务能力提升计划，参照县级医院水平提高硬件设施和诊疗水平，鼓励在有条件的小城镇布局三级医院。大力提高教育质量，加快推进义务教育学校标准化建设，推动市县知名中小学和城镇中小学联合办学，扩大优质教育资源覆盖面。

### 七、绿色引领，建设美丽宜居新城镇

优美宜居的生态环境是人民群众对城镇生活的新期待。要牢固树立"绿水青山就是金山银山"的发展理念，保护城镇特色景观资源，加强环境综合整治，构建生态网络。深入开展大气污染、水污染、土壤污染防治行动，溯源倒逼、系统治理，带动城镇生态环境质量全面改善。有机协调城镇内外绿地、河湖、林地、耕地，推动生态保护与旅游发展互促共融、新型城镇化与旅游业有机结合，打造宜居、宜业、宜游的优美环境。鼓励有条件的小城镇按照不低于3A级景区的标准规划建设特色旅游景区，将美丽资源转化为"美丽经济"。

加强历史文化名城名镇名村、历史文化街区、民族风情小镇等的保护，保护独特风貌，挖掘文化内涵，彰显乡愁特色，建设有历史记忆、文

化脉络、地域风貌、民族特点的美丽小（城）镇。

## 八、主体多元，打造共建共享新模式

创新社会治理模式是建设美丽特色小（城）镇的重要内容。要统筹政府、社会、市民三大主体积极性，推动政府、社会、市民同心同向行动。充分发挥社会力量作用，最大限度激发市场主体活力和企业家创造力，鼓励企业、其他社会组织和市民积极参与城镇投资、建设、运营和管理，成为美丽特色小（城）镇建设的主力军。积极调动市民参与美丽特色小（城）镇建设热情，促进其致富增收，让发展成果惠及广大群众。逐步形成多方主体参与、良性互动的现代城镇治理模式。

政府主要负责提供美丽特色小（城）镇制度供给、设施配套、要素保障、生态环境保护、安全生产监管等管理和服务，营造更加公平、开放的市场环境，深化"放管服"改革，简化审批环节，减少行政干预。

## 九、城乡联动，拓展要素配置新通道

美丽特色小（城）镇是辐射带动新农村的重要载体。要统筹规划城乡基础设施网络，健全农村基础设施投入长效机制，促进水电路气信等基础设施城乡联网、生态环保设施城乡统一布局建设。推进城乡配电网建设改造，加快农村宽带网络和快递网络建设，以美丽特色小（城）镇为节点，推进农村电商发展和"快递下乡"。推动城镇公共服务向农村延伸，逐步实现城乡基本公共服务制度并轨、标准统一。

搭建农村一二三产业融合发展服务平台，推进农业与旅游、教育、文化、健康养老等产业深度融合，大力发展农业新型业态。依托优势资源，积极探索承接产业转移新模式，引导城镇资金、信息、人才、管理等要素向农村流动，推动城乡产业链双向延伸对接。促进城乡劳动力、土地、资本和创新要素高效配置。

## 十、创新机制，激发城镇发展新活力

释放美丽特色小（城）镇的内生动力关键要靠体制机制创新。要全面放开小城镇落户限制，全面落实居住证制度，不断拓展公共服务范围。积极盘活存量土地，建立低效用地再开发激励机制。建立健全进城落户农民农村土地承包权、宅基地使用权、集体收益分配权自愿有偿流转和退出机制。创新特色小（城）镇建设投融资机制，大力推进政府和社会资本合作，鼓励利用财政资金撬动社会资金，共同发起设立美丽特色小（城）镇建设基金。研究设立国家新型城镇化建设基金，倾斜支持美丽特色小（城）镇开发建设。鼓励开发银行、农业发展银行、农业银行和其他金融机构加大金融支持力度。鼓励有条件的小城镇通过发行债券等多种方式拓宽融资渠道。

按照"小政府、大服务"模式，推行大部门制，降低行政成本，提高行政效率。深入推进强镇扩权，赋予镇区人口10万以上的特大镇县级管理职能和权限，强化事权、财权、人事权和用地指标等保障。推动具备条件的特大镇有序设市。

各级发展改革部门要把加快建设美丽特色小（城）镇作为落实新型城镇化战略部署和推进供给侧结构性改革的重要抓手，坚持用改革的思路、创新的举措发挥统筹协调作用，借鉴浙江等地采取创建制培育特色小镇的经验，整合各方面力量，加强分类指导，结合地方实际研究出台配套政策，努力打造一批新兴产业集聚、传统产业升级、体制机制灵活、人文气息浓厚、生态环境优美的美丽特色小（城）镇。国家发展改革委将加强统筹协调，加大项目、资金、政策等的支持力度，及时总结推广各地典型经验，推动美丽特色小（城）镇持续健康发展。

国家发展改革委<br>
2016年10月8日

# 国家体育总局办公厅关于丰富节假日大型体育赛事活动的通知

体竞字〔2016〕93号

各省、自治区、直辖市、计划单列市、新疆生产建设兵团体育局，各运动项目整理中心，中国足球协会：

为促进居民消费扩大和升级，加快培育和发展体育产业，现就丰富节假日大型体育赛事活动提出以下意见，请各级体育行政主管部门、各单项体育协会积极支持、鼓励和配合在春节、"五一""十一"等节假日期间举办大型体育赛事活动，并给予相应的政策支持和业务指导：

## 一、继续举办节假日期间的传统大型体育赛事

各级体育行政主管部门、各单项体育协会、社会组织已经安排在春节、"五一""十一"等传统节假日举办的各类国内外大型专业性、职业性、商业性赛事和群众性赛事活动原则上不再变更比赛时间，仍安排在节假日期间举办。

## 二、增加节假日期间的大型体育赛事活动

（一）各级体育行政主管部门、各单项体育协会、社会组织新增举办的国内大型专业性、职业性、商业性和群众性赛事活动，要优先考虑将赛事活动安排在春节、"五一""十一"等传统节假日期间举办。

（二）各级体育行政主管部门、各单项体育协会、社会组织应结合国际体育组织制定的赛历和赛程，优先考虑申办在我国春节、"五一""十一"等传统节假日期间举办的国际性大型专业性、职业性和商业性赛事活动。

（三）各级体育行政主管部门、各单项体育协会应积极支持和鼓励各类社会组织和团体在春节、"五一""十一"等传统节假日举办商业性和群众性赛事活动，并给予相应的政策支持和业务指导。

### 三、适当调整职业联赛竞赛赛程

相关运动项目管理中心、中国足球协会应结合本项目职业联赛或俱乐部联赛的年度总体竞赛日程，优先考虑在春节、"五一""十一"等传统节假日期间安排部分场次比赛。

国家体育总局办公厅

2016年10月11日

# 国务院办公厅关于加快发展健身休闲产业的指导意见

**国办发〔2016〕77号**

各省、自治区、直辖市人民政府，国务院各部委、各直属机构：

健身休闲产业是体育产业的重要组成部分，是以体育运动为载体、以参与体验为主要形式、以促进身心健康为目的，向大众提供相关产品和服务的一系列经济活动，涵盖健身服务、设施建设、器材装备制造等业态。当前，我国已进入全面建成小康社会决胜阶段，人民群众多样化体育需求日益增长，消费方式逐渐从实物型消费向参与型消费转变，健身休闲产业面临重大发展机遇。但目前健身休闲产业总体规模不大、产业结构失衡，还存在有效供给不足、大众消费激发不够、基础设施建设滞后、器材装备制造落后、体制机制不活等问题。加快发展健身休闲产业是推动体育产业向纵深发展的强劲引擎，是增强人民体质、实现全民健身和全民健康深度融合的必然要求，是建设"健康中国"的重要内容，对挖掘和释放消费潜力、保障和改善民生、培育新的经济增长点、增强经济增长新动能具有重要意义。为加快健身休闲产业发展，经国务院同意，现提出以下意见。

## 一、总体要求

（一）指导思想。全面贯彻党的十八大和十八届三中、四中、五中全会精神，按照"四个全面"战略布局，牢固树立和贯彻落实创新、协调、绿色、开放、共享的发展理念，认真落实党中央、国务院决策部署，推进健身休闲产业供给侧结构性改革，提高健身休闲产业发展质量和效益，培育壮大各类市场主体，丰富产品和服务供给，推动健身休闲产业全面健康可持续发展，不断满足大众多层次多样化的健身休闲需求，提升幸福感和获得感，为经济发展新常态下扩大消费需求、拉动经济增长、转变发展方式提供有力支撑和持续动力。

（二）基本原则。市场主导，创新驱动。充分发挥市场在资源配置中的决定性作用，引导各类市场主体在组织管理、建设运营、研发生产等环节创新理念和模式，提高服务质量，更好满足消费升级的需要。转变职能，优化环境。大力推进简政放权、放管结合、优化服务改革，着力破解社会资本投资健身休闲产业的"玻璃门""弹簧门""旋转门"等问题；加强统筹规划、政策支持、标准引导，改善消费环境，培养健康消费理念，使各类群体有意愿、有条件参与健身休闲。

分类推进，融合发展。分层分类、区别对待，保障大众基本健身休闲需求，促进健身休闲产业多元化发展；遵循产业发展规律，立足全局，促进产业各门类全面发展，统筹协调健身休闲产业与全民健身事业，推进健身休闲与旅游、健康等产业融合互动。

重点突破，力求实效。围绕"一带一路"建设、京津冀协同发展、长江经济带发展三大战略，结合新型城镇化建设、社会主义新农村建设、精准扶贫、棚户区改造等国家重大部署，以健身休闲重点运动项目和产业示范基地等为依托，发挥其辐射和带动效应，促进区域经济发展和民生改善。

（三）发展目标。到2025年，基本形成布局合理、功能完善、门类齐全的健身休闲产业发展格局，市场机制日益完善，消费需求愈加旺盛，产业环境不断优化，产业结构日趋合理，产品和服务供给更加丰富，服务质量和水平明显提高，同其他产业融合发展更为紧密，健身休闲产业总规模达到3万亿元。

## 二、完善健身休闲服务体系

（四）普及日常健身。推广适合公众广泛参与的健身休闲项目，加快发展足球、篮球、排球、乒乓球、羽毛球、网球、游泳、徒步、路跑、骑行、棋牌、台球、钓鱼、体育舞蹈、广场舞等普及性广、关注度高、市场空间大的运动项目，保障公共服务供给，引导多方参与。

（五）发展户外运动。制定健身休闲重点运动项目目录，以户外运动为重点，研究制定系列规划，支持具有消费引领性的健身休闲项目发展。

——冰雪运动。以举办2022年冬奥会为契机，围绕"三亿人参与冰雪运动"的发展目标，以东北、华北、西北为带动，以大众滑雪、滑冰、冰球等为重点，深入实施"南展西扩"，推动冰雪运动设施建设，全面提升冰雪运动普及程度和产业发展水平。

——山地户外运动。推广登山、攀岩、徒步、露营、拓展等山地户外运动项目，推动山地户外运动场地设施体系建设，形成"三纵三横"（太行山及京杭大运河、西安至成都、青藏公路、丝绸之路、318国道、长江沿线）山地户外运动布局，完善山地户外运动赛事活动组织体系，加强户外运动指导员队伍建设，完善山地户外运动安全和应急救援体系。

——水上运动。推动公共船艇码头建设和俱乐部发展，积极发展帆船、赛艇、皮划艇、摩托艇、潜水、滑水、漂流等水上健身休闲项目，实施水上运动精品赛事提升计划，依托水域资源，推动形成"两江两海"（长江、珠江、渤海、东海）水上运动产业集聚区。

——汽车摩托车运动。推动汽车露营营地和中小型赛车场建设，利用自然人文特色资源，举办拉力赛、越野赛、集结赛等赛事，组织家庭露营、青少年营地、主题自驾等活动，不断完善赛事活动组织体系，打造"三圈三线"（京津冀、长三角、泛珠三角、北京至深圳、北京至乌鲁木齐、南宁至拉萨）自驾路线和营地网络。

——航空运动。整合航空资源，深化管理改革，合理布局"200公里航空体育飞行圈"，推动航空飞行营地和俱乐部发展，推广运动飞机、热气球、滑翔、飞机跳伞、轻小型无人驾驶航空器、航空模型等航空运动项目，构建以大众消费为核心的航空体育产品和服务供给体系。

（六）发展特色运动。推动极限运动、电子竞技、击剑、马术、高尔夫等时尚运动项目健康发展，培育相关专业培训市场。发展武术、龙舟、舞龙舞狮等民族民间健身休闲项目，传承推广民族传统体育项目，加强体育类非物质文化遗产的保护和发展。加强对相关体育创意活动的扶持，鼓励举办以时尚运动为主题的群众性活动。

（七）促进产业互动融合。大力发展体育旅游，制定体育旅游发展纲要，实施体育旅游精品示范工程，编制国家体育旅游重点项目名录。支持和引导有条件的旅游景区拓展体育旅游项目，鼓励国内旅行社结合健身休闲项目和体育赛事活动设计开发旅游产品和路线。推动"体医结合"，加强科学健身指导，积极推广覆盖全生命周期的运动健康服务，发展运动医学和康复医学，发挥中医药在运动康复等方面的特色作用。促进健身休闲与文化、养老、教育、健康、农业、林业、水利、通用航空、交通运输等产业融合发展。

（八）推动"互联网+健身休闲"。鼓励开发以移动互联网、大数据、云计算技术为支撑的健身休闲服务，推动传统健身休闲企业由销售导向向服务导向转变，提升场馆预定、健身指导、运动分析、体质监测、交流互动、赛事参与等综合服务水平。积极推动健身休闲在线平台企业发展壮大，整合上下游企业资源，形成健身休闲产业新生态圈。

### 三、培育健身休闲市场主体

（九）支持健身休闲企业发展。鼓励具有自主品牌、创新能力和竞争实力的健身休闲骨干企业做大做强，通过管理输出、连锁经营等方式，进一步提升核心竞争力，延伸产业链和利润链，支持具备条件的企业"走出去"，培育一批具有国际竞争力和影响力的领军企业集团。支持企业实现垂直、细分、专业发展，鼓励各类中小微健身休闲企业、运动俱乐部向"专精特新"方向发展，强化特色经营、特色产品和特色服务。发挥多层次资本市场作用，支持符合条件的健身休闲企业上市，加大债券市场对健身休闲企业的支持力度。完善抵质押品登记制度，鼓励金融机构在风险可控的前提下拓宽对健身休闲企业贷款的抵质押品种类和范围。

（十）鼓励创业创新。充分利用运动员创业扶持基金，鼓励退役运动员创业创新，投身健身休闲产业。大力推进商事制度改革，为健身休闲产业提供良好的准入环境。开展体育产业创新创业教育服务平台建设，帮助企业、高校、金融机构有效对接。鼓励各地成立健身休闲产业孵化平台，为健身休闲领域大众创业、万众创新提供支持。

（十一）壮大体育社会组织。推进体育类社会团体、基金会、民办非企业单位等社会组织发展，支持其加强自身建设，健全内部治理结构，增强服务功能。对在城乡社区开展健身休闲活动的社区社会组织，降低准入门槛，加强分类指导和业务指导。鼓励各类社会组织承接政府公共体育服务职能。发挥体育社会组织在营造氛围、组织活动、服务消费者等方面的积极作用。

## 四、优化健身休闲产业结构和布局

（十二）改善产业结构。优化健身休闲服务业、器材装备制造业及相关产业结构，着力提升服务业比重。实施健身服务精品工程，打造一批优秀健身休闲俱乐部、场所和品牌活动。结合各级体育产业基地建设，培育一批以健身休闲服务为核心的体育产业示范基地、单位和项目。发挥重大体育旅游项目的引领带动作用，发展一批体育旅游示范基地。拓宽健身休闲服务贸易领域，探索在自由贸易试验区开展健身休闲产业政策试点，鼓励地方积极培育一批以健身休闲为特色的服务贸易示范区。

（十三）打造地区特色。组织开展山水运动资源调查、民族传统体育资源调查，摸清发展健身休闲产业的自然、人文基础条件。各地要因地制宜，合理布局，错位发展，在保护自然资源和生态环境的基础上，充分利用冰雪、森林、湖泊、江河、湿地、山地、草原、戈壁、沙漠、滨海等独特的自然资源和传统体育人文资源，打造各具特色的健身休闲集聚区和产业带。积极推进资源相近、产业互补、供需对接的区域联动发展，形成东、中、西部良性互动发展格局。

## 五、加强健身休闲设施建设

（十四）完善健身休闲基础设施网络。严格执行城市居住区规划设计等标准规范有关配套建设健身设施的要求，并实现同步设计、同步施工、同步投入。科学规划健身休闲项目的空间布局，适当增加健身休闲设施用地和配套设施配建比例，充分合理利用公园绿地、城市空置场所、建筑物屋顶、地下室等区域，重点建设一批便民利民的社区健身休闲设施，形成城市15分钟健身圈。鼓励健身休闲设施与住宅、文化、商业、娱乐等综合开发，打造健身休闲服务综合体。

（十五）盘活用好现有体育场馆资源。加快推进企事业单位等体育设施向社会开放。推动有条件的学校体育场馆设施在课后和节假日对本校学生和公众有序开放。通过公共体育设施免费或合理收费开放等措施增加供给，满足基本健身需求。通过管办分离、公建民营等模式，推行市场化商业运作，满足多层次健身消费需求。各类健身休闲场所的水、电、气、热价格按不高于一般工业标准执行。落实体育场馆房产税和城镇土地使用税优惠政策。

（十六）加强特色健身休闲设施建设。结合智慧城市、绿色出行，规划建设城市步行和自行车交通体系。充分挖掘水、陆、空资源，研究打造国家步道系统和自行车路网，重点建设一批山地户外营地、徒步骑行服务站、自驾车房车营地、运动船艇码头、航空飞行营地等健身休闲设施。鼓励和引导旅游景区、旅游度假区、乡村旅游区等根据自身特点，建设特色健身休闲设施。

## 六、提升健身休闲器材装备研发制造能力

（十七）推动转型升级。支持企业、用户单位、科研单位、社会组织等组建跨行业产业联盟，鼓励健身休闲器材装备制造企业向服务业延伸发展，形成全产业链优势。鼓励企业通过海外并购、合资合作、联合开发等方式，提升冰雪运动、山地户外运动、水上运动、汽车摩托车运动、航空运动等器材装备制造水平。结合传统制造业去产能，引导企业进军健身休闲装备制造领域。

（十八）增强自主创新能力。鼓励企业加大研发投入，提高关键技术和产品的自主创新能力，积极参与高新技术企业认定。支持企业利用互联网技术对接健身休闲个性化需求，根据不同人群，尤其是青少年、老年人的需要，研发多样化、适应性强的健身休闲器材装备。研制新型健身休闲器材装备、可穿戴式运动设备、虚拟现实运动装备等。鼓励与国际领先企业合作设立研发机构，加快对国外先进技术的吸收转化。

（十九）加强品牌建设。支持企业创建和培育自主品牌，提升健身休闲器材装备的附加值和软实力。鼓励企业与各级各类运动项目协会等体育组织开展合作，通过赛事营销等模式，提高品牌知名度。推动优势品牌企业实施国际化发展战略，扩大国际影响力。

## 七、改善健身休闲消费环境

（二十）深挖消费潜力。开展各类群众性体育活动，合理编排职业联

赛赛程，丰富节假日体育赛事供给，发挥体育明星和运动达人示范作用，激发大众健身休闲消费需求。积极推行《国家体育锻炼标准》、业余运动等级标准、业余赛事等级标准，增强健身休闲消费粘性。推动体育部门、体育社会组织、专业体育培训机构等与各类学校合作，提供专业支持，培养青少年体育爱好和运动技能。

（二十一）完善消费政策。鼓励健身休闲企业与金融机构合作，试点发行健身休闲联名银行卡，实施特惠商户折扣。支持各地创新健身休闲消费引导机制。引导保险公司根据健身休闲运动特点和不同年龄段人群身体状况，开发场地责任保险、运动人身意外伤害保险。积极推动青少年参加体育活动相关责任保险发展。

（二十二）引导消费理念。加大宣传力度，普及科学健身知识。鼓励制作和播出国产健身休闲类节目，支持形式多样的体育题材文艺创作。鼓励发展多媒体广播电视、网络广播电视、手机应用程序（APP）等体育传媒新业态，促进消费者利用各类社交平台互动交流，提升消费体验。

## 八、加强组织实施

（二十三）持续推动"放管服"改革。加快政府职能转变，大幅度削减健身休闲活动相关审批事项，实施负面清单管理，促进空域水域开放。推进体育行业协会改革，加强事中事后监管，完善相关安保服务标准，加强行业信用体系建设。完善政务发布平台、信息交互平台、展览展示平台、资源交易平台。

（二十四）优化规划和土地利用政策。积极引导健身休闲产业用地控制规模、科学选址，并将相关用地纳入地方各级土地利用总体规划中合理安排。对符合土地利用总体规划、城乡规划、环保规划等相关规划的重大健身休闲项目，要本着应保尽保的原则及时安排新增建设用地计划指标。对使用荒山、荒地、荒滩及石漠化、边远海岛土地建设的健身休闲项目，优先安排新增建设用地计划指标，出让底价可按不低于土地取得成本、土地前期开发成本和按规定应收取相关费用之和的原则确定。在土地利用总体规划确定的城市和村庄、集镇建设用地范围外布局的重大健身休闲项目，可按照单独选址项目安排用地。利用现有健身休闲设施用地、房产增设住宿、餐饮、娱乐等商业服务设施的，经批准可以协议方式办理用地手续。鼓励以长期租赁、先租后让、租让结合方式供应健身休闲项目建设用地。支持农村集体经济组织自办或以土地使用权入股、联营等方式参与健身休闲项目。

（二十五）完善投入机制。加快推动设立由社会资本筹资的体育产业投资基金，引导社会力量参与健身休闲产业。鼓励社会资本以市场化方式设立健身休闲产业发展投资基金。推动开展政府和社会资本合作示范，符合条件的项目可申请政府和社会资本合作融资支持基金的支持。进一步健全政府购买公共体育服务的体制机制。运用彩票公益金对健身休闲相关项目给予必要资助。鼓励地方通过体育产业引导资金等渠道对健身休闲产业予以必要支持。鼓励符合条件的企业发行企业债券，募集资金用于健身休闲产业项目的建设。

（二十六）加强人才保障。鼓励校企合作，培养各类健身休闲项目经营策划、运营管理、技能操作等应用型专业人才。加强从业人员职业培训，提高健身休闲场所工作人员的服务水平和专业技能。完善体育人才培养开发、流动配置、激励保障机制，支持专业教练员投身健身休闲产业。加强社会体育指导员队伍建设，充分发挥其对群众参与健身休闲的服务和引领作用。加强健身休闲人才培育的国际交流与合作。

（二十七）完善标准和统计制度。全面推动健身休闲标准体系建设，制定健身休闲服务规范和质量标准，在服务提供、技能培训、活动管理、设施建设、器材装备制造等各方面提高健身休闲产业标准化水平。引导和鼓励企业积极参与行业和国家标准制定。以国家体育产业统计分类为基础，完善健身休闲产业统计制度和指标体系，建立健身休闲产业监测机制。

（二十八）健全工作机制。建立体育、发展改革、旅游等多部门合作的健身休闲产业发展工作协调机制，及时分析健身休闲产业发展情况，解决存在的问题，落实惠及健身休闲产业的文化、旅游等相关政策。各地要把发展健身休闲产业纳入国民经济和社会发展规划，鼓励有条件的地方编制健身休闲发展专项规划。各级体育行政部门要加强职能建设，充实体育产业工作力量，推动健身休闲产业发展。

（二十九）强化督查落实。各地各有关部门要根据本意见要求，结合实际情况，抓紧制定具体实施意见和配套政策。体育总局、国家发展改革委、国家旅游局要会同有关部门对落实本意见的情况进行监督检查和跟踪分析，重大事项及时向国务院报告。

国务院办公厅
2016年10月25日

# "健康中国2030"规划纲要

## 目 录

序言
第一篇　总体战略
第一章　指导思想
第二章　战略主题
第三章　战略目标
第二篇　普及健康生活
第四章　加强健康教育
第五章　塑造自主自律的健康行为
第六章　提高全民身体素质
第三篇　优化健康服务
第七章　强化覆盖全民的公共卫生服务
第八章　提供优质高效的医疗服务
第九章　充分发挥中医药独特优势
第十章　加强重点人群健康服务
第四篇　完善健康保障
第十一章　健全医疗保障体系
第十二章　完善药品供应保障体系
第五篇　建设健康环境
第十三章　深入开展爱国卫生运动

第十四章　加强影响健康的环境问题治理
第十五章　保障食品药品安全
第十六章　完善公共安全体系
第六篇　发展健康产业
第十七章　优化多元办医格局
第十八章　发展健康服务新业态
第十九章　积极发展健身休闲运动产业
第二十章　促进医药产业发展
第七篇　健全支撑与保障
第二十一章　深化体制机制改革
第二十二章　加强健康人力资源建设
第二十三章　推动健康科技创新
第二十四章　建设健康信息化服务体系
第二十五章　加强健康法治建设
第二十六章　加强国际交流合作
第八篇　强化组织实施
第二十七章　加强组织领导
第二十八章　营造良好社会氛围
第二十九章　做好实施监测

# 序 言

健康是促进人的全面发展的必然要求，是经济社会发展的基础条件。实现国民健康长寿，是国家富强、民族振兴的重要标志，也是全国各族人民的共同愿望。

党和国家历来高度重视人民健康。新中国成立以来特别是改革开放以来，我国健康领域改革发展取得显著成就，城乡环境面貌明显改善，全民健身运动蓬勃发展，医疗卫生服务体系日益健全，人民健康水平和身体素质持续提高。2015年我国人均预期寿命已达76.34岁，婴儿死亡率、5岁以下儿童死亡率、孕产妇死亡率分别下降到8.1‰、10.7‰和20.1/10万，总体上优于中高收入国家平均水平，为全面建成小康社会奠定了重要基础。同时，工业化、城镇化、人口老龄化、疾病谱变化、生态环境及生活方式变化等，也给维护和促进健康带来一系列新的挑战，健康服务供给总体不足与需求不断增长之间的矛盾依然突出，健康领域发展与经济社会发展的协调性有待增强，需要从国家战略层面统筹解决关系健康的重大和长远问题。

推进健康中国建设，是全面建成小康社会、基本实现社会主义现代化的重要基础，是全面提升中华民族健康素质、实现人民健康与经济社会协调发展的国家战略，是积极参与全球健康治理、履行2030年可持续发展议程国际承诺的重大举措。未来15年，是推进健康中国建设的重要战略机遇期。经济保持中高速增长将为维护人民健康奠定坚实基础，消费结构升级将为发展健康服务创造广阔空间，科技创新将为提高健康水平提供有力支撑，各方面制度更加成熟更加定型将为健康领域可持续发展构建强大保障。

为推进健康中国建设，提高人民健康水平，根据党的十八届五中全会战略部署，制定本规划纲要。本规划纲要是推进健康中国建设的宏伟蓝图和行动纲领。全社会要增强责任感、使命感，全力推进健康中国建设，为实现中华民族伟大复兴和推动人类文明进步作出更大贡献。

# 第一篇 总体战略

## 第一章 指导思想

推进健康中国建设，必须高举中国特色社会主义伟大旗帜，全面贯彻党的十八大和十八届三中、四中、五中全会精神，以马克思列宁主义、毛泽东思想、邓小平理论、"三个代表"重要思想、科学发展观为指导，深入学习贯彻习近平总书记系列重要讲话精神，紧紧围绕统筹推进"五位一体"总体布局和协调推进"四个全面"战略布局，认真落实党中央、国务院决策部署，坚持以人民为中心的发展思想，牢固树立和贯彻落实新发展理念，坚持正确的卫生与健康工作方针，以提高人民健康水平为核心，以体制机制改革创新为动力，以普及健康生活、优化健康服务、完善健康保障、建设健康环境、发展健康产业为重点，把健康融入所有政策，加快转变健康领域发展方式，全方位、全周期维护和保障人民健康，大幅提高健康水平，显著改善健康公平，为实现"两个一百年"奋斗目标和中华民族伟大复兴的中国梦提供坚实健康基础。

主要遵循以下原则：

——健康优先。把健康摆在优先发展的战略地位，立足国情，将促进健康的理念融入公共政策制定实施的全过程，加快形成有利于健康的生活方式、生态环境和经济社会发展模式，实现健康与经济社会良性协调发展。

——改革创新。坚持政府主导，发挥市场机制作用，加快关键环节改革步伐，冲破思想观念束缚，破除利益固化藩篱，清除体制机制障碍，发挥科技创新和信息化的引领支撑作用，形成具有中国特色、促进全民健康的制度体系。

——科学发展。把握健康领域发展规律，坚持预防为主、防治结合、中西医并重，转变服务模式，构建整合型医疗卫生服务体系，推动健康服务从规模扩张的粗放型发展转变到质量效益提升的绿色集约式发展，推动中医药和西医药相互补充、协调发展，提升健康服务水平。

——公平公正。以农村和基层为重点，推动健康领域基本公共服务均等化，维护基本医疗卫生服务的公益性，逐步缩小城乡、地区、人群间基本健康服务和健康水平的差异，实现全民健康覆盖，促进社会公平。

## 第二章　战略主题

"共建共享、全民健康"，是建设健康中国的战略主题。核心是以人民健康为中心，坚持以基层为重点，以改革创新为动力，预防为主，中西医并重，把健康融入所有政策，人民共建共享的卫生与健康工作方针，针对生活行为方式、生产生活环境以及医疗卫生服务等健康影响因素，坚持政府主导与调动社会、个人的积极性相结合，推动人人参与、人人尽力、人人享有，落实预防为主，推行健康生活方式，减少疾病发生，强化早诊断、早治疗、早康复，实现全民健康。

共建共享是建设健康中国的基本路径。从供给侧和需求侧两端发力，统筹社会、行业和个人三个层面，形成维护和促进健康的强大合力。要促进全社会广泛参与，强化跨部门协作，深化军民融合发展，调动社会力量的积极性和创造性，加强环境治理，保障食品药品安全，预防和减少伤害，有效控制影响健康的生态和社会环境危险因素，形成多层次、多元化的社会共治格局。要推动健康服务供给侧结构性改革，卫生计生、体育等行业要主动适应人民健康需求，深化体制机制改革，优化要素配置和服务供给，补齐发展短板，推动健康产业转型升级，满足人民群众不断增长的健康需求。要强化个人健康责任，提高全民健康素养，引导形成自主自律、符合自身特点的健康生活方式，有效控制影响健康的生活行为因素，形成热爱健康、追求健康、促进健康的社会氛围。

全民健康是建设健康中国的根本目的。立足全人群和全生命周期两个着力点，提供公平可及、系统连续的健康服务，实现更高水平的全民健康。要惠及全人群，不断完善制度、扩展服务、提高质量，使全体人民享有所需要的、有质量的、可负担的预防、治疗、康复、健康促进等健康服务，突出解决好妇女儿童、老年人、残疾人、低收入人群等重点人群的健康问题。要覆盖全生命周期，针对生命不同阶段的主要健康问题及主要影响因素，确定若干优先领域，强化干预，实现从胎儿到生命终点的全程健康服务和健康保障，全面维护人民健康。

## 第三章　战略目标

到2020年，建立覆盖城乡居民的中国特色基本医疗卫生制度，健康素养水平持续提高，健康服务体系完善高效，人人享有基本医疗卫生服务和基本体育健身服务，基本形成内涵丰富、结构合理的健康产业体系，主要健康指标居于中高收入国家前列。

到2030年，促进全民健康的制度体系更加完善，健康领域发展更加协调，健康生活方式得到普及，健康服务质量和健康保障水平不断提高，健康产业繁荣发展，基本实现健康公平，主要健康指标进入高收入国家行列。到2050年，建成与社会主义现代化国家相适应的健康国家。

到2030年具体实现以下目标：

——人民健康水平持续提升。人民身体素质明显增强，2030年人均预期寿命达到79.0岁，人均健康预期寿命显著提高。

——主要健康危险因素得到有效控制。全民健康素养大幅提高，健康生活方式得到全面普及，有利于健康的生产生活环境基本形成，食品药品安全得到有效保障，消除一批重大疾病危害。

——健康服务能力大幅提升。优质高效的整合型医疗卫生服务体系和完善的全民健身公共服务体系全面建立，健康保障体系进一步完善，健康科技创新整体实力位居世界前列，健康服务质量和水平明显提高。

——健康产业规模显著扩大。建立起体系完整、结构优化的健康产业体系，形成一批具有较强创新能力和国际竞争力的大型企业，成为国民经济支柱性产业。

——促进健康的制度体系更加完善。有利于健康的政策法律法规体系进一步健全，健康领域治理体系和治理能力基本实现现代化。

健康中国建设主要指标

领域：健康水平　　指标：人均预期寿命（岁）　　2015年：76.34　2020年：77.3　2030年：79.0

领域：健康水平　　指标：婴儿死亡率（‰）　　2015年：8.1　2020年：7.5　2030年：5.0

领域：健康水平　　指标：5岁以下儿童死亡率（‰）　　2015年：10.7　2020年：9.5　2030年：6.0

领域：健康水平　　指标：孕产妇死亡率（1/10万）　　2015年：20.1　2020年：18.0　2030年：12.0

领域：健康水平　　指标：城乡居民达到《国民体质测定标准》合格以上的人数比例（%）　　2015年：89.6（2014年）　2020年：90.6　2030年：92.2

领域：健康生活　　指标：居民健康素养水平（%）　　2015年：10　2020年：20　2030年：30

领域：健康生活　　指标：经常参加体育锻炼人数（亿人）　　2015年：3.6（2014年）　2020年：4.35　2030年：5.3

领域：健康服务与保障　指标：重大慢性病过早死亡率（%）　2015年：19.1（2013年）　2020年：比2015年降低10%　2030年：比2015年降低30%

领域：健康服务与保障　指标：每千常住人口执业（助理）医师数（人）　2015年：2.2　2020年：2.5　2030年：3.0

领域：健康服务与保障　指标：个人卫生支出占卫生总费用的比重（%）　2015年：29.3　2020年：28左右　2030年：25左右

领域：健康环境　指标：地级及以上城市空气质量优良天数比率（%）　2015年：76.7　2020年：>80　2030年：持续改善

领域：健康环境　指标：地表水质量达到或好于Ⅲ类水体比例（%）　2015年：66　2020年：>70　2030年：持续改善

领域：健康产业　指标：健康服务业总规模（万亿元）　2015年：-　2020年：>8　2030年：16

# 第二篇　普及健康生活

## 第四章　加强健康教育

### 第一节　提高全民健康素养

推进全民健康生活方式行动，强化家庭和高危个体健康生活方式指导及干预，开展健康体重、健康口腔、健康骨骼等专项行动，到2030年基本实现以县（市、区）为单位全覆盖。开发推广促进健康生活的适宜技术和用品。建立健康知识和技能核心信息发布制度，健全覆盖全国的健康素养和生活方式监测体系。建立健全健康促进与教育体系，提高健康教育服务能力，从小抓起，普及健康科学知识。加强精神文明建设，发展健康文化，移风易俗，培育良好的生活习惯。各级各类媒体加大健康科学知识宣传力度，积极建设和规范各类广播电视等健康栏目，利用新媒体拓展健康教育。

### 第二节 加大学校健康教育力度

将健康教育纳入国民教育体系，把健康教育作为所有教育阶段素质教育的重要内容。以中小学为重点，建立学校健康教育推进机制。构建相关学科教学与教育活动相结合、课堂教育与课外实践相结合、经常性宣传教育与集中式宣传教育相结合的健康教育模式。培养健康教育师资，将健康教育纳入体育教师职前教育和职后培训内容。

## 第五章 塑造自主自律的健康行为

### 第一节 引导合理膳食

制定实施国民营养计划，深入开展食物（农产品、食品）营养功能评价研究，全面普及膳食营养知识，发布适合不同人群特点的膳食指南，引导居民形成科学的膳食习惯，推进健康饮食文化建设。建立健全居民营养监测制度，对重点区域、重点人群实施营养干预，重点解决微量营养素缺乏、部分人群油脂等高热能食物摄入过多等问题，逐步解决居民营养不足与过剩并存问题。实施临床营养干预。加强对学校、幼儿园、养老机构等营养健康工作的指导。开展示范健康食堂和健康餐厅建设。到2030年，居民营养知识素养明显提高，营养缺乏疾病发生率显著下降，全国人均每日食盐摄入量降低20%，超重、肥胖人口增长速度明显放缓。

### 第二节 开展控烟限酒

全面推进控烟履约，加大控烟力度，运用价格、税收、法律等手段提高控烟成效。深入开展控烟宣传教育。积极推进无烟环境建设，强化公共场所控烟监督执法。推进公共场所禁烟工作，逐步实现室内公共场所全面禁烟。领导干部要带头在公共场所禁烟，把党政机关建成无烟机关。强化戒烟服务。到2030年，15岁以上人群吸烟率降低到20%。加强限酒健康教育，控制酒精过度使用，减少酗酒。加强有害使用酒精监测。

### 第三节　促进心理健康

加强心理健康服务体系建设和规范化管理。加大全民心理健康科普宣传力度，提升心理健康素养。加强对抑郁症、焦虑症等常见精神障碍和心理行为问题的干预，加大对重点人群心理问题早期发现和及时干预力度。加强严重精神障碍患者报告登记和救治救助管理。全面推进精神障碍社区康复服务。提高突发事件心理危机的干预能力和水平。到2030年，常见精神障碍防治和心理行为问题识别干预水平显著提高。

### 第四节　减少不安全性行为和毒品危害

强化社会综合治理，以青少年、育龄妇女及流动人群为重点，开展性道德、性健康和性安全宣传教育和干预，加强对性传播高危行为人群的综合干预，减少意外妊娠和性相关疾病传播。大力普及有关毒品危害、应对措施和治疗途径等知识。加强全国戒毒医疗服务体系建设，早发现、早治疗成瘾者。加强戒毒药物维持治疗与社区戒毒、强制隔离戒毒和社区康复的衔接。建立集生理脱毒、心理康复、就业扶持、回归社会于一体的戒毒康复模式，最大限度减少毒品社会危害。

# 第六章 提高全民身体素质

## 第一节 完善全民健身公共服务体系

统筹建设全民健身公共设施,加强健身步道、骑行道、全民健身中心、体育公园、社区多功能运动场等场地设施建设。到2030年,基本建成县乡村三级公共体育设施网络,人均体育场地面积不低于2.3平方米,在城镇社区实现15分钟健身圈全覆盖。推行公共体育设施免费或低收费开放,确保公共体育场地设施和符合开放条件的企事业单位体育场地设施全部向社会开放。加强全民健身组织网络建设,扶持和引导基层体育社会组织发展。

## 第二节 广泛开展全民健身运动

继续制定实施全民健身计划,普及科学健身知识和健身方法,推动全民健身生活化。组织社会体育指导员广泛开展全民健身指导服务。实施国家体育锻炼标准,发展群众健身休闲活动,丰富和完善全民健身体系。大力发展群众喜闻乐见的运动项目,鼓励开发适合不同人群、不同地域特点的特色运动项目,扶持推广太极拳、健身气功等民族民俗民间传统运动项目。

## 第三节 加强体医融合和非医疗健康干预

发布体育健身活动指南,建立完善针对不同人群、不同环境、不同身体状况的运动处方库,推动形成体医结合的疾病管理与健康服务模式,发挥全民科学健身在健康促进、慢性病预防和康复等方面的积极作用。加强全民健身科技创新平台和科学健身指导服务站点建设。开展国民体质测试,完善体质健康监测体系,开发应用国民体质健康监测大数据,开展运动风险评估。

### 第四节 促进重点人群体育活动

制定实施青少年、妇女、老年人、职业群体及残疾人等特殊群体的体质健康干预计划。实施青少年体育活动促进计划,培育青少年体育爱好,基本实现青少年熟练掌握1项以上体育运动技能,确保学生校内每天体育活动时间不少于1小时。到2030年,学校体育场地设施与器材配置达标率达到100%,青少年学生每周参与体育活动达到中等强度3次以上,国家学生体质健康标准达标优秀率25%以上。加强科学指导,促进妇女、老年人和职业群体积极参与全民健身。实行工间健身制度,鼓励和支持新建工作场所建设适当的健身活动场地。推动残疾人康复体育和健身体育广泛开展。

# 第三篇 优化健康服务

## 第七章 强化覆盖全民的公共卫生服务

### 第一节 防治重大疾病

实施慢性病综合防控战略,加强国家慢性病综合防控示范区建设。强化慢性病筛查和早期发现,针对高发地区重点癌症开展早诊早治工作,推动癌症、脑卒中、冠心病等慢性病的机会性筛查。基本实现高血压、糖尿病患者管理干预全覆盖,逐步将符合条件的癌症、脑卒中等重大慢性病早诊早治适宜技术纳入诊疗常规。加强学生近视、肥胖等常见病防治。到2030年,实现全人群、全生命周期的慢性病健康管理,总体癌症5年生存率提高15%。加强口腔卫生，12岁儿童患龋率控制在25%以内。

加强重大传染病防控。完善传染病监测预警机制。继续实施扩大国家免疫规划，适龄儿童国家免疫规划疫苗接种率维持在较高水平，建立预防接种异常反应补偿保险机制。加强艾滋病检测、抗病毒治疗和随访管理，全面落实临床用血核酸检测和预防艾滋病母婴传播，疫情保持在低流行水平。建立结核病防治综合服务模式，加强耐多药肺结核筛查和监测，规范肺结核诊疗管理，全国肺结核疫情持续下降。有效应对流感、手足口病、登革热、麻疹等重点传染病疫情。继续坚持以传染源控制为主的血吸虫病综合防治策略，全国所有流行县达到消除血吸虫病标准。继续巩固全国消除疟疾成果。全国所有流行县基本控制包虫病等重点寄生虫病流行。保持控制和消除重点地方病，地方病不再成为危害人民健康的重点问题。加强突发急性传染病防治，积极防范输入性突发急性传染病，加强鼠疫等传统烈性传染病防控。强化重大动物源性传染病的源头治理。

## 第二节　完善计划生育服务管理

健全人口与发展的综合决策体制机制，完善有利于人口均衡发展的政策体系。改革计划生育服务管理方式，更加注重服务家庭，构建以生育支持、幼儿养育、青少年发展、老人赡养、病残照料为主题的家庭发展政策框架，引导群众负责任、有计划地生育。完善国家计划生育技术服务政策，加大再生育计划生育技术服务保障力度。全面推行知情选择，普及避孕节育和生殖健康知识。完善计划生育家庭奖励扶助制度和特别扶助制度，实行奖励扶助金标准动态调整。坚持和完善计划生育目标管理责任制，完善宣传倡导、依法管理、优质服务、政策推动、综合治理的计划生育长效工作机制。建立健全出生人口监测工作机制。继续开展出生人口性别比治理。到2030年，全国出生人口性别比实现自然平衡。

### 第三节 推进基本公共卫生服务均等化

继续实施完善国家基本公共卫生服务项目和重大公共卫生服务项目，加强疾病经济负担研究，适时调整项目经费标准，不断丰富和拓展服务内容，提高服务质量，使城乡居民享有均等化的基本公共卫生服务，做好流动人口基本公共卫生计生服务均等化工作。

## 第八章 提供优质高效的医疗服务

### 第一节 完善医疗卫生服务体系

全面建成体系完整、分工明确、功能互补、密切协作、运行高效的整合型医疗卫生服务体系。县和市域内基本医疗卫生资源按常住人口和服务半径合理布局，实现人人享有均等化的基本医疗卫生服务；省级及以上分区域统筹配置，整合推进区域医疗资源共享，基本实现优质医疗卫生资源配置均衡化，省域内人人享有均质化的危急重症、疑难病症诊疗和专科医疗服务；依托现有机构，建设一批引领国内、具有全球影响力的国家级医学中心，建设一批区域医学中心和国家临床重点专科群，推进京津冀、长江经济带等区域医疗卫生协同发展，带动医疗服务区域发展和整体水平提升。加强康复、老年病、长期护理、慢性病管理、安宁疗护等接续性医疗机构建设。实施健康扶贫工程，加大对中西部贫困地区医疗卫生机构建设支持力度，提升服务能力，保障贫困人口健康。到2030年，15分钟基本医疗卫生服务圈基本形成，每千常住人口注册护士数达到4.7人。

### 第二节 创新医疗卫生服务供给模式

建立专业公共卫生机构、综合和专科医院、基层医疗卫生机构"三位一体"的重大疾病防控机制，建立信息共享、互联互通机制，推进慢性病防、治、管整体融合发展，实现医防结合。建立不同层级、不同类别、不同举办主体医疗卫生机构间目标明确、权责清晰的分工协作机制，不断完善服务网络、运行机制和激励机制，基层普遍具备居民健康守门人的能力。完善家庭医生签约服务，全面建立成熟完善的分级诊疗制度，形成基层首诊、双向转诊、上下联动、急慢分治的合理就医秩序，健全治疗—康复—长期护理服务链。引导三级公立医院逐步减少普通门诊，重点发展危急重症、疑难病症诊疗。完善医疗联合体、医院集团等多种分工协作模式，提高服务体系整体绩效。加快医疗卫生领域军民融合，积极发挥军队医疗卫生机构作用，更好为人民服务。

## 第三节 提升医疗服务水平和质量

建立与国际接轨、体现中国特色的医疗质量管理与控制体系，基本健全覆盖主要专业的国家、省、市三级医疗质量控制组织，推出一批国际化标准规范。建设医疗质量管理与控制信息化平台，实现全行业全方位精准、实时管理与控制，持续改进医疗质量和医疗安全，提升医疗服务同质化程度，再住院率、抗菌药物使用率等主要医疗服务质量指标达到或接近世界先进水平。全面实施临床路径管理，规范诊疗行为，优化诊疗流程，增强患者就医获得感。推进合理用药，保障临床用血安全，基本实现医疗机构检查、检验结果互认。加强医疗服务人文关怀，构建和谐医患关系。依法严厉打击涉医违法犯罪行为特别是伤害医务人员的暴力犯罪行为，保护医务人员安全。

# 第九章　充分发挥中医药独特优势

## 第一节　提高中医药服务能力

实施中医临床优势培育工程，强化中医药防治优势病种研究，加强中西医结合，提高重大疑难病、危急重症临床疗效。大力发展中医非药物疗法，使其在常见病、多发病和慢性病防治中发挥独特作用。发展中医特色康复服务。健全覆盖城乡的中医医疗保健服务体系。在乡镇卫生院和社区卫生服务中心建立中医馆、国医堂等中医综合服务区，推广适宜技术，所有基层医疗卫生机构都能够提供中医药服务。促进民族医药发展。到2030年，中医药在治未病中的主导作用、在重大疾病治疗中的协同作用、在疾病康复中的核心作用得到充分发挥。

## 第二节　发展中医养生保健治未病服务

实施中医治未病健康工程，将中医药优势与健康管理结合，探索融健康文化、健康管理、健康保险为一体的中医健康保障模式。鼓励社会力量举办规范的中医养生保健机构，加快养生保健服务发展。拓展中医医院服务领域，为群众提供中医健康咨询评估、干预调理、随访管理等治未病服务。鼓励中医医疗机构、中医医师为中医养生保健机构提供保健咨询和调理等技术支持。开展中医中药中国行活动，大力传播中医药知识和易于掌握的养生保健技术方法，加强中医药非物质文化遗产的保护和传承运用，实现中医药健康养生文化创造性转化、创新性发展。

## 第三节　推进中医药继承创新

实施中医药传承创新工程，重视中医药经典医籍研读及挖掘，全面系统继承历代各家学术理论、流派及学说，不断弘扬当代名老中医药专家学术思想和临床诊疗经验，挖掘民间诊疗技术和方药，推进中医药文化传承与发展。建立中医药传统知识保护制度，制定传统知识保护名录。融合现代科技成果，挖掘中药方剂，加强重大疑难疾病、慢性病等中医药防治技术和新药研发，不断推动中医药理论与实践发展。发展中医药健康服务，加快打造全产业链服务的跨国公司和国际知名的中国品牌，推动中医药走向世界。保护重要中药资源和生物多样性，开展中药资源普查及动态监测。建立大宗、道地和濒危药材种苗繁育基地，提供中药材市场动态监测信息，促进中药材种植业绿色发展。

## 第十章　加强重点人群健康服务

### 第一节　提高妇幼健康水平

实施母婴安全计划，倡导优生优育，继续实施住院分娩补助制度，向孕产妇免费提供生育全过程的基本医疗保健服务。加强出生缺陷综合防治，构建覆盖城乡居民，涵盖孕前、孕期、新生儿各阶段的出生缺陷防治体系。实施健康儿童计划，加强儿童早期发展，加强儿科建设，加大儿童重点疾病防治力度，扩大新生儿疾病筛查，继续开展重点地区儿童营养改善等项目。提高妇女常见病筛查率和早诊早治率。实施妇幼健康和计划生育服务保障工程，提升孕产妇和新生儿危急重症救治能力。

### 第二节　促进健康老龄化

推进老年医疗卫生服务体系建设，推动医疗卫生服务延伸至社区、家庭。健全医疗卫生机构与养老机构合作机制，支持养老机构开展医疗服务。推进中医药与养老融合发展，推动医养结合，为老年人提供治疗期住院、康复期护理、稳定期生活照料、安宁疗护一体化的健康和养老服务，促进慢性病全程防治管理服务同居家、社区、机构养老紧密结合。鼓励社会力量兴办医养结合机构。加强老年常见病、慢性病的健康指导和综合干预，强化老年人健康管理。推动开展老年心理健康与关怀服务，加强老年痴呆症等的有效干预。推动居家老人长期照护服务发展，全面建立经济困难的高龄、失能老人补贴制度，建立多层次长期护理保障制度。进一步完善政策，使老年人更便捷获得基本药物。

## 第三节　维护残疾人健康

制定实施残疾预防和残疾人康复条例。加大符合条件的低收入残疾人医疗救助力度，将符合条件的残疾人医疗康复项目按规定纳入基本医疗保险支付范围。建立残疾儿童康复救助制度，有条件的地方对残疾人基本型辅助器具给予补贴。将残疾人康复纳入基本公共服务，实施精准康复，为城乡贫困残疾人、重度残疾人提供基本康复服务。完善医疗机构无障碍设施，改善残疾人医疗服务。进一步完善康复服务体系，加强残疾人康复和托养设施建设，建立医疗机构与残疾人专业康复机构双向转诊机制，推动基层医疗卫生机构优先为残疾人提供基本医疗、公共卫生和健康管理等签约服务。制定实施国家残疾预防行动计划，增强全社会残疾预防意识，开展全人群、全生命周期残疾预防，有效控制残疾的发生和发展。加强对致残疾病及其他致残因素的防控。推动国家残疾预防综合试验区试点工作。继续开展防盲治盲和防聋治聋工作。

# 第四篇 完善健康保障

## 第十一章 健全医疗保障体系

### 第一节 完善全民医保体系

健全以基本医疗保障为主体、其他多种形式补充保险和商业健康保险为补充的多层次医疗保障体系。整合城乡居民基本医保制度和经办管理。健全基本医疗保险稳定可持续筹资和待遇水平调整机制，实现基金中长期精算平衡。完善医保缴费参保政策，均衡单位和个人缴费负担，合理确定政府与个人分担比例。改进职工医保个人账户，开展门诊统筹。进一步健全重特大疾病医疗保障机制，加强基本医保、城乡居民大病保险、商业健康保险与医疗救助等的有效衔接。到2030年，全民医保体系成熟定型。

### 第二节 健全医保管理服务体系

严格落实医疗保险基金预算管理。全面推进医保支付方式改革，积极推进按病种付费、按人头付费，积极探索按疾病诊断相关分组付费（DRGs）、按服务绩效付费，形成总额预算管理下的复合式付费方式，健全医保经办机构与医疗机构的谈判协商与风险分担机制。加快推进基本医保异地就医结算，实现跨省异地安置退休人员住院医疗费用直接结算和符合转诊规定的异地就医住院费用直接结算。全面实现医保智能监控，将医保对医疗机构的监管延伸到医务人员。逐步引入社会力量参与医保经办。加强医疗保险基础标准建设和应用。到2030年，全民医保管理服务体系完善高效。

### 第三节 积极发展商业健康保险

落实税收等优惠政策，鼓励企业、个人参加商业健康保险及多种形式的补充保险。丰富健康保险产品，鼓励开发与健康管理服务相关的健康保险产品。促进商业保险公司与医疗、体检、护理等机构合作，发展健康管理组织等新型组织形式。到2030年，现代商业健康保险服务业进一步发展，商业健康保险赔付支出占卫生总费用比重显著提高。

## 第十二章 完善药品供应保障体系

### 第一节 深化药品、医疗器械流通体制改革

推进药品、医疗器械流通企业向供应链上下游延伸开展服务，形成现代流通新体系。规范医药电子商务，丰富药品流通渠道和发展模式。推广应用现代物流管理与技术，健全中药材现代流通网络与追溯体系。落实医疗机构药品、耗材采购主体地位，鼓励联合采购。完善国家药品价格谈判机制。建立药品出厂价格信息可追溯机制。强化短缺药品供应保障和预警，完善药品储备制度和应急供应机制。建设遍及城乡的现代医药流通网络，提高基层和边远地区药品供应保障能力。

### 第二节 完善国家药物政策

巩固完善国家基本药物制度，推进特殊人群基本药物保障。完善现有免费治疗药品政策，增加艾滋病防治等特殊药物免费供给。保障儿童用药。完善罕见病用药保障政策。建立以基本药物为重点的临床综合评价体系。按照政府调控和市场调节相结合的原则，完善药品价格形成机制。强化价格、医保、采购等政策的衔接，坚持分类管理，加强对市场竞争不充分药品和高值医用耗材的价格监管，建立药品价格信息监测和信息公开制

度，制定完善医保药品支付标准政策。

# 第五篇　建设健康环境

## 第十三章　深入开展爱国卫生运动

### 第一节　加强城乡环境卫生综合整治

持续推进城乡环境卫生整洁行动，完善城乡环境卫生基础设施和长效机制，统筹治理城乡环境卫生问题。加大农村人居环境治理力度，全面加强农村垃圾治理，实施农村生活污水治理工程，大力推广清洁能源。到2030年，努力把我国农村建设成为人居环境干净整洁、适合居民生活养老的美丽家园，实现人与自然和谐发展。实施农村饮水安全巩固提升工程，推动城镇供水设施向农村延伸，进一步提高农村集中供水率、自来水普及率、水质达标率和供水保证率，全面建立从源头到龙头的农村饮水安全保障体系。加快无害化卫生厕所建设，力争到2030年，全国农村居民基本都能用上无害化卫生厕所。实施以环境治理为主的病媒生物综合预防控制策略。深入推进国家卫生城镇创建，力争到2030年，国家卫生城市数量提高到全国城市总数的50%，有条件的省（自治区、直辖市）实现全覆盖。

### 第二节　建设健康城市和健康村镇

把健康城市和健康村镇建设作为推进健康中国建设的重要抓手，保障与健康相关的公共设施用地需求，完善相关公共设施体系、布局和标准，把健康融入城乡规划、建设、治理的全过程，促进城市与人民健康协调发展。针对当地居民主要健康问题，编制实施健康城市、健康村镇发展规划。广泛开展健康社区、健康村镇、健康单位、健康家庭等建设，提高社会参与度。重点加强健康学校建设，加强学生健康危害因素监测与评价，完善学校食品安全管理、传染病防控等相关政策。加强健康城市、健康村镇建设监测与评价。到2030年，建成一批健康城市、健康村镇建设的示范市和示范村镇。

## 第十四章　加强影响健康的环境问题治理

### 第一节　深入开展大气、水、土壤等污染防治

以提高环境质量为核心，推进联防联控和流域共治，实行环境质量目标考核，实施最严格的环境保护制度，切实解决影响广大人民群众健康的突出环境问题。深入推进产业园区、新城、新区等开发建设规划环评，严格建设项目环评审批，强化源头预防。深化区域大气污染联防联控，建立常态化区域协作机制。完善重度及以上污染天气的区域联合预警机制。全面实施城市空气质量达标管理，促进全国城市环境空气质量明显改善。推进饮用水水源地安全达标建设。强化地下水管理和保护，推进地下水超采区治理与污染综合防治。开展国家土壤环境质量监测网络建设，建立建设用地土壤环境质量调查评估制度，开展土壤污染治理与修复。以耕地为重点，实施农用地分类管理。全面加强农业面源污染防治，有效保护生态系统和遗传多样性。加强噪声污染防控。

### 第二节　实施工业污染源全面达标排放计划

全面实施工业污染源排污许可管理，推动企业开展自行监测和信息公开，建立排污台账，实现持证按证排污。加快淘汰高污染、高环境风险的工艺、设备与产品。开展工业集聚区污染专项治理。以钢铁、水泥、石化等行业为重点，推进行业达标排放改造。

## 第三节  建立健全环境与健康监测、调查和风险评估制度

逐步建立健全环境与健康管理制度。开展重点区域、流域、行业环境与健康调查，建立覆盖污染源监测、环境质量监测、人群暴露监测和健康效应监测的环境与健康综合监测网络及风险评估体系。实施环境与健康风险管理。划定环境健康高风险区域，开展环境污染对人群健康影响的评价，探索建立高风险区域重点项目健康风险评估制度。建立环境健康风险沟通机制。建立统一的环境信息公开平台，全面推进环境信息公开。推进县级及以上城市空气质量监测和信息发布。

# 第十五章  保障食品药品安全

## 第一节  加强食品安全监管

完善食品安全标准体系，实现食品安全标准与国际标准基本接轨。加强食品安全风险监测评估，到2030年，食品安全风险监测与食源性疾病报告网络实现全覆盖。全面推行标准化、清洁化农业生产，深入开展农产品质量安全风险评估，推进农兽药残留、重金属污染综合治理，实施兽药抗菌药治理行动。加强对食品原产地指导监管，完善农产品市场准入制度。建立食用农产品全程追溯协作机制，完善统一权威的食品安全监管体制，建立职业化检查员队伍，加强检验检测能力建设，强化日常监督检查，扩大产品抽检覆盖面。加强互联网食品经营治理。加强进口食品准入管理，加大对境外源头食品安全体系检查力度，有序开展进口食品指定口岸建设。推动地方政府建设出口食品农产品质量安全示范区。推进食品安全信用体系建设，完善食品安全信息公开制度。健全从源头到消费全过程的监管格局，严守从农田到餐桌的每一道防线，让人

民群众吃得安全、吃得放心。

### 第二节 强化药品安全监管

深化药品（医疗器械）审评审批制度改革，研究建立以临床疗效为导向的审批制度，提高药品（医疗器械）审批标准。加快创新药（医疗器械）和临床急需新药（医疗器械）的审评审批，推进仿制药质量和疗效一致性评价。完善国家药品标准体系，实施医疗器械标准提高计划，积极推进中药（材）标准国际化进程。全面加强药品监管，形成全品种、全过程的监管链条。加强医疗器械和化妆品监管。

## 第十六章 完善公共安全体系

### 第一节 强化安全生产和职业健康

加强安全生产，加快构建风险等级管控、隐患排查治理两条防线，切实降低重特大事故发生频次和危害后果。强化行业自律和监督管理职责，推动企业落实主体责任，推进职业病危害源头治理，强化矿山、危险化学品等重点行业领域安全生产监管。开展职业病危害基本情况普查，健全有针对性的健康干预措施。进一步完善职业安全卫生标准体系，建立完善重点职业病监测与职业病危害因素监测、报告和管理网络，遏制尘肺病和职业中毒高发势头。建立分级分类监管机制，对职业病危害高风险企业实施重点监管。开展重点行业领域职业病危害专项治理。强化职业病报告制度，开展用人单位职业健康促进工作，预防和控制工伤事故及职业病发生。加强全国个人辐射剂量管理和放射诊疗辐射防护。

## 第二节　促进道路交通安全

加强道路交通安全设施设计、规划和建设，组织实施公路安全生命防护工程，治理公路安全隐患。严格道路运输安全管理，提升企业安全自律意识，落实运输企业安全生产主体责任。强化安全运行监管能力和安全生产基础支撑。进一步加强道路交通安全治理，提高车辆安全技术标准，提高机动车驾驶人和交通参与者综合素质。到2030年，力争实现道路交通万车死亡率下降30%。

## 第三节　预防和减少伤害

建立伤害综合监测体系，开发重点伤害干预技术指南和标准。加强儿童和老年人伤害预防和干预，减少儿童交通伤害、溺水和老年人意外跌落，提高儿童玩具和用品安全标准。预防和减少自杀、意外中毒。建立消费品质量安全事故强制报告制度，建立产品伤害监测体系，强化重点领域质量安全监管，减少消费品安全伤害。

## 第四节　提高突发事件应急能力

加强全民安全意识教育。建立健全城乡公共消防设施建设和维护管理责任机制，到2030年，城乡公共消防设施基本实现全覆盖。提高防灾减灾和应急能力。完善突发事件卫生应急体系，提高早期预防、及时发现、快速反应和有效处置能力。建立包括军队医疗卫生机构在内的海陆空立体化的紧急医学救援体系，提升突发事件紧急医学救援能力。到2030年，建立起覆盖全国、较为完善的紧急医学救援网络，突发事件卫生应急处置能力和紧急医学救援能力达到发达国家水平。进一步健全医疗急救体系，提高救治效率。到2030年，力争将道路交通事故死伤比基本降低到中等发达国家水平。

### 第五节　健全口岸公共卫生体系

建立全球传染病疫情信息智能监测预警、口岸精准检疫的口岸传染病预防控制体系和种类齐全的现代口岸核生化有害因子防控体系，建立基于源头防控、境内外联防联控的口岸突发公共卫生事件应对机制，健全口岸病媒生物及各类重大传染病监测控制机制，主动预防、控制和应对境外突发公共卫生事件。持续巩固和提升口岸核心能力，创建国际卫生机场（港口）。完善国际旅行与健康信息网络，提供及时有效的国际旅行健康指导，建成国际一流的国际旅行健康服务体系，保障出入境人员健康安全。

提高动植物疫情疫病防控能力，加强进境动植物检疫风险评估准入管理，强化外来动植物疫情疫病和有害生物查验截获、检测鉴定、除害处理、监测防控规范化建设，健全对购买和携带人员、单位的问责追究体系，防控国际动植物疫情疫病及有害生物跨境传播。健全国门生物安全查验机制，有效防范物种资源丧失和外来物种入侵。

# 第六篇　发展健康产业

## 第十七章　优化多元办医格局

进一步优化政策环境，优先支持社会力量举办非营利性医疗机构，推进和实现非营利性民营医院与公立医院同等待遇。鼓励医师利用业余时间、退休医师到基层医疗卫生机构执业或开设工作室。个体诊所设置不受规划布局限制。破除社会力量进入医疗领域的不合理限制和隐性壁垒。逐步扩大外资兴办医疗机构的范围。加大政府购买服务的力度，支持保险业投资、设立医疗机构，推动非公立医疗机构向高水平、规模化方向发展，鼓励发展专业性医院管理集团。加强政府监管、行业自律与社会监督，促进非公立医疗机构规范发展。

## 第十八章　发展健康服务新业态

积极促进健康与养老、旅游、互联网、健身休闲、食品融合，催生健康新产业、新业态、新模式。发展基于互联网的健康服务，鼓励发展健康体检、咨询等健康服务，促进个性化健康管理服务发展，培育一批有特色的健康管理服务产业，探索推进可穿戴设备、智能健康电子产品和健康医疗移动应用服务等发展。规范发展母婴照料服务。培育健康文化产业和体育医疗康复产业。制定健康医疗旅游行业标准、规范，打造具有国际竞争力的健康医疗旅游目的地。大力发展中医药健康旅游。打造一批知名品牌和良性循环的健康服务产业集群，扶持一大批中小微企业配套发展。

引导发展专业的医学检验中心、医疗影像中心、病理诊断中心和血液透析中心等。支持发展第三方医疗服务评价、健康管理服务评价，以及健康市场调查和咨询服务。鼓励社会力量提供食品药品检测服务。完善科技中介体系，大力发展专业化、市场化医药科技成果转化服务。

## 第十九章　积极发展健身休闲运动产业

进一步优化市场环境，培育多元主体，引导社会力量参与健身休闲设施建设运营。推动体育项目协会改革和体育场馆资源所有权、经营权分离改革，加快开放体育资源，创新健身休闲运动项目推广普及方式，进一步健全政府购买体育公共服务的体制机制，打造健身休闲综合服务体。鼓励发展多种形式的体育健身俱乐部，丰富业余体育赛事，积极培育冰雪、山地、水上、汽摩、航空、极限、马术等具有消费引领特征的时尚休闲运动项目，打造具有区域特色的健身休闲示范区、健身休闲产业带。

## 第二十章　促进医药产业发展

### 第一节　加强医药技术创新

完善政产学研用协同创新体系，推动医药创新和转型升级。加强专利药、中药新药、新型制剂、高端医疗器械等创新能力建设，推动治疗重大疾病的专利到期药物实现仿制上市。大力发展生物药、化学药新品种、优质中药、高性能医疗器械、新型辅料包材和制药设备，推动重大药物产业化，加快医疗器械转型升级，提高具有自主知识产权的医学诊疗设备、医用材料的国际竞争力。加快发展康复辅助器具产业，增强自主创新能力。健全质量标准体系，提升质量控制技术，实施绿色和智能改造升级，到2030年，药品、医疗器械质量标准全面与国际接轨。

### 第二节　提升产业发展水平

发展专业医药园区，支持组建产业联盟或联合体，构建创新驱动、绿色低碳、智能高效的先进制造体系，提高产业集中度，增强中高端产品供给能力。大力发展医疗健康服务贸易，推动医药企业走出去和国际产业合作，提高国际竞争力。到2030年，具有自主知识产权新药和诊疗装备国际市场份额大幅提高，高端医疗设备市场国产化率大幅提高，实现医药工业中高速发展和向中高端迈进，跨入世界制药强国行列。推进医药流通行业转型升级，减少流通环节，提高流通市场集中度，形成一批跨国大型药品流通企业。

# 第七篇　健全支撑与保障

## 第二十一章　深化体制机制改革

### 第一节　把健康融入所有政策

加强各部门各行业的沟通协作，形成促进健康的合力。全面建立健康影响评价评估制度，系统评估各项经济社会发展规划和政策、重大工程项目对健康的影响，健全监督机制。畅通公众参与渠道，加强社会监督。

### 第二节　全面深化医药卫生体制改革

加快建立更加成熟定型的基本医疗卫生制度，维护公共医疗卫生的公益性，有效控制医药费用不合理增长，不断解决群众看病就医问题。推进政事分开、管办分开，理顺公立医疗卫生机构与政府的关系，建立现代公立医院管理制度。清晰划分中央和地方以及地方各级政府医药卫生管理事权，实施属地化和全行业管理。推进军队医院参加城市公立医院改革、纳入国家分级诊疗体系工作。健全卫生计生全行业综合监管体系。

### 第三节　完善健康筹资机制

健全政府健康领域相关投入机制，调整优化财政支出结构，加大健康领域投入力度，科学合理界定中央政府和地方政府支出责任，履行政府保障基本健康服务需求的责任。中央财政在安排相关转移支付时对经济欠发达地区予以倾斜，提高资金使用效益。建立结果导向的健康投入机制，开展健康投入绩效监测和评价。充分调动社会组织、企业等的积极性，形成多元筹资格局。鼓励金融等机构创新产品和服务，完善扶持措施。大力发展慈善事业，鼓励社会和个人捐赠与互助。

### 第四节　加快转变政府职能

进一步推进健康相关领域简政放权、放管结合、优化服务。继续深化药品、医疗机构等审批改革，规范医疗机构设置审批行为。推进健康相关部门依法行政，推进政务公开和信息公开。加强卫生计生、体育、食品药品等健康领域监管创新，加快构建事中和事后监管体系，全面推进"双随机、一公开"机制建设。推进综合监管，加强行业自律和诚信建设，鼓励行业协会商会发展，充分发挥社会力量在监管中的作用，促进公平竞争，推动健康相关行业科学发展，简化健康领域公共服务流程，优化政府服务，提高服务效率。

## 第二十二章　加强健康人力资源建设

### 第一节　加强健康人才培养培训

加强医教协同，建立完善医学人才培养供需平衡机制。改革医学教育制度，加快建成适应行业特点的院校教育、毕业后教育、继续教育三阶段有机衔接的医学人才培养培训体系。完善医学教育质量保障机制，建立与国际医学教育实质等效的医学专业认证制度。以全科医生为重点，加强基层人才队伍建设。完善住院医师与专科医师培养培训制度，建立公共卫生与临床医学复合型高层次人才培养机制。强化面向全员的继续医学教育制度。加大基层和偏远地区扶持力度。加强全科、儿科、产科、精神科、病理、护理、助产、康复、心理健康等急需紧缺专业人才培养培训。加强药师和中医药健康服务、卫生应急、卫生信息化复合人才队伍建设。加强高层次人才队伍建设，引进和培养一批具有国际领先水平的学科带头人。推进卫生管理人员专业化、职业化。调整优化适应健康服务产业发展的医学教育专业结构，加大养老护理员、康复治疗师、心理咨询师等健康人才培养培训力度。支持建立以国家健康医疗开放大学为基础、中国健康医疗教育慕课联盟为支撑的健康教育培训云平台，便捷医务人员终身教育。加强社会体育指导员队伍建设，到2030年，实现每千人拥有社会体育指导员2.3名。

### 第二节 创新人才使用评价激励机制

落实医疗卫生机构用人自主权，全面推行聘用制，形成能进能出的灵活用人机制。落实基层医务人员工资政策。创新医务人员使用、流动与服务提供模式，积极探索医师自由执业、医师个体与医疗机构签约服务或组建医生集团。建立符合医疗卫生行业特点的人事薪酬制度。对接国际通行模式，进一步优化和完善护理、助产、医疗辅助服务、医疗卫生技术等方面人员评价标准。创新人才评价机制，不将论文、外语、科研等作为基层卫生人才职称评审的硬性要求，健全符合全科医生岗位特点的人才评价机制。

## 第二十三章 推动健康科技创新

### 第一节 构建国家医学科技创新体系

大力加强国家临床医学研究中心和协同创新网络建设，进一步强化实验室、工程中心等科研基地能力建设，依托现有机构推进中医药临床研究基地和科研机构能力建设，完善医学研究科研基地布局。加强资源整合和数据交汇，统筹布局国家生物医学大数据、生物样本资源、实验动物资源等资源平台，建设心脑血管、肿瘤、老年病等临床医学数据示范中心。实施中国医学科学院医学与健康科技创新工程。加快生物医药和大健康产业基地建设，培育健康产业高新技术企业，打造一批医学研究和健康产业创新中心，促进医研企结合，推进医疗机构、科研院所、高等学校和企业等创新主体高效协同。加强医药成果转化推广平台建设，促进医学成果转化推广。建立更好的医学创新激励机制和以应用为导向的成果评价机制，进一步健全科研基地、生物安全、技术评估、医学研究标准与规范、医学伦理与科研诚信、知识产权等保障机制，加强科卫协同、军民融合、省部合作，有效提升基础前沿、关键共性、社会公益和战略高科技的研究水平。

### 第二节　推进医学科技进步

启动实施脑科学与类脑研究、健康保障等重大科技项目和重大工程，推进国家科技重大专项、国家重点研发计划重点专项等科技计划。发展组学技术、干细胞与再生医学、新型疫苗、生物治疗等医学前沿技术，加强慢性病防控、精准医学、智慧医疗等关键技术突破，重点部署创新药物开发、医疗器械国产化、中医药现代化等任务，显著增强重大疾病防治和健康产业发展的科技支撑能力。力争到2030年，科技论文影响力和三方专利总量进入国际前列，进一步提高科技创新对医药工业增长贡献率和成果转化率。

## 第二十四章　建设健康信息化服务体系

### 第一节　完善人口健康信息服务体系建设

全面建成统一权威、互联互通的人口健康信息平台，规范和推动"互联网+健康医疗"服务，创新互联网健康医疗服务模式，持续推进覆盖全生命周期的预防、治疗、康复和自主健康管理一体化的国民健康信息服务。实施健康中国云服务计划，全面建立远程医疗应用体系，发展智慧健康医疗便民惠民服务。建立人口健康信息化标准体系和安全保护机制。做好公民入伍前与退伍后个人电子健康档案军地之间接续共享。到2030年，实现国家省市县四级人口健康信息平台互通共享、规范应用，人人拥有规范化的电子健康档案和功能完备的健康卡，远程医疗覆盖省市县乡四级医疗卫生机构，全面实现人口健康信息规范管理和使用，满足个性化服务和精准化医疗的需求。

### 第二节 推进健康医疗大数据应用

加强健康医疗大数据应用体系建设，推进基于区域人口健康信息平台的医疗健康大数据开放共享、深度挖掘和广泛应用。消除数据壁垒，建立跨部门跨领域密切配合、统一归口的健康医疗数据共享机制，实现公共卫生、计划生育、医疗服务、医疗保障、药品供应、综合管理等应用信息系统数据采集、集成共享和业务协同。建立和完善全国健康医疗数据资源目录体系，全面深化健康医疗大数据在行业治理、临床和科研、公共卫生、教育培训等领域的应用，培育健康医疗大数据应用新业态。加强健康医疗大数据相关法规和标准体系建设，强化国家、区域人口健康信息工程技术能力，制定分级分类分域的数据应用政策规范，推进网络可信体系建设，注重内容安全、数据安全和技术安全，加强健康医疗数据安全保障和患者隐私保护。加强互联网健康服务监管。

## 第二十五章 加强健康法治建设

推动颁布并实施基本医疗卫生法、中医药法，修订实施药品管理法，加强重点领域法律法规的立法和修订工作，完善部门规章和地方政府规章，健全健康领域标准规范和指南体系。强化政府在医疗卫生、食品、药品、环境、体育等健康领域的监管职责，建立政府监管、行业自律和社会监督相结合的监督管理体制。加强健康领域监督执法体系和能力建设。

### 第二十六章　加强国际交流合作

实施中国全球卫生战略，全方位积极推进人口健康领域的国际合作。以双边合作机制为基础，创新合作模式，加强人文交流，促进我国和"一带一路"沿线国家卫生合作。加强南南合作，落实中非公共卫生合作计划，继续向发展中国家派遣医疗队员，重点加强包括妇幼保健在内的医疗援助，重点支持疾病预防控制体系建设。加强中医药国际交流与合作。充分利用国家高层战略对话机制，将卫生纳入大国外交议程。积极参与全球卫生治理，在相关国际标准、规范、指南等的研究、谈判与制定中发挥影响，提升健康领域国际影响力和制度性话语权。

## 第八篇　强化组织实施

### 第二十七章　加强组织领导

完善健康中国建设推进协调机制，统筹协调推进健康中国建设全局性工作，审议重大项目、重大政策、重大工程、重大问题和重要工作安排，加强战略谋划，指导部门、地方开展工作。

各地区各部门要将健康中国建设纳入重要议事日程，健全领导体制和工作机制，将健康中国建设列入经济社会发展规划，将主要健康指标纳入各级党委和政府考核指标，完善考核机制和问责制度，做好相关任务的实施落实工作。注重发挥工会、共青团、妇联、残联等群团组织以及其他社会组织的作用，充分发挥民主党派、工商联和无党派人士作用，最大限度凝聚全社会共识和力量。

## 第二十八章　营造良好社会氛围

大力宣传党和国家关于维护促进人民健康的重大战略思想和方针政策，宣传推进健康中国建设的重大意义、总体战略、目标任务和重大举措。加强正面宣传、舆论监督、科学引导和典型报道，增强社会对健康中国建设的普遍认知，形成全社会关心支持健康中国建设的良好社会氛围。

## 第二十九章　做好实施监测

制定实施五年规划等政策文件，对本规划纲要各项政策和措施进行细化完善，明确各个阶段所要实施的重大工程、重大项目和重大政策。建立常态化、经常化的督查考核机制，强化激励和问责。建立健全监测评价机制，制定规划纲要任务部门分工方案和监测评估方案，并对实施进度和效果进行年度监测和评估，适时对目标任务进行必要调整。充分尊重人民群众的首创精神，对各地在实施规划纲要中好的做法和有效经验，要及时总结，积极推广。

中共中央、国务院

2016年10月25日

# 群众冬季运动推广普及计划
# （2016—2020年）

**体群字〔2016〕146号**

大力发展群众冰雪运动，提高冰雪运动竞技水平，加快冰雪产业发展，推动冬季群众体育运动开展，增强人民体质，是成功举办2022年冬奥会和冬残奥会、落实全民健身国家战略、推动健康中国建设的必然要求。为落实《全民健身计划（2016—2020年）》，加强群众冬季运动推广普及，让更多群众参与体育健身，共享美好生活，特制定本计划。

## 一、指导思想

全面贯彻落实党的十八大，十八届三中、四中、五中、六中全会精神和习近平总书记系列重要讲话指示批示精神，牢固树立创新、协调、绿色、开放、共享的发展理念，按照党中央、国务院关于办好2022年冬奥会和冬残奥会的总体要求，把推广普及冬季运动、增强人民体质、提高健康水平作为根本任务，坚持因地制宜、科学布局、统筹协调、广泛参与的原则，实施"冰雪运动南展西扩"战略，夯实冬季运动群众基础，传播积极健康的生活方式，引领全民健身新时尚。

## 二、发展目标

以京津冀为引领，以东三省提升发展为重要基础，发挥新疆、内蒙古等地区的后发优势，带动南方地区协同发展，点线面结合布局群众冬季运动生态圈（带）。通过区域间优势互补，突破时空局限，到2020年，基本形成群众冬季运动开展地区广泛、场地设施供给充足、赛事活动丰富多彩、体育组织普遍建立、冰雪产业方兴未艾、社会各界广泛参与、冬季运动文化深入人心的群众冬季运动推广普及格局，努力推动实现"三亿人参与冰雪运动"的目标。

## 三、主要任务

### （一）大力普及冬季运动文化

深入发掘冬季运动文化价值及冬季项目的文化内涵，大力传播冬季运动文化，普及冬季运动知识，弘扬运动健康新理念新风尚。编发冬季运动普及读本、冬季运动知识手册、冬季运动健身指导及运动防护手册等宣传资料，搭建信息传播平台，鼓励电视、广播、报刊、杂志等媒体开办冰雪运动节目和专栏，构建"互联网+"模式，扩宽冬季运动文化传播渠道。通过冰雪知识竞赛、冰雪大讲堂等多种形式，推动群众冬季运动报道、健身常识推送、工作经验交流、特色成果展示等，增强群众参与冬季运动健身意识，积极引导群众积极参加冬季运动。支持鼓励优秀运动员参加冬季运动项目推广活动和公益活动，充分展示冬季运动项目的文化魅力。

继承发展各地传统冰雪运动文化，举办具有历史渊源和文化内涵丰富的特色冰雪体育文化活动，制定冰雪旅游产业规范标准，开展冬季休闲旅游等文化体育旅游融合的活动，利用现代科技手段，推出更多冬季运动文化创意产品。

### （二）加大冬季运动场地设施供给

依据我国地理地貌、环境气候、人口分布、交通状况及经济发展水平，因地制宜、科学规划、合理布局我国各类冬季运动场地的建设和发展。有条件的城市可打造一小时冬季运动健身圈。

加大群众性冰雪运动场地建设。鼓励有条件的地区将群众冬季运动场地纳入当地土地利用总体规划、城镇化和新农村建设规划。在满足相关要求基础上，合理利用江河、湖泊等自然水域资源和城市公园的公开水域等，开辟天然滑冰场地，满足群众滑冰运动需求。有条件的公园可建立滑冰运动与滑雪运动有机结合的冰雪乐园。鼓励公共体育场地、公园绿地、社区广场及有条件的学校采用多种方式延续设立季节性、临时性冰雪场地，积极利用广场、操场、公共绿地等人工浇筑滑冰场地，满足学校教学、课外活动及社区居民休闲娱乐需要。完善冰雪场地周边设施，打造集合运动、餐饮、娱乐、休闲、度假于一体的冰雪特色小镇。充分利用国内外新技术、新材料、新工艺建设旱雪场、旱冰场、仿真冰场、可拆装冰场等替代性冬季运动场地。鼓励冬季运动场地设施运营单位创新惠民举措，拓展服务项目，扩大公共服务范围，分时段向公众免费或优惠开放。

### （三）充分发挥冬季运动社会组织的作用

培育、扶持冬季运动社会组织的发展，积极发挥各人群协会的作用，壮大各级各类冬季运动项目协会队伍，激发冬季运动社会组织的发展活力，提高其承接政府购买冬季运动服务的能力。

推动国家级冬季运动单项协会进行功能优化改革试点，探索强化和扩充协会在群众体育、体育文化等方面的功能、机制，充分发挥协会在群众体育、体育文化发展方面的作用，扩大社会影响力。

支持群众性冬季运动体育社团建立。鼓励地方冬季运动协会发展俱乐部会员和个人会员，积极发挥不同类型群众性冬季运动体育社会组织的作用，承担满足群众多元化需求、扩大冬季运动影响的任务，并逐步完成冬季项目体育社会组织的网络化和制度化建设，支持其在社区、乡镇开展活动。

### （四）广泛开展冬季项目赛事活动

大力开展冬季运动进机关、进部队、进厂矿、进农村、进社区、进家庭活动，不断满足不同人群参与冬季运动健身需求。建立以"大众冰雪季"等品牌活动为主线，以冰雪旅游节、冰雪文化节、冰雪嘉年华、欢乐冰雪季、冰雪马拉松等群众喜闻乐见的冬季项目活动为支撑的群众冬季项目活动体系。开展参与度高、普及面广、影响力大、带动力强的冬季项目品牌赛事和活动，发挥对群众性冬季运动的引领、示范、带动作用。

开展滑雪橇、冰上自行车、滑爬犁、看冰灯、打陀螺、雪地摩托、雪地拔河、雪地足球、冰雪那达慕、冰钓等群众喜闻乐见的民间民俗冰雪娱乐活动。挖掘民族民俗冰雪旅游项目，利用中国传统节庆文化资源，丰富元旦、春节等节假日冰雪活动，打造节庆冰雪活动品牌。组织针对残疾人冰雪嘉年华、群众性冰雪项目展演暨健身康复技能、方法交流和残健融合冰雪健身特色活动。

## （五）突出青少年学生重点

开展青少年冰雪普及活动。以全国青少年"未来之星"冬季阳光体育大会活动为龙头，举办世界雪日暨国际儿童滑雪节、青少年冰雪冬夏令营、青少年公益冰雪系列等活动，弘扬奥林匹克精神，普及冰雪运动项目。

积极推进冬季运动进校园工作，有条件的地方将冬季运动纳入学校体育课教学内容，研制冬季运动教学计划，在特教学校开设冰蹴球、模拟冰壶等适合残疾学生的冰雪或仿冰、仿雪运动项目课程，提高冬季运动教学质量，加强冬季运动课外活动，鼓励学生积极参加校外冬季健身运动，熟练掌握一至两项冬季运动技能。实施青少年"轮（滑）转（滑）冰"计划，把非冬季普及宣传活动和冰雪季体验活动相结合。积极鼓励支持学校与滑雪场、滑冰馆、冰雪运动俱乐部、冰雪培训机构及其它相关社会机构合作开设冬季运动技能课程，有条件的地区应结合本地实际，量力而行，在现有经费渠道内解决冰雪运动课程相关费用。鼓励有条件的学校建立常态化校园冬季运动竞赛机制，举办冬季运动会或冬季运动节。

依托已建成的滑雪场、滑雪度假村、滑冰场馆、室内滑雪馆、冰雪乐园等建立青少年冬季运动营地、俱乐部，为学龄前儿童和学生参与滑雪和滑冰创造条件，培养青少年儿童冰雪运动兴趣和爱好。

配合2022年冬奥会"奥林匹克教育活动"和冬残奥会"冬残奥教育计划"，开展"奥运知识进课堂""冬季运动知识进课堂""冬季运动进校园"及"国际冬残奥学校日"等活动，使冬季运动成为勇于探索、磨练意志、塑造精神、陶冶情操的重要教育手段。加强青少年冬季运动国际交流合作。

**（六）加强冬季运动推广普及人才队伍建设**

落实《北京冬奥会和冬残奥会人才行动计划（2016-2022年）》，制定并实施群众冬季运动推广普及人才培养专项计划。将冬季项目社会体育指导员纳入国家社会体育指导员制度体系，加大冬季运动社会体育指导员培训。编制群众冬季运动科学健身指导丛书，组建冬季运动科学健身指导讲师团，深入城乡基层开展冬季运动推广与科学健身宣讲活动。鼓励南北省市之间采取结对帮扶模式帮助南方省份培训冰雪运动教练员、运动员等人才。定期组织冬季项目全民健身志愿服务活动，发挥冬季项目优秀运动员、教练员的影响力，带动更多人参与。

鼓励相关高等院校通过增设冬季运动相关专业或课程、建立冬季运动培训基地、冬季运动研究中心等方式，培养冬季运动人才。加强冬季运动师资队伍建设，在普通中小学培训体育教师成为冰雪运动校园辅导员。针对冬季项目特点，加快运动防护和运动康复等学科专业的人才培养，有效预防和减少冬季项目运动损伤的发生，有效治疗和康复冬季项目运动伤病，为冬季项目的推广普及保驾护航。推进冬季运动人才培养体系标准化建设，构建以职业技能鉴定为依托的冬季运动人才评价工作机制，规范技能标准开发、教学培训组织、人员资质认定等相关工作开展。充分保障残疾人参与冬季运动的权利，为残疾人参与冬季运动提供指导。积极引进和培育高端复合型冬季运动管理人才，建立人才引进绿色通道。

## 四、措施要求

### （一）加强组织领导

提高对群众冬季运动推广普及工作的认识，将其作为贯彻落实《全民健身计划（2016—2020年）》、健康中国建设的重要内容切实加以落实。建立多部门合作的群众冬季运动推广普及机制。制定本地区群众冬季运动推广普及实施计划，研究制定本地区冬季运动发展的政策措施，统筹解决重大问题，协调推进冬季运动项目建设。破除冬季运动发展的制度性障碍，加快制定和完善冬季运动发展的相关行业规范。加强冬季运动信息统计工作，定期公布相关信息。开展第三方评估，及时总结推广经验，纠正发现的问题，推动冬季运动健康发展。

### （二）加大政策支持

完善政府向社会力量购买公共服务机制，通过现有资金渠道对发展群众冬季冰雪运动给予支持。将符合条件的冬季运动场地设施纳入公共体育场馆免费、低收费开放补助的范围。地方可结合实际制定对群众冬季运动推广普及奖励办法，对在群众冬季运动推广普及中做出突出贡献的社会组织和个人予以表彰，对做出突出贡献的社会体育指导员予以适当奖励。

### （三）鼓励社会参与

通过多种方式鼓励和支持社会资本参与群众冬季运动推广普及。鼓励金融机构在风险可控、商业可持续的基础上拓展群众冬季运动领域金融服务业务。鼓励社会资本通过独资、合资、合作、联营、租赁等途径，采取特许经营、公建民营、民办公助等方式，加大对群众冬季运动的投资力度。群众冬季运动场地可按照体育场馆税收政策规定享受房产税和城镇土地使用税优惠政策。鼓励社会力量设立"冰雪运动众创空间"和"冰雪运动产业创意孵化基地"。支持企业大力研发自主品牌的冰雪设备，提升我国冰雪设备和运动装备国产化水平。国家鼓励类体育服务项目中，进口项目所需国内不能生产的自用冰雪运动设备及配件，在政策规定范围内，免征进口关税。从事群众冬季运动推广的组织机构用电、用水、用气、用热，按不高于工业标准价格执行，有条件的地区，可采用政府购买公共服务方式，对符合条件的社会力量提供补助，支持群众冬季运动发展。鼓励保险机构积极研发冬季运动保险产品，引导企业、学校、个人购买责任险及与运动伤害类相关的保险。推动发展冰雪健身、冰雪旅游度假、冰雪竞赛表演、冰雪培训、冰雪会展、冰雪器材销售、冰雪咨询等业态的发展，丰富冬季运动产品供给，满足群众不断增长的冬季运动消费需求。鼓励单位为职工参与冬季运动健身创造条件，贯彻《国民休闲纲要》，落实职工带薪休假制度，提倡单位工会经费用于职工冬季运动健身消费。

## 《群众冬季运动推广普及计划（2016—2020年）》发布

新华社北京11月4日电 国家体育总局4日在官网发布了《群众冬季运动推广普及计划（2016—2020年）》（以下简称《计划》）。该《计划》旨在推动冬季群众体育运动开展，夯实冬季运动群众基础，传播积极健康的生活方式，实现"带动三亿人参与冰雪运动"的目标。

《计划》提出的目标为，通过区域间优势互补，突破时空局限，到2020年，基本形成群众冬季运动开展地区广泛、场地设施供给充足、赛事活动丰富多彩、体育组织普遍建立、冰雪产业方兴未艾、社会各界广泛参与、冬季运动文化深入人心的群众冬季运动推广普及格局，努力推动实现"三亿人参与冰雪运动"的目标。

《计划》提出推广普及群众冬季运动的主要任务有大力普及冬季运动文化、加大冬季运动场地设施供给、充分发挥冬季运动社会组织的作用、广泛开展冬季项目赛事活动、突出青少年学生重点和加强冬季运动推广普及人才队伍建设。

《计划》提出要提高对群众冬季运动推广普及工作的认识，加大政策支持力度，通过多种方式鼓励和支持社会资本参与群众冬季运动的推广和普及。

这也是11月以来发布的第三份关于冰雪运动发展规划方面的文件。2日，国家体育总局召开新闻发布会，发布《冰雪运动发展规划（2016—2025年）》和《全国冰雪场地设施建设规划（2016—2022年）》。

体育总局　发展改革委　教育部

工业和信息化部　民政部　财政部

人力资源社会保障部　国土资源部　住房城乡建设部

水利部　农业部　文化部

人民银行　海关总署　税务总局

工商总局　林业局　旅游局

保监会　全国总工会　共青团中央

全国妇联　中残联

2016年11月2日

# 关于促进自驾车旅居车旅游发展的若干意见

## 旅发〔2016〕148号

目前，我国全面进入大众旅游新时代。自驾车旅居车（又称房车，下同）旅游是发展速度快、消费潜力大的领域。为了促进我国自驾车旅居车旅游持续健康发展，增加新供给，释放新需求，发挥其引领旅游消费和投资的积极作用，现提出如下意见：

### 一、指导思想

贯彻落实中央稳增长、调结构、惠民生的总体部署，满足国内自驾车旅居车旅游快速发展的需要，推进政策创新，加强规划建设，优化空间布局，提升服务功能，强化规范管理，促进产业协同，培育旅游消费新热点，发挥自驾车旅居车旅游的带动作用，使之成为引领旅游供给侧结构性改革，推动我国旅游产业向中高端迈进的重要载体。

### 二、基本原则

（一）坚持政策协同。把补齐政策短板作为促进自驾车旅居车旅游发展的基础。推进自驾车旅居车旅游发展有机融入现有的法律法规、政策标准体系中，突破发展瓶颈，发挥政策合力，为自驾车旅居车旅游发展创造有利条件和良好环境。

（二）坚持系统推进。系统谋划自驾车旅居车旅游线路和营地网络，促进线路和营地合理布局、选址科学、结构优化。全面推进自驾游公共服务、汽车租赁、自驾车旅居车旅游装备制造等保障体系和关联配套建设，推动全产业链协调发展。

（三）坚持融合发展。促进自驾车旅居车旅游同农业、林业、文化、健康、体育等产业和新型城镇化、美丽乡村建设以及农村精准扶贫的融合式发展，探索新产品、新业态、新模式，放大自驾车旅居车旅游的辐射带动作用。

（四）坚持生态环保。将集约利用土地、严格保护生态放在首位，牢牢把握保护优先、轻量开发、永续利用的理念，坚持走绿色环保、低碳节能的可持续发展之路。

## 三、发展目标

到2020年，重点建成一批公共服务完善的自驾车旅居车旅游目的地，推出一批精品自驾车旅居车旅游线路，培育一批自驾游和营地连锁品牌企业，增强旅居车产品使用与管理技术保障能力，形成网络化的营地服务体系和完整的自驾车旅居车旅游产业链条，建成各类自驾车旅居车营地2000个，相关政策环境明显优化，产业规模快速壮大，发展质量和综合效益大幅提升，初步构建起自驾车旅居车旅游产业体系。

## 四、主要任务

（一）加强规划指导。编制出台国家旅游风景道、旅游公路自驾车旅居车营地建设规划，加强边境地区、少数民族地区和丝绸之路沿线、长江经济带等重点旅游区（带）自驾车旅居车营地建设，形成国家旅游风景道自驾游营地服务体系，积极推动跨区域、跨境自驾游产品组合和线路合作。鼓励各地因地制宜编制本地区自驾游目的地、线路和营地的发展建设规划，推动构建以高速公路、高等级旅游干道为纽带，以地区风景道、旅游公路、自然风光带为廊道，以景区景点、山水生态区、户外运动区、乡村旅游区、休闲农业区等为依托的自驾游旅居车旅游网络体系。有条件的地方要编制年度营地建设计划。自驾游旅居车旅游线路和营地发展规划要与本地区域乡建设规划、交通发展规划、土地利用总体规划、生态环保规划等相衔接。

（二）完善公共服务体系。加快建设交通主干道、重点景区与营地的连接道路，推进高速公路服务区改造升级。围绕自驾游道路交通网络，完善旅游交通和营地标识。鼓励国内汽车生产商和自驾游服务商利用北斗卫星导航系统进行智能服务平台相关产品和设备的深度开发，提供自驾游线路导航、交通联系、安全救援和汽车维修保养等配套服务。制定出台《自驾游目的地基础设施和公共服务导则》，引导各地完善自驾游设施和服务体系，支持重点自驾车旅居车旅游目的地建设完善自驾游服务中心、加油站、维修站、停车场、旅游厕所、观景平台等服务体系。

（三）加快自驾车旅居车营地建设。积极发挥社会资本在建设自驾车旅居车营地中的主导作用，鼓励社会资本围绕重点旅游线路建设连锁经营的营地系统。大力推广政府和社会资本合作模式（PPP）建设自驾车旅居车营地。积极引导依托交通集散地、景区景点、各类公园、各类体育设施等，在符合相关规划的前提下建设不同类型、不同档次、特色突出的自驾车旅居车营地。对纳入建设规划的营地，要加强基础设施配套，因地制宜引导城镇水、电、气、排污、垃圾处理等基础设施管网向营地建设区延伸。在旅游扶贫重点村、乡村旅游集聚区建设营地，可给予适当补助。大力推行《自驾车旅居车露营地建设与服务规范》《自驾游管理服务规范》，评选一批建设经营和管理服务水平高的示范性营地。鼓励围绕营地建设，发展面向自驾游客的汽车旅馆、主题酒店、主题餐厅、主题酒吧等特色经营业态。大力推动健康休闲项目与营地的融合发展，鼓励在营地周边配套徒步、登山、骑行、垂钓、水上、冰雪、航空、赛车、马术等户外运动设施及服务。实施"乡村旅游后备箱工程",将地方特色的农副产品和旅游商品销售纳入营地服务范围。

(四)提升自驾车旅居车租赁服务。大力发展自驾车旅居车租赁产业,促进落地自驾游发展。支持租赁企业完善服务网络,通过加入连锁租赁、协作网络等方式,开展异地还车业务。鼓励智能出行服务企业开展汽车租赁业务。出台旅居车租赁管理政策,进一步放宽旅居车租赁企业的资质申请条件、经营范围和经营规模,鼓励取得汽车租赁经营许可的企业从事自行式和拖挂式旅居车租赁业务。引导自驾车旅居车租赁企业开展网络预订、支付等业务,规范自驾车旅居车租赁程序和手续。积极发展全地形车、摩托车、自行车等休闲运动用车租赁,为自驾游活动提供多种选择。

(五)提高自驾车旅居车旅游经营服务水平。加强自驾车旅居车旅游人才培养,鼓励旅游院校开设相关专业和课程,培养营地设计、投资建设、经营管理等专业化人才。大力推进校企合作,鼓励旅游职业院校和旅游培训机构加强自驾车旅居车旅游领域服务人才培训。鼓励品牌性营地经营企业、汽车租赁企业、自驾游俱乐部等进行连锁经营、托管经营和线上线下组合式经营,提高网络化、专业化和信息化经营服务水平。鼓励保险机构创新自驾游保险产品。建立健全自驾车旅居车露营行业组织,筹组中国自驾车旅居车旅游联盟。加快制订出台《自驾游领航员服务质量要求》等系列行业标准,提升自驾车旅居车旅游组织和运管水平。

(六)加强对自驾车旅居车旅游的科学管理。参照旅馆业治安管理,严格落实自驾车旅居车营地住宿实名登记。加强自驾游和营地运营的安全管理,强化营地的安全防护和消防设施建设,明确消防安全主体责任。自驾游和营地服务人员上岗前要进行安全风险防范及应急救助技能培训。自驾游组织机构要对参与高风险项目的旅游者进行风险提示,并开展安全培训。加快自驾游呼叫中心和紧急救援基地建设,鼓励有条件的旅游企业建立专、兼职的紧急救援队伍。立足现有自驾游数据采集点和采集系统，健全自驾游信息的统计、监测与预警系统，合理引导自驾游游客流量和流向。加强自驾游沿线生态保护敏感点或区域的生态环境监测与评估，及时掌握自驾车旅居车旅游的生态环境影响状况，避免自驾游对生态敏感点或区域造成不良影响。

（七）大力发展自驾车旅居车及营地设施制造业。把旅居车纳入汽车行业发展规划，建立旅居车和相关零配件制造技术标准体系。在符合法律法规和技术标准前提下，鼓励旅居车生产、装饰、展销，畅通旅居车零配件供应和维修渠道，拓展旅居车产业链。鼓励国内企业开展自驾车旅居车装备、营地设施、户外运动装备等自主研发，并按规定享受国家鼓励科技创新政策。支持国内有条件的企业兼并收购国外先进自驾车旅居车旅游装备制造企业或开展合资合作经营。

（八）推广自驾车旅居车生活新方式。举办自驾车旅居车旅游博览会，大力推广具有自主品牌的休闲、登山、滑雪、潜水、露营、探险等各类户外用品和露营生活方式，培育新消费。传播推广自驾车旅居车旅游文化，开展自驾游精品线路等推介活动，发挥精品品牌的示范带动作用。支持自驾车和旅居车旅游协会、露营协会、自驾游俱乐部等中介组织和企业开展自驾游活动。鼓励开展自驾游主题展览、比赛、节庆等地方性节事活动，引导有条件的地方利用营地网络开展汽车集结赛事活动，推广精品自驾车线路。积极培育青少年露营文化，大力倡导文明旅游。

## 五、强化保障

（一）依法加强旅居车交通管理。加强对《关于规范旅居挂车通行管理工作的通知》落实情况的监督检查，督促旅居车驾驶人严格遵守道路交通安全法律法规。对于列入《机动车辆生产企业及产品公告》的国产旅居挂车及符合国家相关标准的进口旅居挂车，应当依法予以办理机动车登记。安装符合国家标准牵引装置的小型客车，可以拖挂重量不超过2.5吨的中置轴旅居挂车上路行驶。研究改进旅居车驾驶证管理制度。

（二）优化营地用地政策。自驾车旅居车营地项目建设应该符合城乡规划、土地利用总体规划、自驾车旅居车营地建设规划、自驾车旅居车营地建设与服务规范，依法依规使用土地，不得占用基本农田，不占或者尽量少占耕地。选址在土地利用总体规划确定的城镇规划区外的自驾车旅居车营地，其公共停车场、各功能区之间的连接道路、商业服务区、车辆设备维修及医疗服务保障区、废弃物收纳与处理区等功能区可与农村公益事业合并实施，依法使用集体建设用地，其自驾车营区、旅居车营区、商务俱乐部、木屋住宿区、休闲娱乐区等功能区应优先安排使用存量建设用地，确需新供的，用途按旅馆用地管理，宜以招标方式实行长期租赁或者先租后让；其他功能区使用未利用地的，在不改变土地用途、不固化地面的前提下，可按原地类管理。选址在土地利用总体规划确定的城镇规划区内的自驾车旅居车营地，全部用地均应依法办理转用、征收、供应手续。已供自驾车旅居车营地项目建设用地不得改变规划确定的土地用途，不得分割转让和转租。

（三）完善管理制度。原则上，自驾游俱乐部纳入旅行社序列管理，自驾游领航员纳入导游序列管理，开展旅游经营的各类营地纳入景区序列登记管理。各地要制定出台针对营地运营特点的卫生、环保和住宿登记具体政策措施，进一步简化营地的前置性审批手续。拖挂式旅居挂车上路按照牵引车辆的高一挡标准收费。

（四）加强财税金融扶持。中央财政加大对纳入国家规划和年度建设计划的营地项目和中西部贫困地区的营地建设项目的支持力度。各地要加大对自驾游道路、停车场、厕所、电信、环卫处理等基础设施建设的支持力度。自驾车旅居车旅游营地的用水、用电价格实行与工业企业相同的价格政策。鼓励旅游产业投资基金向营地经营龙头企业和重点建设项目提供资金支持。对信用状况好、有资源或品牌优势的自驾游运营企业，鼓励金融企业加大金融支持力度。

各地旅游、发改、工信、公安、财政、国土、环保、住建、交通、工商、体育等部门要加强协调配合，全面落实好相关政策措施，为自驾车旅居车旅游发展创造良好环境。

国家旅游局　国家发展改革委  
工业和信息化部　公安部  
财政部　国土资源部  
环境保护部　住房城乡建设部  
交通运输部　国家工商总局  
国家体育总局  
2016年11月7日

# 国务院办公厅关于进一步扩大旅游文化体育健康养老教育培训等领域消费的意见

国办发〔2016〕85号

各省、自治区、直辖市人民政府,国务院各部委、各直属机构:

当前,我国国内消费持续稳定增长,为经济运行总体平稳、稳中有进发挥了基础性作用。顺应群众期盼,以改革创新增加消费领域特别是服务消费领域有效供给、补上短板,有利于改善民生、促进服务业发展和经济转型升级、培育经济发展新动能。要按照党中央、国务院决策部署,牢固树立和贯彻落实创新、协调、绿色、开放、共享的发展理念,坚持以供给侧结构性改革为主线,发挥市场配置资源的决定性作用和更好发挥政府作用,深入推进简政放权、放管结合、优化服务改革,消除各种体制机制障碍,放宽市场准入,营造公平竞争市场环境,激发大众创业、万众创新活力,推动一二三产业融合发展,改善产品和服务供给,积极扩大新兴消费、稳定传统消费、挖掘潜在消费。经国务院同意,现提出以下意见:

## 一、着力推进幸福产业服务消费提质扩容

围绕旅游、文化、体育、健康、养老、教育培训等重点领域,引导社

会资本加大投入力度，通过提升服务品质、增加服务供给，不断释放潜在消费需求。

## （一）加速升级旅游消费。

1. 2016年底前再新增100家全域旅游示范区创建单位。实施乡村旅游后备箱行动。研究出台休闲农业和乡村旅游配套设施建设支持政策。（国家旅游局、农业部、国家发展改革委按职责分工负责）

2. 指导各地依法办理旅居挂车登记，允许具备牵引功能并安装有符合国家标准牵引装置的小型客车按规定拖挂旅居车上路行驶，研究改进旅居车准驾管理制度。加快研究出台旅居车营地用地政策。（公安部、交通运输部、国土资源部、国家旅游局按职责分工负责）

3. 制定出台邮轮旅游发展总体规划。规范并简化邮轮通关手续，鼓励企业开拓国内和国际邮轮航线，进一步促进国内邮轮旅游发展。将已在上海启动实施的国际邮轮入境外国旅游团15天免签政策，逐步扩大至其他邮轮口岸。（国家旅游局、交通运输部、海关总署、公安部、质检总局按职责分工负责）

4. 制定出台游艇旅游发展指导意见。有序推动开展粤港澳游艇自由行，规划建设50—80个公共游艇码头或水上运动中心，探索试点游艇租赁业务。（国家旅游局、交通运输部、工业和信息化部、公安部、海关总署、国家发展改革委、质检总局按职责分工负责）

5. 出台促进体育与旅游融合发展的指导意见。（国家旅游局、体育总局按职责分工负责）

## （二）创新发展文化消费。

6. 支持实体书店融入文化旅游、创意设计、商贸物流等相关行业发展，建设成为集阅读学习、展示交流、聚会休闲、创意生活等功能于一体、布局合理的复合式文化场所。（新闻出版广电总局牵头负责）

7. 稳步推进引导城乡居民扩大文化消费试点工作，尽快总结形成一

批可供借鉴的有中国特色的文化消费模式。（文化部、财政部按职责分工负责）

8. 适时将文化文物单位文化创意产品开发试点扩大至符合条件的地市级博物馆、美术馆、图书馆。（文化部牵头负责）

9. 出台推动文化娱乐行业转型升级的意见，提升文化娱乐行业经营管理水平。出台推动数字文化产业发展的指导意见，丰富数字文化内容和形式，创新数字文化技术和装备。（文化部、新闻出版广电总局按职责分工负责）

### （三）大力促进体育消费。

10. 2016年内完成体育类社团组织第一批脱钩试点。以足球、篮球、排球三大球联赛改革为带动，推进职业联赛改革，在重大节假日期间进一步丰富各类体育赛事活动。（体育总局牵头负责）

11. 提高体育场馆使用效率，盘活存量资源，推动有条件的学校体育场馆设施在课后和节假日对本校学生和公众有序开放，运用商业运营模式推动体育场馆多层次开放利用。（体育总局、教育部、财政部按职责分工负责）

12. 制定实施冰雪运动、山地户外运动、水上运动、航空运动等专项运动产业发展规划。（体育总局、国家发展改革委、工业和信息化部按职责分工负责）

### （四）培育发展健康消费。

13. 适时将自2016年1月1日起实施的商业健康保险个人所得税税前扣除政策，由31个试点城市向全国推广。（财政部、税务总局、保监会按职责分工负责）

14. 重点推进两批90个国家级医养结合试点地区创新医养结合管理机制和服务模式，形成一批创新成果和可持续、可复制的经验。（国家卫生计生委、民政部按职责分工负责）

15. 促进健康医疗旅游，建设国家级健康医疗旅游示范基地，推动落实医疗旅游先行区支持政策。（国家卫生计生委、国家旅游局、国家发展改革委按职责分工负责）

**（五）全面提升养老消费。**

16. 抓紧落实全面放开养老服务市场、提升养老服务质量的政策性文件，全面清理、取消申办养老服务机构不合理的前置审批事项，进一步降低养老服务机构准入门槛，增加适合老年人吃住行等日常需要的优质产品和服务供给。（国家发展改革委、民政部按职责分工负责）

17. 支持整合改造闲置社会资源发展养老服务机构，将城镇中废弃工厂、事业单位改制后腾出的办公用房、转型中的公办培训中心和疗养院等，整合改造成养老服务设施。（民政部、国家发展改革委按职责分工负责）

18. 探索建立适合国情的长期护理保险制度政策框架，重点解决重度失能人员的基本生活照料和与基本生活密切相关的医疗护理等所需费用。（人力资源社会保障部、国家卫生计生委、民政部、财政部、保监会按职责分工负责）

**（六）持续扩大教育培训消费。**

19. 深化国有企业所办教育机构改革，完善经费筹集制度，避免因企业经营困难导致优质职业培训机构等资源流失，加强相关领域人才培养。加强教育培训与"双创"的有效衔接，鼓励社会资本参与相关教育培训实践，为"双创"提供更多人才支撑。（国务院国资委、教育部、财政部、人力资源社会保障部按职责分工负责）

20. 重点围绕理工农医、国家急需的交叉前沿学科、薄弱空白学科等领域，开展高水平、示范性的中外合作办学。（教育部牵头负责）

## 二、大力促进传统实物消费扩大升级

以传统实物消费升级为重点，通过提高产品质量、创新增加产品供给，创造消费新需求。

**（七）稳定发展汽车消费。**

21. 加快制定新的汽车销售管理办法，打破品牌授权单一模式，鼓励发展共享型、节约型、社会化的汽车流通体系。（商务部牵头负责）

22. 在总结4个自贸试验区汽车平行进口试点政策的基础上，加快扩大汽车平行进口试点范围。（商务部牵头负责）

**（八）培育壮大绿色消费。**

23. 研究出台空气净化器、洗衣机等家用绿色净化器具能效标准，并纳入能效领跑者计划，引导消费者优先购买使用能效领跑者产品。（国家发展改革委牵头负责）

24. 加大节能门窗、陶瓷薄砖、节水洁具等绿色建材评价的推进力度，引导扩大绿色建材消费的市场份额。（住房城乡建设部、工业和信息化部按职责分工负责）

25. 完善绿色产品认证制度和标准体系，建立统一的绿色产品标准、认证、标识体系，制定流通领域节能环保技术产品推广目录，鼓励流通企业采购和销售绿色产品。（质检总局、商务部按职责分工负责）

## 三、持续优化消费市场环境

聚焦增强居民消费信心，吸引居民境外消费回流，通过加强消费基础设施建设、畅通流通网络、健全标准规范、创新监管体系、强化线上线下消费者权益保护等，营造便利、安心、放心的消费环境，同时兼顾各方利益，在实践中探索完善有利于发展新消费、新业态的监管方式。

**（九）畅通城乡销售网络。**

26. 结合城市快速消费品等民生物资运输需求，将具备条件的城市中心既有铁路货场改造为城市配送中心。2016年内争取建成已纳入规划的全部一级铁路物流基地，二、三级铁路物流基地完成规划目标一半以

上的建设任务。进一步扩大货运班列开行覆盖范围。（中国铁路总公司牵头负责）

27. 加强冷链物流基础设施网络建设，完善冷链物流标准和操作规范体系，鼓励企业创新经营模式，加快先进技术研发应用，扩大冷链物流覆盖范围、提高服务水平。（国家发展改革委、商务部、质检总局按职责分工负责）

28. 开展加快内贸流通创新推动供给侧结构性改革扩大消费专项行动，加大对农产品批发市场、农贸市场、社区菜场、农村物流设施等公益性较强的流通设施支持力度。通过加快建设农民工生活服务站和农村综合服务中心等方式健全服务网络，促进农村服务业发展，扩大农村生活服务消费。（商务部牵头负责）

29. 推动实体零售创新转型，鼓励企业创新经营模式、加强技术应用、优化消费环境、提高服务水平，由销售商品向创新生活方式转变，做精做深体验消费。发挥品牌消费集聚区的引导作用，扩大品牌商品消费。积极培育国际消费中心城市。（商务部牵头负责）

30. 深入开展重要产品追溯示范建设。开展地域特色产品追溯示范和电商平台产品追溯示范活动，支持龙头企业创立可追溯特色产品品牌，鼓励电商平台创建可追溯产品专区，形成城乡产品信息畅通、线上线下有效衔接的全程追溯网络，提升重要产品质量安全保障能力和流通、消费安全监测监管水平。（商务部牵头负责）

**（十）提升产品和服务标准。**

31. 将内外销产品"同线同标同质"工程实施范围，由食品企业进一步扩大至日用消费品企业。（质检总局牵头负责）

32. 持续提升无公害农产品、绿色食品、有机农产品和地理标志农产品（"三品一标"产品）总量规模和质量水平。（农业部、质检总局按职责分工负责）

33. 加快推进生活性服务业标准体系和行业规范建设，推动养老服务等认证制度，提升幸福产业的标准化水平。（质检总局牵头负责）

34. 加快智慧家庭综合标准化体系、虚拟/增强现实标准体系以及可穿戴设备标准建设，推进标准应用示范。（工业和信息化部、质检总局按职责分工负责）

35. 创新市场监管方式，加强部门间、区域间执法协作，建立完善线索通报、证据移转、案件协查、联合办案等机制，严厉打击制售侵权假冒商品违法行为，维护安全放心的消费环境。（全国打击侵权假冒工作领导小组办公室牵头负责）

各地区、各部门要充分认识进一步扩大国内消费特别是服务消费的重要意义，切实强化组织领导，逐项抓好政策落实，确保各项措施见到实效，不断研究解决扩大消费和服务业发展所面临的新情况、新问题。各地区要结合本地实际制定具体实施方案，明确工作分工，落实工作责任。国家发展改革委等有关部门要注重分类指导，抓紧制定配套政策和具体措施，加强部门协作配合，共同开展好相关工作。

国务院办公厅
2016年11月20日

# 冰雪运动发展规划
# （2016—2025年）

**体经字〔2016〕645号**

近年来，我国冰雪运动快速发展，特别是2022年北京冬奥会的成功申办，为冰雪运动繁荣发展带来了重大机遇。当前，我国正处在全面建成小康社会的决胜阶段，发展冰雪运动有利于满足群众多样化体育文化需求、推动全民健身和全民健康深度融合，对于建设健康中国和体育强国、促进经济社会发展、实现中华民族伟大复兴的中国梦具有重要意义。为贯彻落实《国务院关于加快发展体育产业 促进体育消费的若干意见》（国发〔2014〕46号），促进中国冰雪运动繁荣健康发展，特制定本规划。

## 一、发展基础

——群众冰雪活动蓬勃开展。随着冰雪运动"南展西扩"战略的推进，开展冰雪活动的地域不断扩展，冰雪活动类型日益丰富，参与人数迅速增加，覆盖人群范围逐渐扩大，群众参与冰雪运动的热情不断高涨。

——冰雪运动竞技水平迅速提高。我国冰雪竞技运动稳步发展，尤其是冰上项目发展迅速，先后在世锦赛和奥运会上取得优异成绩。截至2014年索契冬奥会，我国共获得53枚冬季奥运会奖牌。

——冰雪运动产业方兴未艾。我国冰雪运动产业已经初步形成了以健身休闲为主，竞赛表演、场馆服务、运动培训和体育旅游等业态协同发展的产业格局。冰雪运动参与和培训需求旺盛，竞赛表演活动日益丰富，冰雪旅游业发展迅猛，冰雪场地建设运营市场化程度较高，冰雪用品及相关产品制造增长空间大。

尽管我国冰雪运动发展取得了一定成绩，具备一定的基础，但仍存在许多问题：群众普及程度不高，参与冰雪运动人数少；竞技项目发展不均衡，运动员后备力量基数小；冰雪产业规模不大，有效供给不足，缺少自主品牌；冰雪运动场地设施不足，建设运营标准和制度缺失；各类专业人才短缺，体制机制有待进一步完善。

## 二、总体要求

### （一）指导思想

全面贯彻党的十八大和十八届二中、三中、四中、五中全会精神，按照"四个全面"战略布局，牢固树立和贯彻落实创新、协调、绿色、开放、共享的发展理念，认真落实党中央、国务院决策部署，把发展冰雪运动、提高人民健康水平作为根本目标，充分发挥市场作用，激发社会参与动力，丰富产品和服务供给，不断满足人民群众日益增长的冰雪运动需求。

### （二）基本原则

全民普及，优化提升。以青少年为重点，全力引导大众参与冰雪运动，推广冰雪健身休闲项目，丰富冰雪赛事活动，满足大众多层次、多样化的参与冰雪运动需求。优化项目布局，遵循冰雪运动规律，提高冰雪运动水平。

市场主导，政府引导。着力推进冰雪运动的供给侧结构性改革，扩大增量，提高质量，完善市场机制。发挥政府作用，制定规划政策，提供公共服务，营造重视冰雪、支持冰雪、参与冰雪的社会氛围。

因地制宜，重点发展。依据各地自然条件和经济发展水平，宜冰则冰、宜雪则雪，室内外结合发展冰雪运动。继续支持重点地区，充分利用现有资源，挖掘潜力，不断创新，形成冰雪运动发展集聚区。

协调互动，融合发展。立足全局，系统谋划，形成优势互补、良性互动的空间发展格局，促进冰雪产业和冰雪事业的协调发展。丰富冰雪产业业态，推动冰雪运动与旅游、健康等相关产业互动融合，创新发展手段，发挥辐射带动作用，促进区域经济社会发展。

### （三）发展目标

到2025年，形成冰雪运动基础更加坚实，普及程度大幅提升，竞技实力极大提高，产业体系较为完备的冰雪运动发展格局。

——冰雪运动群众基础更加坚实。冰雪运动普及度大幅提高，群众冰雪活动极大丰富，参与冰雪运动的人数稳步增加，直接参加冰雪运动的人数超过5000万，并带动"3亿人参与冰雪运动"。

——冰雪运动竞技水平和国际竞争力全面提升。基本形成冰雪运动竞技项目布局更加合理，结构更加优化，发展更加均衡，成绩显著提高的全新发展格局，力争在2022年冬奥会上综合实力跻身世界先进行列，实现运动成绩与精神文明双丰收。

——冰雪运动产业体系初步形成。政府引导、社会参与，初步形成以冰雪场地设施建设运营为基础，冰雪大众休闲健身和竞赛表演为核心，以冰雪体育旅游为带动，冰雪装备制造为支撑的冰雪产业体系。到2020年我国冰雪产业总规模达到6000亿元，到2025年我国冰雪产业总规模达到10000亿元。

---

**专栏1　冰雪运动参与人群**

1. 直接参加冰雪运动的人群：主要是指以运动竞技、健身休闲等为目的，进行冰雪运动的人群。如冰雪项目的运动员、教练员、裁判员，冰雪运动爱好者，参加学校冰雪运动课程的学生等。

2. 间接参与冰雪运动的人群：主要是指冰雪运动影响到的相关人群，包括冰雪赛事及相关活动的观众；参与冰雪嘉年华、冰雪旅游节、冰雪冬令营等冰雪体验活动的人群；冰雪产业的从业人员等。

## （四）发展导向

全面推进冰雪运动"南展西扩"战略，以京津冀为引领，以东北三省提升发展为基础，发挥新疆、内蒙古等西北、华北地区的后发优势，带动南方地区协同发展，形成引领带动、三区协同、多点扩充的发展格局。

——引领带动。以筹办2022年冬奥会为契机，在京津冀地区建设一批能承办高水平、综合性国际冰雪赛事的场馆，依托该地区旺盛的消费需求，积极普及冰雪运动项目，大力发展冰雪健身休闲业、高水平竞赛表演业和冰雪旅游业，带动全国冰雪运动发展。

——三区协同。利用东北、西北、华北的资源优势，合理布局、错位发展，建设集竞赛表演、健身休闲、教育培训、装备制造为一体的北方冰雪运动带。

进一步巩固东北地区冰雪运动发展基础，在人才培养、赛事组织、装备研发、文化宣传等方面稳步推进，促进健身休闲、竞赛表演、冰雪旅游、用品制造等各产业门类协调发展。

充分利用华北地区的区位、交通、资源和人口等优势，在京津冀带动下，促进冰雪运动多元市场主体的形成，发展冰雪健身休闲业，推广冰雪健身培训业。

西北地区重点发展冰雪旅游，发挥新疆作为丝绸之路经济带核心区的优势，带动西北地区充分利用冰雪资源和民族文化，与旅游相结合，发展冰雪健身休闲业和冰雪旅游业。

——多点扩充。南方地区结合各地自然条件和资源禀赋，因地制宜，合理发展冰雪运动项目，扩大冰雪运动群众基础及项目影响力。西南和华东地区可利用高山冰雪资源修建冰雪场地，发展本地区的冰雪运动；经济发达城市建造滑冰馆和室内滑雪场，发展竞赛表演业和健身培训休闲业，普及冰雪项目。

## 三、主要任务

### （一）大力普及冰雪运动

培养青少年冰雪运动技能。各级教育、体育部门积极配合，共同推进冰雪运动进校园，有条件的北方地区中小学应将冰雪运动项目列入冬季体育课教学内容；鼓励南方地区城市中小学积极与冰雪场馆或冰雪运动俱乐部建立合作，开设冰雪体育课程。推行"百万青少年上冰雪"和"校园冰雪计划"，促进青少年冰雪运动的普及发展。以政府购买服务方式，支持学校与社会培训机构合作开展冰雪运动教学活动。

---

**专栏2　校园冰雪计划**

1. 2018年编制完成冰雪运动校园教学指南。

2. 全国中小学校园冰雪运动特色学校2020年达到2000所，2025年达到5000所。

3. 鼓励开设冰雪运动相关专业的职业学校或高等院校参与培养中小学冰雪运动教师，到2020年完成对5000名校园冰雪运动项目专职或兼职教师的培训。

---

推广冰雪健身项目。鼓励各地依托当地自然和人文资源，发展适合形式多样、喜闻乐见的冰雪健身项目，开展大众冰雪赛事活动。以花样滑冰、冰球和高山滑雪等为重点，支持有群众基础的冰雪健身项目发展。深入发掘东北、华北和西北等地区的冰车、抽冰嘎、冰上龙舟、冰蹴球、转龙射球等传统民俗冰雪项目。

指导大众冰雪运动。加强对大众冰雪运动的专业性指导和培训，建设冰雪运动社会体育指导员队伍。支持社会力量兴办冰雪运动俱乐部或冰雪运动培训学校，开展大众冰雪运动健身培训服务。

### （二）提高冰雪运动竞技水平

优化冰雪运动竞技项目布局。优势项目和潜优势项目要重点发展，一般项目有侧重发展，新开展项目要跨越式发展。鼓励东北三省开展更多的冰雪项目，加快北京、河北、新疆和内蒙古等地冰雪项目的发展速度，调动其他有条件的省区市开展适宜的冰雪项目。发挥高等体育院校的人才、科研优势，推动新开展项目的引进、推广和提高。

完善冰雪运动后备人才培养体系。全力备战2022年冬奥会，以《2022年北京冬季奥运会备战工作计划》《冬季项目竞技体育后备人才中长期规划》为引领，完善以各级各类体校、体育学院和专业队为主，以大中小学校和社会培训机构为辅的人才培养体系。加强高水平后备人才基地的建设，改善后备人才培养的训练设施和师资条件。打通冰雪运动项目和夏季运动项目后备人才的培养渠道，鼓励人才共享。

积极筹办2022年冬奥会。践行《奥林匹克2020议程》，坚持"绿色办奥、共享办奥、开放办奥、廉洁办奥"的理念，转换观念，广泛吸引社会力量参与筹办和备战参赛工作，将筹办冬奥会作为实施京津冀协同发展战略的重要举措，树立奥林匹克运动与城市良性互动、共赢发展的典范，举办一届精彩、非凡、卓越的奥运盛会。

### （三）促进冰雪产业发展

加快推动冰雪健身休闲业。积极推动运动健身、场馆服务、培训教育、体育旅游等健身休闲产业业态发展。加快发展社会关注度高、市场空间大的冰球、花样滑冰、高山滑雪等项目。实施冰雪产业精品工程，支持各地打造一大批优秀冰雪运动俱乐部、示范场馆和品牌赛事。积极推动冰雪旅游产业发展，指导冰雪资源大省做好冰雪旅游专项规划，充分发挥市场作用，整合现有资源，建设一批复合型冰雪旅游基地和冰雪运动中心。鼓励冰雪运动场地开发大众化冰雪旅游项目，建设一批融滑雪、登山、徒步、露营等多种健身休闲运动为一体的体育旅游度假区或度假地。促进冰雪产业与相关产业深度融合，增强产业创新能力，提供多样化产品和服务。

积极培育冰雪竞赛表演业。大力拓展冰雪竞赛表演市场，促进办赛主体多元化，推进冰雪赛事活动市场化运作。有计划地举办冰雪运动国际高水平专业赛事，培育花样滑冰、冰球、冰壶和单板滑雪等观赏性强的冰雪运动品牌赛事。举办冰球职业联赛，引导培育冰雪运动商业表演项目，打造以"全国大众冰雪季"为代表的群众性品牌冰雪活动。支持具备条件的单位广泛举办冰雪赛事活动，引导支持体育社会组织等社会力量举办群众性冰雪赛事活动。

创新发展冰雪装备制造业。搭建产需对接平台，支持冰雪装备制造企业与冰雪场地等用户单位联合开发冰雪装备，扶持具有自主品牌的冰雪运动器材装备、防护用具、设施设备、客运索道等冰雪用品企业和服装鞋帽企业发展。以全面振兴东北地区老工业基地发展为契机，做大做强东北地区的冰雪装备制造业。挖掘长三角、珠三角、京津冀及海峡西岸等体育产业集群在冰雪服装、装备制造的潜力。支持高等院校、科研院所和企业加大协同创新力度，以企业为主体开发一批科技含量高、绿色环保、拥有自主知识产权、可替代进口的产品，培育一批具有较高知名度的冰雪用品企业。

---

**专栏3 冰雪产业促进工程**

1. 搭建冰雪产业服务网络和平台，提供冰雪运动信息查询、政策发布、促进冰雪产业资源公平、公正、公开流转。
2. 构建中国北方冰雪旅游推广联盟，创立"北国冰雪"国际旅游品牌。
3. 建立一批产业规模较大、集聚效应明显的国家冰雪产业示范基地，2020年达到2个，2025年达到5个；建设一批具有较高知名度和影响力的国家冰雪产业示范企业，2020年达到10个，2025年达到20个；培育一批特色鲜明、市场竞争力较强的国家冰雪产业示范项目，2020年达到10个，2025年达到20个。

### (四) 加大场地设施供给

科学规划布局冰雪运动场地。各地要根据人口规模、自然资源、经济社会发展水平，科学规划冰雪运动场地设施。引导社会力量建设冰雪运动场地，扩大冰雪场地供给，优化冰雪场地类型结构，提高场地设施质量。

建设公共冰雪运动场地设施。有计划的建设一批公共滑冰馆、室外滑冰场和滑雪场等冰雪运动场地。各地要以均衡配置、严格预留、规模适当、功能优先、经济适用、节能环保为原则，合理规划建设公共滑冰馆，纳入全民健身场地设施建设和健康养老服务工程统筹考虑。盘活存量资源，改造提升现有冰雪场地设施水平、完善其功能。结合现有体育场馆设施，建设综合性冰雪运动中心。

丰富冰雪运动场地类型。鼓励各地利用公园、城市广场等公共用地，因地制宜建设可移动冰雪场地。鼓励东北、华北和西北地区在冬季浇筑室外临时性冰场。鼓励各地结合住宅开发和商业设施规划建设一批室内冰雪场地。鼓励社会力量通过改造旧厂房、仓库、老旧商业设施等建设冰雪运动场地。

---

**专栏4　冰雪场地设施建设工程**

1. 以群众公共健身、普及滑冰运动为主，鼓励城区常住人口超过50万的城市根据自身情况建设公共滑冰馆。
2. 引导社会力量建设各类季节性滑冰场，如可拆装式冰场、室外临时浇筑冰场等。
3. 引导社会力量依托气候、地貌和生态等自然资源，因地制宜建设滑雪场地。
4. 依托现有冰雪训练基地和体育场馆群，结合体育场馆功能完善和城市发展规划，建设可承办高水平冰雪运动竞赛表演的场馆。
5. 有计划对现有冰雪训练基地进行评估维修改建。

### （五）深化体制机制改革

大力发展冰雪体育组织。加强各单项协会指导、组织和传播功能。鼓励冰雪类民办非企业组织发展，积极培育多形式、多层次冰雪协会，引导协会提供相适应的公共服务与产品。统筹协调滑冰场、滑雪场等经营单位和冰雪运动俱乐部资源，推动群众性冰雪体育组织健康发展。

稳步推进部分项目职业化。以冰球、花样滑冰和高山滑雪为试点进行职业化探索，支持教练员、运动员职业化发展。建立职业政策制度体系，鼓励多元投入职业体育，引导社会资本参与组建冰雪职业俱乐部和专业冰雪运动团队。

## 四、保障措施

### （一）完善投入机制

健全财政对冰雪运动的投入机制，支持人才培养、公益活动等。鼓励符合条件的冰雪装备企业积极申请中小企业创新基金，引导社会资本的投入。推广和运用政府和社会资本合作等多种模式，吸引社会资本参与冰雪运动发展。鼓励社会资本设立冰雪运动发展基金。鼓励以特许经营、政府购买服务的方式，支持各类社会力量举办的群众性冰雪赛事。

### （二）落实支持政策

落实国务院《关于加快发展体育产业 促进体育消费的若干意见》中规定的相关政策。按照现行体育场馆房产税和城镇土地使用税优惠政策，冰雪场地的房产、土地符合体育场馆减免税条件的，可以享受房产税、城镇土地使用税优惠。确保冰雪运动场所的水、电、气、热价格按不高于一般工业标准执行。鼓励保险机构围绕冰雪健身休闲、竞赛表演、场馆服务等需求推出多样化保险产品，引导具备条件的单位和个人购买运动伤害类、旅行救援类保险。

### （三）保障用地需求

积极引导冰雪产业用地控制规模、科学选址，并纳入地方各级土地利用总体规划中合理安排。对符合土地利用总体规划、城乡规划、环境保护规划等相关规划的重点冰雪场地设施建设项目，各地应本着应保尽保的原则，合理安排建设用地计划指标，加快办理用地审批手续，积极组织实施土地供应。修建冰雪运动场馆及配套的服务设施用地，按照建设用地管理，办理建设用地审批手续，鼓励利用现有场馆设施建设冰雪运动设施。利用现有山川水面发展冰雪场地设施，对不占压土地、不改变地表形态的，可按原地类管理，涉及土地征收的依法办理土地征收手续。对选址有特殊要求，在土地利用总体规划确定的城市、集镇和村庄建设用地指标以外的重大冰雪场地设施建设项目，可按单独选址项目安排用地。对非营利性的冰雪运动项目专业比赛和专业训练场（馆）及其配套设施，符合划拨用地目录的，可以划拨方式供地；不符合划拨用地目录的，应当有偿使用，可以协议方式供地。

### （四）完善标准和统计

加强冰雪运动标准化建设，逐步建立冰雪运动标准体系，制定相关服务规范和质量标准，提高场地设施建设运营、服务提供、技能培训、人员资质、活动管理、器材装备等各方面标准化水平。完善相关政府部门和行业协会服务标准，积极为各类冰雪赛事活动提供服务。强化标准实施，加强冰雪运动服务标准化试点示范建设，提升冰雪运动服务质量和安全技术保障。完善冰雪产业的统计制度和指标体系，建立行业监测机制。

### （五）注重人才培养

健全冰雪人才职业标准和冰雪运动社会体育指导员培训体系。发挥政府扶持引导作用，建立冰雪人才信息库，鼓励冰雪人才资源开发和人才引进，提升冰雪体育服务水平。加强师资队伍建设，完善冰雪人才培养体系，鼓励有条件的高等院校和职业学院设置和发展冰雪产业相关专业。发挥行业协会、高等院校、社团俱乐部和企业等各类力量，充分利用多样化教育资源开展冰雪人才培养和培训，支持退役运动员接受再就业技能培训，推动跨界合作，共同培养冰雪运动人才。加强冰雪人才的国际交流和培养。

### （六）加大文化宣传

鼓励各级各类媒体加强对冰雪体育文化、冰雪运动健康知识和赛事活动的宣传和展示，积极引导广大人民群众形成冰雪运动习惯和消费观念。利用冬奥会、全国冬运会以及各冰雪单项赛事的契机，开展宣传、展览、征文、集邮等丰富多彩的冰雪体育文化活动。积极支持形式多样的冰雪题材文艺创作，推广冰雪文化。倡导诚信经营，营造良好的社会诚信环境，促进冰雪产业健康发展。

### （七）加强组织实施

各地要积极贯彻落实本规划，建立由体育部门、发展改革部门、教育部门、旅游部门牵头，相关部门共同参与的冰雪运动发展工作协调机制，加强沟通协调，密切协作配合，形成工作合力，研究推进冰雪运动发展的各项政策措施，认真落实冰雪运动发展相关任务要求。各地区、各有关部门要根据本规划的要求，结合实际情况，抓紧制定具体实施意见和配套文件。体育总局、国家发展改革委、教育部、国家旅游局要会同有关部门对落实本规划的情况进行监督检查和跟踪分析。

国家发展改革委
国家体育总局
教育部
国家旅游局
2016年11月25日

# 全国冰雪场地设施建设规划
# （2016—2022年）

**体经字〔2016〕646号**

按照党中央、国务院关于发展冰雪运动的总体部署和要求，为加快冰雪场地设施建设，推动冰雪运动的普及和提高，促进冰雪产业发展，实现"3亿人参与冰雪运动"的目标，根据《国务院关于加快发展体育产业促进体育消费的若干意见》（国发〔2014〕46号）和《冰雪运动发展规划（2016—2025年）》，制定本规划。

## 一、规划背景

2022年北京冬奥会的成功申办，极大地激发了人民群众参与冰雪运动的热情，为我国冰雪运动发展创造了历史机遇。但目前冰雪场地设施数量少、规模小、服务水平不高，与我国冰雪运动发展需要不相适应，与冰雪运动发达国家存在较大差距。据统计，截至2015年底，全国共有滑冰场馆200余个；滑雪场地500余座，雪道面积约3000万平方米，雪道长度约1000千米，其中约五分之四的雪场的雪道面积不足5万平方米。

加快规划建设冰雪场地设施是办好2022年北京冬奥会、提高我国冰雪竞技水平的重要基础，是普及冰雪运动、发展冰雪产业、实现"3亿人参与冰雪运动"的基本保障，是满足人民群众不断增长的体育需求、推动全民健身和全民健康深度融合、建设健康中国和体育强国的重要内容。

## 二、总体要求

### （一）指导思想

全面贯彻党的十八大和十八届二中、三中、四中、五中全会精神，按照"四个全面"战略布局，牢固树立和贯彻落实创新、协调、绿色、开放、共享的发展理念，加快冰雪场地设施建设，调动全社会力量共同参与，增加供给、提高质量，为冰雪运动在全国蓬勃发展奠定坚实基础。

### （二）基本原则

普及推广、服务群众。以普及冰雪运动、发展冰雪健身休闲为重点，积极建设各类冰雪场地设施，满足广大人民日益增长、不断升级的冰雪运动需求。

因地制宜、绿色发展。根据自然条件和经济发展水平，合理布局，错位发展。严格落实耕地保护制度，节约集约利用资源，切实保护生态环境，充分发挥地区优势，科学开展冰雪场地设施建设。

政府引导、多方参与。充分发挥政府在冰雪场地设施发展中的引导作用，注重多部门联动。充分调动社会力量积极参与冰雪场地设施建设运营，合力推进冰雪场地设施发展。

统筹推进、创新发展。立足全局、系统谋划，统筹区域冰雪场地设施建设。创新冰雪场地设施建设运营理念，提高场地设施利用率，形成良性循环。

### （三）建设目标

到2022年，全国滑冰馆数量不少于650座，其中新建不少于500座；滑雪场数量达到800座、雪道面积达到10000万平方米、雪道长度达到3500千米，其中新建滑雪场不少于240座、雪道面积不少于7000万平方米、雪道长度不少于2500千米。全国冰雪场地设施有效供给极大提升，经济社会效益明显提高，初步形成布局合理、类型多样、基本满足需求的冰雪场地设施网络。

## 三、主要任务

### （一）统筹规划建设

各地要在自然资源调研和评估基础上，按照"引领带动、三区协同、多点扩充"的冰雪运动发展导向，以京津冀重点建设为引领，以东北地区稳步建设为基础，以西北、华北地区加快建设为支撑，以南方地区合理建设为扩展，全面推进我国冰雪场地设施规划建设。

京津冀地区以冬奥会为契机，建设一批能承办高水平、综合性国际冰雪赛事的场馆。东北地区要在现有基础上扩大规模、提高质量，稳步推进冰雪场地设施建设。华北和西北地区重点建设一批以健身休闲为主的冰雪场地设施。西南和华东地区要因地制宜利用区内冰雪资源修建冰雪场地设施。南方城市地区要根据经济社会发展情况建设一批室内滑冰场地。

冰雪场地设施建设要依据有关规划，注重配套服务设施建设，加强与旅游、休闲、住宅、商业等项目的融合，为参与冰雪竞赛、健身、培训、体验的群体提供配套服务，拉长服务链，把冰雪场地设施打造成为以冰雪为主题、功能丰富、配套齐全、可经营性强、充满市场活力的服务性实体。

### （二）加快滑冰场地建设

积极推动滑冰馆建设。鼓励城区常住人口超过50万的城市根据自身情况建设公共滑冰馆，有条件的城市应至少建设1片61m×30m冰面的滑冰馆。鼓励有条件的学校建设滑冰馆。依托现有滑冰训练基地和大型体育场馆群，结合大型体育场馆功能完善和城市发展规划，建设可承办高水平冰上运动竞赛表演的滑冰馆。

推广室外天然滑冰场和建设可拆装滑冰场。有条件的地区要充分利用江、河、湖等水域资源建设天然滑冰场。支持有条件的地区和学校在冬季浇建冰场。鼓励在公园、校园、广场、社区等地建设可拆装式滑冰场。

维修改造现有滑冰场馆。支持现有的滑冰馆进行改扩建增容，提升设施配置和功能。鼓励对旧厂房、仓库、老旧商业设施等进行改造，改建成滑冰场地。改造修建各级滑冰训练基地，完善功能，满足各级运动队训练并兼顾群众健身需求。

### （三）推动滑雪场地建设

有条件的地区要依托气候、地貌和生态等自然资源因地制宜建设滑雪场地。鼓励和支持建设雪道面积大于5万平方米的滑雪场。鼓励现有滑雪场完善场地配套服务设施，支持有条件的滑雪场进行改扩建增容，完善设施功能，提升服务水平。

### （四）鼓励冰雪乐园建设

有条件的地区要利用公园、城市广场等公共用地，建设以冰雪游憩活动为主的室内外冰雪乐园，满足公众参与冰雪、体验冰雪需求。鼓励仿真冰雪和模拟设施的市场应用。

## 四、保障措施

### （一）加强组织领导

建立由体育部门、发展改革部门、工业和信息化部门、财政部门、国土资源部门、住房城乡建设部门、旅游部门牵头，相关部门共同参与的冰雪场地设施建设工作机制，及时协调解决规划落实过程中出现的矛盾和问题。以资源节约、环境友好、生态低碳为目标，健全冰雪场地设施建设与管理标准体系，科学制定冰雪场地设施建设、管理和服务标准，合理布局冰雪运动场地设施。加强和完善冰雪场地设施统计工作，建立科学、统一、全面、协调的统计调查制度和信息管理制度。各地应对照本规划，对过去在特定环境和时期制定的与冰雪运动发展不相适应的相关政策文件进行有效梳理，加快制定本地冰雪场地设施建设规划或实施方案，做好冰雪场地设施建设需求的自然资源调查和评估工作，确保责任落实到位、建设任务顺利推进、规划目标如期实现。

### (二) 健全投入机制

统筹利用现有资金渠道，对公共冰雪场地设施建设给予必要支持。推广和运用政府和社会资本合作等多种模式，吸引社会资本共同参与冰雪运动设施建设运营。进一步健全政府购买公共体育服务的体制机制。鼓励金融机构在风险可控、商业可持续的基础上拓展冰雪领域金融服务新业务，支持冰雪场地设施发展。支持符合条件的冰雪用品和场馆运营企业进入资本市场或发行债券。鼓励支持私募股权投资基金、创业投资基金及各类投资机构加大对冰雪场地设施建设的投资力度。继续扩大对外开放，鼓励境外资本投资冰雪场地设施建设。

### (三) 完善土地政策

积极保障冰雪产业发展用地空间，引导冰雪产业用地控制规模、科学选址，并纳入地方各级土地利用总体规划中合理安排。规划新增建设用地规模优先保障服务冬奥会的场馆建设和配套基础设施建设用地。对符合土地利用总体规划、城乡规划、环境保护规划等相关规划的重点冰雪场地设施建设项目，各地应本着应保尽保的原则，及时安排新增建设用地计划指标，加快办理用地审批手续，积极组织实施土地供应。在符合生态环境保护要求和相关规划的前提下，对使用荒山、荒地、荒滩及石漠化土地建设的冰雪项目，优先安排新增建设用地计划指标，出让底价可按不低于土地取得成本、土地前期开发成本和按规定应收取相关费用之和的原则确定。对复垦利用垃圾场、废弃矿山等历史遗留损毁土地建设的冰雪项目，各地可按照"谁投资、谁受益"的原则，制定支持政策，吸引社会投资，鼓励土地权利人自行复垦。政府收回和征收的历史遗留损毁土地用于冰雪项目建设的，可合并开展确定复垦投资主体和土地供应工作，但应通过招标拍卖挂牌方式进行。鼓励基层冰雪场地设施共建共享，利用城市公园、郊野公园、城市空置场所等建设冰雪场地设施。利用现有山川水面建设冰雪场地设施，对不占压土地、不改变地表形态的，可按原地类管理，涉及土地征收的依法办理土地征收手续。对选址有特殊要求，在土地利用总体规划确定的城市、集镇和村庄建设用地指标以外的重大冰雪场地设施建设项目，可按单独选址项目安排用地。实行差别化供地，对非营利性的冰雪运动项目专业比赛和专业训练场（馆）及其配套设施，符合划拨用地目录的，可以划拨方式供地；不符合划拨用地目录的，应当有偿使用，可以协议方式供地。修建冰雪运动场地及配套的服务设施用地，按照建设用地管理，办理建设用地审批手续。

### （四）落实优惠政策

按照现行体育场馆房产税和城镇土地使用税优惠政策，冰雪场地的房产、土地符合体育场馆减免税条件的，可以享受房产税、城镇土地使用税优惠。确保冰雪运动场所的水、电、气、热价格按不高于一般工业标准执行。

### （五）抓好安全监管

加强对冰雪场地设施的安全监管制度，体育部门应定期对冰雪场地救护设施及安全管理制度等进行检查，质检部门要加强冰雪场地客运索道等特种设备安全监察。引导保险公司根据冰雪运动特点开发冰雪场地责任保险、滑雪人身意外伤害保险、冰雪场地设施财产保险等产品，鼓励具备条件的单位和个人购买运动伤害类保险。

国家发展改革委
国家体育总局
工业和信息化部
财政部
国土资源部
住房和城乡建设部
国家旅游局
2016年11月25日

# 水上运动产业发展规划

**体经字〔2016〕690号**

水上运动产业是以海洋、江河、湖泊为载体,以竞技、休闲、娱乐、探险、旅游为主要形式,向大众提供相关产品和服务的一系列经济活动,是健身休闲产业的重要组成部分,主要涵盖帆船(板)、赛艇、皮划艇(激流)、摩托艇、滑水、潜水(蹼泳)、极限(冲浪、漂流)等项目。发展水上运动产业,不仅可以充分利用我国丰富的江河湖海等自然水域资源,还能带动健身、休闲、娱乐以及器材设施设备等相关产业和产业链的发展,对落实《全民健身计划(2016—2020年)》、建设健康中国、增强经济增长新动能具有重要意义。为普及和推广水上运动项目,加快水上运动产业发展,特制定本规划。本规划实施时限为"十三五"时期。

## 一、发展基础与面临形势

随着国民经济的不断增长,工业化、城镇化进程的稳步加快,国民健康、娱乐、休闲需求的快速提升,近年来我国水上运动产业得到了快速发展,为提高体育综合生产能力和保障全民健康作出了重要贡献,在户外休闲运动产业向纵深推进的进程中发挥了重要作用。一是产业规模逐步扩大。目前,全国水上运动主要船艇生产厂商有300多家,各类船艇泊位近2万个,职业俱乐部近200个,水上健身休闲、竞赛表演、体验旅游、场地设计、资讯等产业门类逐年扩充,市场需求类别持续增加、数量不断增大,产业潜力进一步释放且空间巨大。二是产业体系日益完善。水上运动产业初步形成了以专业、业余、商业赛事为驱动,水上运动俱乐部为支撑,水上运动用品制造、销售和运动项目培训等业态快速发展的良好态势。水上运动与互联网、健康、养老、旅游、文化、教育等相关产业和行业日益融合。三是社会基础逐年夯实。经常参加水上运动的人数达到一定规模,各级项目协会、企事业单位和社会各界开展的各项水上运动活动日益丰富,企业、社会投资水上健身俱乐部步入良性轨道。

总体上看,我国水上运动发展规模和水平还不能满足人民群众消费需求。水域开放程度不高,水上运动基础设施薄弱,产品有效供给不足,服务创新不够。产业集中度低,适应水上运动发展规律的法律政策体系有待健全,国际竞争力有待进一步提升,迫切需要加强顶层设计和统筹规划。

在供给侧结构性改革不断深入,国家"一带一路""海洋强国"发展战略不断推进和全民健身、"健康中国"国家战略逐步实施的契机下,我国的水上运动迎来前所未有的发展之势;随着居民收入和生活水平的提高,越来越多的人们开始追求刺激和娱乐消费,水上运动项目开始在大众生活中普及,水上运动产业迎来新的发展之机。

## 二、总体要求

### (一)指导思想

全面贯彻党的十八大和十八届三中、四中、五中全会精神,按照"五位一体"总体布局和"四个全面"战略布局,牢固树立和贯彻落实创新、协调、绿色、开放、共享的发展理念,以水上运动产业供给侧结构性改革为主线,以满足群众水上运动需求为导向,以资源要素优化配置、产业潜力深度挖掘为抓手,发展壮大俱乐部规模,推进产业集聚与融合,推动水上运动向市场化、规模化、专业化、品牌化和标准化方向发展,为经济发展新常态下扩大消费需求、拉动经济增长提供有力支撑和持续动力。

## （二）基本原则

深化改革、创新发展。强化体制机制改革，充分发挥市场在资源配置中的决定性作用，拉动投资消费，推进产业结构调整，加强行业规范化标准政策引导；鼓励开展科技创新、产品创新、管理创新、市场创新和商业模式创新。

统筹兼顾、合理布局。整合空间资源、因地制宜、科学规划，引导水上运动场所按照运动项目发展规律实施建设，增强水上运动发展的整体性和系统性。优化产业布局、细化产业分工、推动企业协作，着力推动水上运动产业与相关产业的融合互动，形成协同高效、竞争力强的产业集群。

突出特色、激发活力。发挥公共船艇码头（停靠点）项目、品牌赛事活动体系等特色优势在产业发展中的积极引导作用，充分利用互联网等现代科学技术和方法，加快水上运动产品制造和服务现代化进程。积极营造平等参与、公平竞争的市场环境，不断激发水上运动产业发展的潜力和活力。

立足民生，服务惠民。以满足人民群众健身休闲需求为出发点和落脚点，根据"健康中国"系统工程的要求，把握水上运动产业发展新方向、结合区域文化特点、加大宣传力度、扩大社会影响，保证人民享有绿色、安全、方便的水上运动产品和休闲服务。

## （三）发展目标

基本形成组织机构完善、管理制度健全、俱乐部布局合理、产业带动明显、赛事活动成熟、群众基础坚实的水上运动健身休闲环境。实现水上运动产业继承创新发展、统筹协调发展、生态绿色发展、包容开放发展和人民共享发展的新局面，成为推动健康中国建设的坚实力量。

——产业规模进一步扩大。打通水上运动产业发展壁垒，探索特色水上产业集聚区构建、运作模式，实现规模化产业发展。到2020年，水上运动产业总规模达到3000亿元。

——市场主体进一步壮大。涌现一批具有国际竞争力、带动性强的龙头企业和大批富有创新活力的中小企业、社会组织，形成一批特色鲜明的水上运动俱乐部。进一步消除水上运动俱乐部经营壁垒，规范行业准入、从业人员资质考核等，推动水上运动俱乐部的健康发展。到2020年，水上运动俱乐部达到1000个，全国水上（海上）国民休闲运动中心达到10个。

——产业基础进一步夯实。水上运动场地基础设施供给明显增加，公共运动船艇码头建设效果显著，水上运动全民活动网络基本建立，水上运动观赏性竞赛表演平台发挥效用。

——产业环境进一步优化。简政放权、放管结合、优化服务改革深入推进，相关法规、标准、政策措施进一步健全，市场监管力度不断加大，市场竞争秩序和消费环境明显改善。

——水上运动装备供给体系进一步完善。以满足水上运动需求为导向，立足自主发展，结合引进消化创新，不断提高水上运动的装备质量，培育一批具有国际竞争力的"专、精、特、新"水上运动装备（器具）制造企业和品牌产品，进一步完善水上运动装备研发、制造、配套及服务体系，实现既满足专业化水上运动，又能满足人民群众消费需求的供给目标。

### 三、主要任务

#### （一）加强运动设施建设

完善水上运动基础设施网络。加强水上运动基础设施的建设，做好水上运动基础设施规划与城市总体规划、土地利用规划、水利规划、水功能区划、海洋功能区划、村镇规划的衔接。科学规划水上运动设施空间布局，适当增加水上运动设施用地和配套设施配建比例。结合水上运动特点和运动大众需求，以帆船、赛艇、皮划艇项目为引领，改造一批国家级水上运动训练基地，开发大众服务市场，丰富基地服务供给，构建基地型船艇码头服务网络。在保障防洪安全、保护自然资源和生态环境的基础上，充分利用公园水域、江河、湖海等区域，重点建设一批便民利民的水上运动设施。

推动运动船艇码头建设。根据船艇码头建设需求，结合旅游、文化等行业的需要，建立船艇码头分类分级建设标准体系。根据区域经济条件、招商引资程度、项目筹资难易等因素，实行"公共船艇码头（停靠点）""配有一定量商业服务设施码头""集旅游服务、运动娱乐、商业会展于一体综合型码头"的三级建设模式，并与全民健身场地工程和健康养老服务工程统筹建设。积极推动示范城市的公共船艇码头（停靠点）建设，注重环境污染防治、符合防洪要求和水域岸线管控要求、避开重要饮水源地和自然保护区。积极推广政府和社会资本合作模式，引导社会力量建设运营运动船艇码头。

### 专栏1　推动运动船艇码头建设

推进水上运动公共船艇码头（停靠点）试点，加速码头水上运动的发展，创新公共船艇码头（停靠点）的社会组织管理和运营，基本形成现代水上运动体系。激发公共船艇码头（停靠点）活力，推行公共船艇码头（停靠点）设计、建设、运营管理一体化模式，将办赛需求与赛后综合利用有机结合。

将长江三角洲、珠江三角洲、环渤海、东海沿海、西南沿海有条件的城市列为公共船艇码头（停靠点）示范城市，先行规划布局建设公共船艇码头（停靠点），每个示范城市至少建设1个公共船艇码头（停靠点），同时发挥市场的决定性作用，配套建设相应的码头综合服务功能。在此基础上，通过推动、扶持、推广，在全国范围内初步形成10个左右国家级水上（海上）国民休闲运动中心。

盘活现有水上资源。盘活水上设施资源，推广管办分离、公建民营等运营管理模式。鼓励对城市现有船艇码头、渔业码头等各类码头进行梳理，结合港区功能调整，制定相应政策促进对公众开放。

**（二）丰富赛事活动供给**

完善水上运动赛事体系。积极鼓励地方政府、运动协会、俱乐部联盟等组织针对运动爱好者开发不同级别、不同类型的赛事活动。推动业余俱乐部联赛常态化，注重与职业等级赛事的有机衔接，逐步实现竞赛结构的科学化。大力开发水上竞赛艺术表演活动、运动体验活动和定制主题节庆活动，营造广泛参与的社会氛围。

打造水上运动品牌赛事。逐步建立以全国水上运动锦标赛、全国水上运动冠军赛、全国青年水上运动锦标赛、全国青少年水上运动锦标赛及区域性水上运动比赛、省市级水上运动比赛等为架构的竞赛体系。积极实施水上运动精品赛事提升计划，打造一批具有国家影响力、国际知名品牌的赛事活动，形成"重点赛事""一项一品赛事"和"潜力拓展赛事"协同推进的良好局面。

### 专栏2　丰富赛事供给

基本建立体系完整的水上运动赛事框架，提升水上运动品牌赛事国际、国内的影响力，推动国际运动员参赛频次的增加，促进场均观赛人次逐年递增。

重点赛事：

★中国杯帆船赛 ★赛艇中国杯 ★中国摩托艇联赛

"一项一品"赛事：

★帆船：环海南岛大帆船赛（专业级）

内湖帆船联赛（非专业级）。

★赛艇：国际名校赛艇挑战赛（专业级）

中国赛艇联赛（非专业级）

★皮划艇：皮划艇马拉松赛（专业级、非专业级）

★极限：全国极限运动联赛（专业级）

全国漂流联赛（非专业级）

★摩托艇：F4摩托艇联赛（专业级）

水上摩托大奖赛（非专业级）

潜力拓展赛事：

在继续办好中美滑水对抗赛、国际冲浪赛、国际漂流大赛、上海世界极限运动会等赛事的前提下，鼓励和引导根据市场需求不断创新赛事，为水上运动赛事的不断发展奠定更为坚实的基础。

### （三）培育多元主体

繁荣水上运动企业主体。通过多种方式，引导企业开发经营水上运动。扶持壮大一批有自主品牌、创新能力和竞争实力的特色水上运动俱乐部。支持水上运动企业在产品开发、外观设计、产品包装、市场营销等方面的创新，积极开展个性化定制、柔性化生产。

推进水上运动社会组织发展。分类有序推进水上运动社团、行业协会、自发性水上运动组织等体育社会组织发展。按照市场化、社会化的改革方向，加快水上运动主管部门与行业协会脱钩，推动水上运动行业协会依法独立运行。加强水上运动各单项协会指导、组织和传播功能。鼓励水上运动社会组织发展，积极培育多形式、多层次水上运动协会，引导各级各类协会提供相适应的公共服务与产品。

### （四）加强人才队伍建设

建立专业运动员良性发展机制。完善水上项目专业运动员管理体制，创新人才培养、评价、发现、选拔、任用、流动、配置、激励机制，营造充满活力、富有效率、更加开放的专业运动员人才制度。拓宽退役运动员发展空间，打通向教练员、裁判员、社会体育指导员、企事业单位、运动协会及休闲健身俱乐部管理人员的转岗就业渠道。

全面提升水上运动教育质量。构建体系完备的水上运动教育体系，推动学历教育和非学历教育协调发展，职业教育和普通教育相互沟通，职前教育和职后教育有效衔接。加强水上运动项目学科建设，协调教育部门制定完善有利于水上运动人才培养的教育政策，建立学校教育和实践锻炼相结合的开放式培养体系。创立高校与科研院所、行业、企业联合培养水上运动人才的新机制。按照统一标准和区域分布，规划建设全国体育旅游示范基地，鼓励社会力量建设旅游教育培训基地。

### 专栏3　加强水上运动教育培训

以水上运动协会、体育院校为主体，以帆船、赛艇、摩托艇、滑水、潜水、极限漂流协会为依托，充分利用全国体育教育资源，通过水上项目的试点实践，推动水上运动进校园，探索建设水上运动项目专项学院，逐渐将水上运动其他项目纳入运动学院体系。

主要培养运动竞技型、运动经济型、运动管理型、运动生理型、运动培训型、赛事运作型、运动保险型、职业经理人等人才，为水上健身休闲运动的可持续发展提供人才储备力量。

开展水上运动各类培训教材的编制，为水上运动发展提供科学化理论依据，以更好地指导运动实践。

加强水上运动人才的国际培养与合作。加强与国外水上运动高水平国家、地区、院校、科研机构以及企业的合作，加强训练教学、运动培训等方面科学研究，推动水上竞技人才的国际化培养。建设海外水上运动高层次人才信息库和人才需求信息发布平台，有序引进促进水上运动发展的各类型海外人才。积极支持和推荐优秀人才到国际水上运动组织任职。推进水上运动技术人才职业资格国际、地区间互认。

### （五）提升产业能级

调整产业结构。进一步优化水上运动服务业、制造业及相关产业结构，推动水上运动服务业、制造业和其他健身休闲业融合发展。支持打造一批优秀水上运动俱乐部、优秀企业和品牌赛事。聚焦发展水上运动装备制造的研发、设计、销售等高端环节，提高自主研发生产能力，培育一批具有自主知识产权的高端水上装备知名品牌。

---

**专栏4　推动水上运动装备升级**

鼓励龙头企业建立和健全研发机构，掌握水上运动装备指导的核心技术，制定水上休闲装备制造业的技术水平和环保标准，帮助供应链上的配套厂商提升技术水平，实现产业链上下游共赢，从而整体提升水上运动装备制造产业，并推动整个运动休闲产业集群和产业链条的发展，大力发展水上运动船只、潜水用品、冲浪滑水装备、水上娱乐设施、水上安全及救生用品、水上休闲装备等水上运动产品，为水上运动装备"中国制造"升级为拥有自主知识产权的自主品牌制造探索出一条新的道路。

---

完善空间布局。立足"海上丝绸之路"规划部署，加强沿海城市水上运动资源的整合，探索水上运动项目从"滨海"向"滨江"发展的合理途径。根据滨海、湖泊水库、城市水系分布特点，点线结合，打造具有示范效应的水上运动综合休闲发展带，形成具有影响力、高端服务力的跨界融合集聚区。

推动"互联网+"融合发展。大力支持水上运动与互联网技术、大数据概念等前沿科学手段的融合，打造物联网与水上运动互动的交流平台，为实现水上运动可持续发展和水上运动产业融合发展提供坚实的基础。

### （六）引导水上运动消费

营造浓厚的水上运动文化氛围。鼓励具备条件的城市、企业、学校、俱乐部、旅游景区有序开展水上运动主题文化活动，建设好协会官方宣传网站，积极与门户网站和电视台开展宣传合作，推出水上运动文化专题节目，传播游艇文化、帆船帆板文化、赛艇文化等项目文化。鼓励和引导地方水上运动协会和各类水上运动俱乐部开展水上运动进社区等主题宣传活动，积极推动高校组建水上运动队，进一步普及和推广水上运动。

扩大消费人群。以创新意识和责任意识破解体制和机制上的难点，准确把握水上运动消费者的消费心理、习惯、能力，着力创造各地扩大水上消费的条件，关注新兴业态和高科技手段，有效探索试点经验，不断整合资源、创新工作思路。

## 四、保障措施

### （一）加快改革创新

推动水上运动主管部门改革，强化水上运动主管部门对水上运动产业的统筹协调、公共服务、市场监管和安全监管职能。深入贯彻"管行业必须管安全"的原则，建立以水上运动主管部门和地方政府相关部门履行安全监管责任，相关企业全面落实安全主体责任，休闲运动个人全面参与的安全管理体制。全面督查水上运动休闲领域"放管服"政策落地，强化政策执行，以实施增品种、提品质、创品牌的"三品"战略为抓手，促进水上运动休闲产业发展。突出创新驱动，在跨界融合发展中推动水上运动管理创新、制度创新、科技创新和投融资机制创新，整合水上运动资源，引导水上运动产业集聚集群发展。

### （二）完善政策体系

推进水上运动产业在水上运动资源保护、水域使用管理、场馆建设、体育船艇登记管理、市场管理、从业规范和消费者人身安全保障等方面法规及其实施细则的制定，加快形成较为完备的水上运动政策法规体系。各级政府在土地利用总体规划和城乡规划中合理安排水上运动产业发展用地。加大金融对公共船艇码头（停靠点）建设、水上运动产品和装备制造的支持。切实落实现行国家支持体育产业发展的规划布局、税费、价格、土地政策。研究制定水上运动领域政府购买服务相关指导性目录，推广运用政府和社会资本合作模式。

### （三）加强行业管理

结合水上运动服务、生产经营特点和实际，加快建立和完善科学合理的水上运动产业统计指标体系和科学有效的监测评估体系，开发统计软件，适时发布相关信息。积极倡导运用信息化等多种手段，针对客流量较大的船艇码头、水上运动休闲俱乐部等，做好日常水上运动休闲活动的登记备案、进场人数统计和满意度调查工作，通过报刊、网站等媒体，定期向社会公开统计与评估结果。建立水上运动市场信用体系，实行警示名单和"红黑榜"制度。制定完善水上运动船艇码头分类分级建设标准、公共船艇码头（停靠点）建设标准、水上运动健身俱乐部准入标准，全面推动行业管理标准体系的建设。

---

#### 专栏5　加快水上运动标准化

开展各类技术标准制定和完善工作。推进各水上运动项目协会制定和完善运动项目各类技术标准，为技术服务型无形资产开发提供关键支撑。项目协会标准化制定重点针对人员培训标准、场地设施标准、赛事活动技术标准、项目运营安全标准等，积极调配各类资源力量，力争2至3年完成各项目的标准体系的建设，为项目走向社会、进入市场提供必要的端口。

研究制定面向项目爱好者的（非专业）标准。推出针对水上健身休闲运动项目爱好者的业余运动指导标准和业余技术等级颁授标准，以进一步调动项目爱好者的积极性，开拓项目培训市场，搞活业余赛事和活动市场。

### （四）完善安全救援体系

深入贯彻"安全第一、预防为主、综合治理"的方针，按照"谁管理，谁负责"的原则，落实水上运动安全责任主体。建立在地方政府的统一领导下，由水上搜救机构负责组织、协调、指挥应急救援行动的应急反应机制。地方政府负责应急救援队伍建设和应急救援设备的配备及使用管理。开展水域安全评估，合理配置完善围栏、安全警示标识、救生梯、救生圈（绳、杆）、救生扶（抓）手、水深标尺、警示灯具等安全设施，推行"救生舱"系统，在醒目位置标明使用方法、救生电话、救助常识。逐步建立安全防护设施和救助设施检查、修理、更换制度。制定完善的应急预案，健全应急措施，组织专业水上救援队伍，鼓励组建水上救援志愿者队伍，强化应急培训、演练等日常管理，合理布设救援站点和救生船艇等专业救援设施设备。创新执法监管手段，综合运用巡逻监管、视频监管等多种手段提升水上运动安全综合监管效能。

### （五）强化组织领导

充分认识水上运动在推动体育产业发展、经济结构调整中的重要性，着力构建水上运动综合性产业综合抓的体制机制，充分发挥多部门在推动水上运动产业发展的职能作用，明确职责分工，加强部门间的协调与对接，有效整合部门、地方、行业的要素资源，落实政策措施，确保规划的顺利实施。

国家发展改革委

国家体育总局

工业和信息化部

财政部

国土资源部

住房和城乡建设部

交通运输部

水利部

国家旅游局

2016年11月25日

# 航空运动产业发展规划

**体经字〔2016〕692号**

航空运动产业是重要新兴体育项目产业之一，是以航空运动项目为载体，提供相关系列产品、服务和产业链的经济活动的总称，涵盖目前我国正式开展的运动飞机、热气球、滑翔、飞机跳伞、轻小型无人驾驶航空器、航空模型等六大类共26个运动项目，具有科技含量高，消费时尚性强，带动相关产业作用明显等特点。发展航空运动是体育产业供给侧结构性改革的重要举措，是开发空域资源和发展低空经济的重要内容，是军民融合发展战略的重要组成部分，对释放转型发展潜力、落实《全民健身计划（2016—2020年）》、促进经济社会全面协调发展具有重要意义。2016至2020年，为抢抓我国航空运动产业发展战略机遇，为普及和推广航空运动项目，加快航空运动产业发展，特制定本规划。本规划实施时限为"十三五"时期。

## 一、发展基础与面临形势

在低空空域管理改革持续推进和航空运动规范发展的背景下，我国航空运动产业迎来快速发展期，产业水平和规模取得较大提升，并日益在体育产业转型发展和经济社会总体发展中发挥重要作用。一是产业基础日益坚实。我国已具备提供航空运动产品和服务的基本经济条件，建成并命名航空飞行营地100家，航空运动俱乐部200家，航空运动开展地域和消费人群覆盖面不断扩大。二是产业管理不断规范。重点发展省市和地区建立低空飞行监视管理平台31个、移动式低空监视管理系统6部，配置终端设备500多部。截止2015年，我国已有约33%的低空空域改为按管制、监视、报告三类不同属性管理，有效利用低空空域资源、具有中国特色安全顺畅的融合运行模式正在形成。三是产业形态逐渐完备。航空运动产业已初步发展形成以服务业为引领，航空运动器材装备制造与销售、航空运动参与与竞赛表演、航空运动中介与培训等协调发展的业态体系，并呈现出尤其是与科技、旅游、教育、健康、文化等相关产业融合发展的态势。

总体来看，目前我国航空运动产业的发展与其他体育项目产业以及大众航空运动消费需求相比，仍存在一定差距。航空运动产业整体发展层次不高，结构不尽合理；航空运动基础设施和航空运动俱乐部数量少，产品和服务有效供给不足；大众航空休闲运动意识不强，消费意识激发不够；航空运动管理职能交叉，政策体系有待进一步完善。

随着供给侧结构性改革的不断深入，《国务院办公厅关于促进通用航空业发展的指导意见》的出台、通用航空业的快速发展、科技和产业水平的不断提高和"健康中国"战略的稳步实施，我国航空运动消费需求将日益增长，并呈现多层次多样化的发展趋势，航空运动产业经济社会发展条件不断成熟，产业项目发展基础日渐夯实，航空运动产业必将面临规模不断扩大、质量不断提升、竞争力显著增强的重要发展机遇。

## 二、总体要求

### （一）指导思想

全面贯彻党的十八大和十八届三中、四中、五中全会精神，按照"五位一体"总体布局和"四个全面"战略布局，牢固树立创新、协调、绿色、开放、共享的发展理念，坚持以满足大众航空运动消费需求为中心，以体育产业供给侧结构性改革为主线，以夯实航空运动产业基础为重点，培育和挖掘市场潜能，加大改革创新力度，提升航空运动产品和服务供给能力和质量，推动航空运动项目和航空运动产业持续健康发展，为扩大消费需求、实现体育产业转型升级、拉动经济增长提供支撑和动力。

## （二）基本原则

——坚持安全第一。安全是航空运动发展的生命线。处理好安全与发展的关系，深化安全责任意识，强化安全主体责任制、监管责任制和岗位责任制，完善监管设施，确保国家安全和社会公众安全。

——坚持改革创新。强化改革对航空运动产业发展的推动作用。大力推动政府简政放权、放管结合、优化服务，做好行业规范和安全监管，加强航空运动产业规划、政策、标准引导，破解社会力量参与航空运动产业的体制机制障碍。

——坚持市场导向。充分发挥市场在资源配置中的决定性作用，引导各类航空运动市场主体在产业各主要环节创新理念和模式，提高产品和服务质量，激发和更好满足航空运动消费需求。

——坚持开放互动。统筹国内国际资源，提高对内对外开放水平，在利益共享、风险共担、合作共赢中谋发展。调动社会参与积极性和创造性，整合社会资源，推进军民互动，推动航空运动产业多元化发展。

——坚持融合发展。遵循航空运动产业发展规律，统筹航空运动产业与全民健身、通用航空产业协调发展，推进航空运动与科技、通航、旅游、健康等产业融合发展。

## （三）发展目标

到2020年，初步构建布局合理、功能完善、门类齐全的航空运动产业体系，基本形成安全规范、管理有效、广泛参与、军民融合的航空运动产业发展格局；航空运动市场发展更加规范，产品供给更加丰富，消费需求不断扩大，产业规模持续快速增长，成为推动体育产业和经济社会发展的重要力量，整体产业经济规模达到2000亿元；产业环境进一步优化，管理体制改革重点任务基本完成，体制机制活力进一步增强，政策措施进一步完备，标准体系科学完善，监管机制规范高效；产业基础进一步夯实，建立航空飞行营地2000个、各类航空运动俱乐部1000家，参与航空运动消费人群达到2000万人；产业质量进一步提升，"互联网"+航空运动得到实质性推进，航空运动器材和运动类航空器的研发制造水平和自主化率明显提升，航空运动职业技术培训初具规模，形成一系列具有影响力的航空运动品牌赛事活动。

## 三、主要任务

### （一）加强航空运动基础设施建设

完善航空运动基础设施网络。加强航空飞行营地建设，充分利用航空飞行营地本场空域资源，协调规划航空飞行营地间低空目视飞行航线，满足航空体育竞赛表演等需求。科学规划航空运动的空间布局，探索航空飞行营地与学校体育场、重要体育产业基地、高速公路服务区等融合发展。鼓励航空飞行营地与住宅、文化、娱乐、旅游景区等综合开发，打造航空运动服务综合体。加强航空飞行营地区域协作，协调推进京津冀、长三角、珠三角等发达地区与中西部资源禀赋区域的各类航空飞行营地建设。

---

**专栏1　推进航空飞行营地建设**

航空飞行营地是指在中国航空运动协会统一指导、规划下，面对大众提供因地制宜的航空体育产品和服务而设置的场所，包括向大众航空运动开放并被中国航空运动协会命名的通用机场。引导发展航空飞行营地建设，严格按照《体育场所开放条件与技术要求》和《航空飞行营地及设施标准》要求，依据《中国航空运动协会航空飞行营地申请办法》，组织考察评估。接受航空飞行营地命名的通用机场，须按照民航相关要求进行管理。

对通过审核的营地，按照等级评价标准进行星级分类，形成"金字塔式"的航空运动基础设施体系。到2020年，建成各类航空飞行营地2000个，五星级、四星级、三星级以下级别航空飞行营地分别占建成总数的1%、29%和70%，四星级以上航空飞行营地基本覆盖国内经济发达的主要城市和地区。

加强特色航空运动设施建设。充分挖掘区域独特陆地和空域资源，推进重点航空飞行营地设施建设，积极探索军民航资源融合发展模式。依据有关规划，支持和引导旅游景区、旅游度假区、乡村旅游区等根据自身特点，建设特色航空飞行营地等航空运动设施。

（二）完善航空运动赛事体系

优化航空运动赛事活动格局。扩大与国际航空运动组织的合作，积极引进各类国际顶级航空运动赛事和活动。举办国际航联世界飞行者大会，建立以航空运动为主的世界航空飞行器集散地，促进产业集聚。大力发展各类航空运动展会。广泛开展群众性航空运动活动，做大做强现有特色航空运动竞赛活动，推出一批具有可持续发展价值的优秀航空运动品牌赛事活动。

### 专栏2　举办国际航联世界飞行者大会

2017年起，与国际航联共同打造包含赛事、展览、飞行表演、飞行体验、论坛、教育与娱乐、博物馆参观游览以及其他特色活动于一体的国际航联世界飞行者大会，并延伸成为常态化航空运动活动。将大会的举办与地方经济转型发展需求紧密结合，树立航空运动与城市发展良性互动、共赢发展的典范，形成可复制的中国飞行者大会品牌模式。

### 专栏3  打造国家级无人驾驶航空器展会

结合国家体育总局相关的无人驾驶航空器管理职能和国家级相关展会资源，打造集展览、贸易、销售、体验为一体的中国无人驾驶航空器行业品牌展会，衔接无人驾驶航空器设计、制造、销售等各个环节，促进专业院校无人驾驶航空器高新技术成果转化，激发行业发展的活力及创新能力。

打造航空运动俱乐部赛事品牌。激发航空运动各项目俱乐部的活力，完善俱乐部竞赛结构，扩大竞赛规模，增加竞赛种类，逐步形成赛制稳定、等级分明、衔接有序、遍及城乡的俱乐部竞赛格局。与地方休闲旅游资源深度结合，完善极具地方特色的航空运动俱乐部联赛体系。

建立航空运动职业技能大赛体系。打造以基本驾驶技能、飞行作业、自选项目等内容组成的通用航空职业技能大赛和无人驾驶航空器职业技能大赛，发挥航空技能赛事对职业技术人才的评价功能，推进航空运动赛事体系与航空运动人才评价机制结合。

### 专栏4  推进航空运动职业技能大赛与人才评价结合

通过航空运动职业技能大赛体系，选拔飞行技术水平高、综合能力强、能带动相关行业发展的飞行员和飞行团队，建立未来通用航空及无人驾驶航空器领域飞行技术人员评级制度和评价体系。探索建立航空运动飞行员、通用航空作业飞行员和无人驾驶航空器飞行员职业"三位一体"的融合发展模式。研究制定符合航空运动人才成长规律的有关专业评审标准和考核体系。

### （三）培育多元化航空运动市场主体支持航空运动企业发展

鼓励有自主品牌、创新能力和竞争实力的航空运动制造和服务类骨干企业做大做强，引导制造类企业通过创新经营管理模式向服务业延伸，不断提高核心竞争力。支持中小微航空运动企业、经营性航空运动俱乐部向"专、精、特、新"方向发展，强化特色经营、特色产品和特色服务。鼓励航空运动领域创业创新，营造航空运动领域"大众创业万众创新"的良好氛围。

加强航空运动社会组织建设。充分发挥航空运动社会组织在营造航空运动氛围、组织航空运动活动、服务航空运动爱好者等方面的积极作用。支持航空运动社会组织社会化运作，完善全国航空运动协会组织网络。鼓励航空运动俱乐部建设，支持满足事业发展需要的非营利性俱乐部实体发展，完善俱乐部法人治理结构，对航空运动项目发展进行微观管理。鼓励符合条件的社会组织承接政府航空运动公共职能。

### （四）提升航空运动产业发展水平

发展重点业态。推动航空运动器材装备制造、竞赛表演、休闲体验、运动培训等重点领域发展，构建以满足和引领大众消费需求为主要目标的产品和服务供给体系。着力提升航空运动器材装备制造业发展水平，支持满足大众消费需求的航空运动器材装备的研制应用。提高国内航空运动竞赛表演水平，加快特技飞行等大众喜闻乐见的航空运动竞赛表演项目落地航空飞行营地进程。加大航空运动休闲体验基地和项目建设力度，丰富大众航空运动参与体验。大力发展航空运动培训市场，推动专业航空运动培训机构与航空飞行营地的融合发展。

---

**专栏5　提升航空运动器材装备制造水平**

完善航空运动科技成果转化机制，引导产学研按照市场规律和创新规律协同合作，推进军民航相关技术转移转化。鼓励企业通过海外并购、合资合作、联合开发等方式,提高航空运动器材装备的技术引进和本土化水平。结合传统制造业转型,引导企业进军航空运动装备制造领域,按照适航审定的标准和法规开展设计制造工作。鼓励器材装备制造企业向服务业延伸发展,形成全产业链优势。鼓励器材装备制造企业积极参与高新技术企业认定,提高关键技术和产品的自主创新能力,研发适合服务航空运动的低空空域通信、导航、监视、气象等服务需求的核心装备。鼓励新型、可穿戴、融合虚拟现实等技术的航空运动器材和运动类航空器研发。根据不同人群需要,研发多样化、适应性的航空运动器材装备。加强器材装备制造企业品牌建设。鼓励企业积极参与航空运动行业标准制定。

完善产业布局。打造区域航空运动飞行网络重要节点,在条件成熟的城市或地区初步形成"200公里航空运动飞行圈"布局。推进区域航空运动产业协同发展,加强京津冀、长三角、珠三角等航空运动产业圈发展。因地制宜,充分利用各地自然条件和资源,打造航空运动集聚区和产业带。

加强示范引领。结合区域航空运动飞行网络重要节点、"200公里航空运动飞行圈"布局和各级体育产业基地建设,开展航空运动系列示范活动。发挥航空运动竞赛表演与地方旅游资源高度融合项目的引领带动作用,打造一批航空运动旅游示范基地。拓宽航空运动服务贸易领域,在自由贸易试验区探索开展航空运动产业政策创新试点,培育一批以航空运动为特色的服务贸易示范区。

促进融合发展。促进航空运动与科技、旅游、教育、健康、文化等融合发展。大力发展航空运动旅游,支持和引导有条件的旅游景区扩展航空运动旅游项目,鼓励国内旅行社结合航空竞赛表演活动设计开发旅游项目和路线。扩大航空运动应用范围,发挥航空运动在抢险救灾、医疗救护等公共事务领域的作用,完善航空应急救援体系,提升政府应对突发事件的快速反应能力。

推动"互联网+"航空运动。鼓励开发以移动互联网技术为支撑的航空运动服务，提升设施预定、运动指导、交流互动、赛事参与、器材装备定制等综合服务水平。积极推动在线航空运动平台企业发展壮大，整合上下游企业资源，形成航空运动产业新生态圈。

> **专栏6　搭建智能航空体育消费服务平台**
>
> 利用互联网技术搭建航空运动的线上沟通、交易、宣传以及赛事、培训、体验等活动的相关信息发布平台，同时建立基于大数据分析的行业动态管理系统，包括飞行器、航空运动俱乐部、飞行员、教员及相关专业人员数据库。

### （五）积极引导航空运动消费

扩大消费群众基础，促进航空运动文化交流。大力开展各类群众性航空运动休闲活动，丰富节假日航空运动赛事展会供给，发挥航空运动赛事、飞行表演、飞行体验等的示范作用，激发群众航空运动消费需求。充分利用现代多媒体传播技术，提高航空运动观赏性、参与性，增强消费粘性，提升航空运动消费水平。引导保险公司根据航空运动项目特点和不同年龄段人群，开发相关场地责任保险、运动人身意外伤害保险和第三方责任险。支持广播电视、多媒体广播电视、网络广播电视、手机APP等多渠道宣传航空运动，普及航空运动知识。建设航空运动消费服务平台，畅通航空运动产品消费和服务，提升消费体验。

积极开展青少年航空运动。通过无人驾驶航空器（无人机、航空模型、航天模型）进课堂、推广校本课程、组织学生开展课外航空运动活动等多种形式，推进中小学校航空科技体育活动开展，培养青少年对于航模制作飞行等基本航空运动兴趣。鼓励学校与专业体育培训机构合作，加强青少年航空运动培训，培育青少年参与航空运动和养成航空运动消费习惯。

## 四、保障措施

### （一）深化体制改革

加快政府职能转变，持续推进"放管服"改革，依法履行好航空运动活动相关审批职能，实施负面清单管理，促进空域有序开放。完善政府在航空运动领域行业准入、安全监管等方面的管理服务职能，加强事中事后监管。按照《行业协会商会与行政机关脱钩总体方案》要求，研究制定中国航空运动协会与行政机关脱钩工作方案，推进各级航空运动协会改革，发挥其市场服务的主体作用。

### （二）强化政策支持

切实落实现行国家支持体育产业发展的规划布局、税费、价格、土地等政策，在土地利用总体规划和城乡规划中合理安排航空运动产业发展用地，社会力量兴办非营利性体育设施用地，可享受与国有企事业单位同等待遇。发挥多层次资本市场作用，支持符合条件的航空运动企业上市，加强债券市场对航空运动企业的支持力度，鼓励金融机构拓宽对航空运动企业贷款的抵质押品种类和范围。

### （三）完善安全监管体系

巩固发展航空体育空管建设成果，融合军民航监管资源，结合网络和移动设备定位技术创新航空体育空管手段，创新"主动监管"方式，探索将空管监视技术纳入器材制造及市场准入标准。加强安全信息警示，及时更新航空飞行营地及赛事活动举办地区的天气情况等信息，建立协调有序的航空体育空管运行机制，完善航空体育综合监管体系及各项工作制度。

### （四）规范行业管理

完善航空运动产业法律法规体系，研究制定《航空运动竞赛活动管理条例》和各航空运动项目管理办法，规范航空运动经营体系和市场行为。

加强航空运动产业统计工作，建立评价和监测机制。推进航空运动产业标准化建设，制定航空运动行业准入规则、服务规范和质量标准，协调推动运动类航空器适航标准和审定程序完善，提高航空运动产业在市场主体、设施建设、服务提供、技能培训、人员资质、活动管理、器材装备等各方面标准化水平。加强航空运动领域信用体系建设，强化行业自律，逐步形成统一规范、竞争有序的航空运动市场。在发展的同时注重保护生态、防治环境污染，避开重要饮用水源地和自然保护区。

### （五）吸引社会投资

利用各地体育产业投资基金等现有渠道，引导社会力量参与航空运动产业。鼓励社会资本设立航空运动产业发展投资基金。积极推广政府与社会资本合作模式，引导社会力量建设运营航空运动设施。推动开展航空运动领域政府与社会资本合作示范。

### （六）加强人才培养

鼓励校企合作，大力培养各类航空运动经营策划、运营管理、技能操作等专业应用型人才。探索航空运动培训业发展模式，结合高等院校学历教育、职业技能教育和教育机构培训，拓展培训空间。完善航空运动师资队伍建设、专业设置和教材编写。加强从业人员职业培训，提高航空运动场所工作人员的服务水平和专业技能。加快引进高素质航空运动产业人才。加强航空运动人才培育的国际、国内交流与合作。

---

**专栏7　推动航空职业技术学院建设**

充分利用地方政府职业教育资源，按照"政府统筹、行业共建、企业参与、学院执掌"的原则，力争合作建成7至10所以航空运动为主要内容的职业技术学院，并在有条件的地方职业院校开设航空运动相关专业。至2020年，实现每所航空职业技术学院在校学生规模达到5000人。

### （七）强化组织领导

紧抓关键发展机遇，将发展航空运动产业纳入政府议事日程议程，鼓励有条件的地方编制适合本地区的航空运动产业发展专项规划。创建多部门部级联动协调机制，强化航空运动各项目发展的组织保障机制，及时分析解决航空运动产业发展的情况和问题，落实税收、土地、民航、旅游等相关政策惠及航空运动产业。各级体育行政部门要结合本地区实际，进一步明确本地区航空运动产业发展的目标和要求，准确把握工作重点，明确职责分工，做好各项政策措施的贯彻落实。健全规划实施的督查落实机制，采取切实有效措施，对规划实施情况进行监督检查，确保规划顺利实施。

国家发展改革委

国家体育总局

工业和信息化部

财政部

国土资源部

住房和城乡建设部

国家旅游局

中国民用航空局

交通运输部

2016年11月25日

# 山地户外运动产业发展规划

**体经字〔2016〕691号**

山地户外运动产业是健身休闲产业的重要组成部分，是以自然山地环境为载体、以参与体验为主要形式、以促进身心健康为目的，向大众提供相关产品和服务的一系列经济活动，主要包括登山、徒步、露营、骑行、自然岩壁攀登、定向与导航等项目。当前，我国进入全面建设小康社会的决胜阶段，人民群众体育消费方式从实物型消费向参与型消费转变，大力发展山地户外运动产业是满足人民多样化体育消费需求的重要途径，是落实《全民健身计划（2016—2020年）》、建设健康中国、激发产业发展活力的重要内容，对释放消费潜力、打造经济增长新动能具有十分重要的意义。为普及和推广山地户外运动项目，加快山地户外运动产业发展，特制定本规划。本规划实施时限为"十三五"时期。

## 一、发展基础与面临形势

伴随国民经济水平的不断提升，群众的体育消费需求也持续高涨，山地户外运动产业取得了快速增长：全国户外运动爱好者已达1.3亿，户外用品市场规模已达180亿元，我国山地户外运动产业总体实力、产业覆盖面、社会参与度、市场认可度均得到较大的提升。同时，制约山地户外运动产业的薄弱环节依然突出：产业规模较小、产业基础较为薄弱、产业体系不健全、中低端消费动力不足与高端消费外流并存，产业协作日趋紧密与多部门协同缺位并存，管理体制不完善与运行机制不顺畅等矛盾并存。当前，山地户外运动产业必将迎来新的战略发展机遇，伴随"健康中国"战略的逐步实施、供给侧结构性改革的不断深入、"互联网+"、智慧旅游、大数据等理念与工具的广泛应用，公众的个性化、层次化、体验化需求趋于旺盛，我国山地户外运动产品供给将从低水平、单一化向多层次、多元化扩展，参与群体将从年轻化向不同年龄、阶层、职业的消费人群拓展，产业范围将从封闭化向开放化、融合化扩展，对经济发展的贡献将进一步增强。

## 二、总体要求

### （一）指导思想

全面贯彻党的十八大和十八届三中、四中、五中全会精神，按照"五位一体"总体布局和"四个全面"战略布局，牢固树立和贯彻落实创新、协调、绿色、开放、共享的发展理念，以增进人民福祉、提高健康水平为出发点和落脚点，以山地户外运动产业供给侧结构性改革为主线，以创新发展思路、挖掘产业潜力为抓手，推动山地户外运动产业健康持续发展，为扩大体育消费需求、实现体育产业转型升级、拉动经济增长提供坚实稳定的支撑。

### （二）基本原则

改革引领，创新发展。强化改革对山地户外运动产业发展的推动作用，加大改革力度，通过政策创新、管理创新、技术创新和服务创新，最大限度释放市场潜力。破除行业壁垒、清除制度障碍，形成有利于山地户外运动产业健康快速发展的政策体系。加强规划、政策、标准引导，创新服务方式和山地户外运动产业发展模式。

完善市场，激发活力。遵循产业发展规律，完善市场机制，强化市场监管。积极培育多元市场主体，吸引社会资本参与，充分调动全社会的积极性与创造力，提供适应群众需求、丰富多样的产品和服务。

因地制宜，突出优势。立足发展现状，整合空间资源，充分发挥我国地大物博、山地自然资源丰富的优势，发展区域特色山地户外运动产业，建立区域间协同发展机制，有效推动山地户外运动产业可持续发展。

强化安全，优化环境。加大安全保障投入，深化安全责任意识，强化安全主体责任制、监管责任制和岗位责任制。强化生态保护意识，遵循严格的环保标准，强化对饮用水源地和自然保护区的保护，防治环境污染，促进国民综合素质提升。

### （三）发展目标

基本形成布局合理、功能完善、门类齐全的山地户外运动产业体系，市场机制不断完善，消费需求愈加旺盛，对其它产业带动作用明显提升。到2020年，山地户外运动产业总规模达到4000亿元，成为推动经济社会持续发展的重要力量。

市场主体不断壮大。到2020年，涌现一批影响力大、带动性强的龙头企业，推出一批品质优良的户外运动产品，培育一批具备执业资格的山地户外运动俱乐部、大量具备执业资格的山地户外运动指导员，形成一批特色鲜明的产业集群和知名品牌。

产业基础明显改善。山地户外运动场地设施供给明显增加。形成不同层次、多元化的山地户外运动赛事体系。参与山地户外运动人口不断增长，居民山地户外运动消费额占人均可支配收入比例明显提高。

产业环境不断优化。体制机制活力明显增强，切实破除行政垄断和地方保护，标准体系进一步完善，资源信息交互服务平台逐步形成，监管机制规范高效，市场体系健康有序。

## 三、主要任务

### （一）加快场地设施建设

完善基础设施网络。加强山地户外运动场地设施的科学规划与布局，建立"点、线、面"立体、多元的山地户外运动场地设施体系。适当增加山地户外运动设施用地和配套设施配建比例。结合智慧城市、绿色出行，规划建设城市慢行体系和统筹城乡绿道网络，打造国家步道系统和自行车路网。建设一批户外营地、登山道、徒步道、骑行道等户外运动场地及相关服务设施，推进星级标准建设。

> **专栏1　建设山地户外运动场地设施**
>
> 　　以"点、线、面"结合的形式，科学布局，形成立体、多元的山地户外运动场地设施体系。
>
> 　　"点"：大城市周边的大型国民户外休闲运动中心（基地），中型户外运动露营地，小型山地户外设施集中投放功能区等。
>
> 　　"线"：具有各种功能的国家步道、户外骑行道系统，具有运动健身功能的绿道网络、慢行系统等。
>
> 　　"面"：以线状运动休闲健身路径串联场地设施各点，配套相应的公共服务设施，形成一体化平台。

盘活现有场地资源。充分利用公园绿地、城市户外空置场所，重点建设一批便民利民的户外运动设施，深度挖掘户外山地闲置资源，支持使用未利用地、废弃地、边远山地等建设山地户外运动项目。

拓展场地发展空间。引导具备条件的城郊区域建设登山健身步道、山地户外营地、徒步骑行服务站等山地户外运动基础设施并完善配套服务。规划和完善山地户外运动综合体建设。鼓励旅游景区、国有林场等合理规划建设山地户外运动设施。支持农村集体经济组织自办或以土地使用权入股、联营等方式参与山地户外运动项目。

### （二）丰富赛事活动供给

完善赛事体系。持续完善、不断创新，打造顶级赛事引领、专业赛事推动、业余赛事普及的赛事层级体系。有机结合山地户外运动精品赛事活动和大众赛事活动，积极推动全国赛事活动和地方赛事活动的有效衔接。

培育特色活动。着力创意策划一批高水平、高质量的山地户外运动主题赛会活动，打造以区域特色、地方文化为主题的户外运动会和户外运动节，培育以环境保护、户外知识与技能、人格塑造为主题的户外体验探险活动，创办以山地户外运动、户外文化和户外产业交流为主题的论坛和展示会。

打造品牌赛事。扩大赛事规模，增加赛事种类，培育一批国际级品牌赛事，打造一批具有国家影响力、国内知名的品牌赛事，形成"一项一品""一地一品"的山地户外运动赛事发展良好局面。

### （三）培育多元市场主体

支持企业发展。引导有实力的山地户外企业通过管理输出、连锁经营、规模发展，进一步提升其核心竞争力。鼓励大型山地户外企业实现跨地区、跨行业、跨所有制的兼并、重组、上市。鼓励优势品牌企业海外并购，拓展国际市场。支持经营性户外运动俱乐部快速发展。鼓励各类中小微山地户外企业向"专、精、特、新"方向发展，强化特色经营、特色产品和特色服务。

壮大社会组织。大力支持各类非营利性的山地户外运动项目协会、联合会、俱乐部等社会组织发展。积极推动全国性山地户外运动协会试点改革，探索建立法人治理结构。鼓励各类社会组织依法独立运行，降低山地户外运动俱乐部从事相关业务的门槛。

### （四）全面提升产业能级

调整产业结构。进一步优化山地户外运动服务业、装备制造业及相关产业结构。加快山地户外运动服务业发展，支持各地打造一大批优秀山地户外俱乐部、优秀企业、品牌赛事。大力推动山地户外运动装备制造向研发、设计、销售等高端环节发展，提高自主研发生产能力，培育一批具有自主知识产权的高端健身休闲装备知名品牌。

### 专栏2　提升山地户外运动装备制造水平

支持建立世界领先水平的山地户外产品研发中心，对核心技术、关键技术和共性技术进行重点攻关，形成具有自主知识产权的核心技术支撑体系。

开展重大技术应用示范和推广，对产品研发与设计的创新技术、产品营销、零售商业模式等环节的先进经验进行推广普及。

加强示范引领。推动山地户外运动服务标杆引领，精心选择一批特色鲜明、产业要素丰富的地区和项目，创建一批具有引领价值的山地户外运动精品。建设3—5个国家级山地户外运动示范区、50条山地户外运动精品线路、50个山地户外运动精品项目，加快山地户外运动营地星级建设。

完善产业布局。围绕全国地势、地貌、资源分布特点，优化空间布局，打造"三纵三横"的全国山地户外运动战略布局，积极推进资源相近、产业互补、供需对接的区域良性互动，形成各具特色的山地户外运动产业集聚区和产业带。统筹规划、科学优化项目布局，大力发展登山、徒步、露营、山地自行车等大众项目，稳步发展高海拔登山、攀岩等专业项目，积极拓展山地户外运动项目的新形式和新内涵，推动山地户外运动项目的健康发展。

### 专栏3　布局山地户外运动空间

"三纵三横"是以自西向东地理层级的划分作为基准，包含了我国地势的三大阶梯、山川地貌的特点；以自北向南的温度带划分以及地形地貌等差异作为参考，包含了气候、植被、景观、水文、地质、人文等各种特色。以现有的山地户外运动聚集区为标准，包含了徒步、自行车、自驾游、漂流等项目。主要的布局架构如下：

1. 沿太行山脉的500公里步道线路，以及沿京杭大运河、串联徽杭古道、徐霞客古道的户外运动线路，共同构成的我国东部纵向山地户外运动带。

2. 西安至成都的骑行和徒步线路。

3. 沿青藏公路（西宁经格尔木、唐古拉至拉萨）的骑行和徒步线路。

4. 沿丝绸之路的山地户外运动线路。

5. 沿318国道的骑行和徒步线路。

6. 沿长江及两岸的山地户外运动线路。

推动融合发展。推动山地户外运动需求升级形成耦合效应，积极打造高度智能化、网络化和互动化的产业融合体系。发展智能科技山地户外运动产品，推动山地户外企业与移动互联网的融合，充分利用大数据、云计算、智能硬件和各类主题APP拓展发展空间。大力发展山地户外旅游，支持和引导有条件的景区景点拓展山地户外运动旅游项目，打造优质户外旅游目的地。充分利用和挖掘康体大数据，推动山地户外与健康服务融合发展。

## 专栏4 推动"互联网+"山地户外运动

大力支持山地户外运动O2O模式，充分利用和挖掘健康群体的大数据，通过构建联网的信息服务功能平台，支持山地户外运动的场地预订、向导预约、运动社交、运动品销售、运动康复等APP开发，不断优化运营管理模式，丰富经营服务内容，全面提升综合服务功能。大力支持智能联网模式，顺应发展需求，将移动互联、创新的运动理念与传统行业相结合，打造物联网互动山地户外运动平台，实现山地户外运动产业的融合发展。

## （五）积极引导大众消费

丰富产品供给。大力推广适合公众广泛参与消费的山地户外运动项目，积极引导具有消费引领性的山地户外运动重点项目健康发展，鼓励登山、露营、徒步、山地车、攀岩、高山探险、户外拓展、峡谷漂流等适合不同人群、不同地域特点的特色运动项目发展，逐步满足广大人民群众层次化、多元化消费需求。

引导消费理念。利用报纸、杂志、广播、电视、网络等各类媒体，广泛宣传山地户外运动的知识和方法，推介各类山地户外运动场所和消费信息，鼓励利用各类社交平台，提升消费体验，积极引导和激发居民消费意愿，促进居民转变消费观念，增强公众自觉参与山地户外运动的意识。

## （六）健全安全救援体系

打造安全急救网络。加大对山地户外运动安全教育、救援的工作力度，规划建设山地预警、报警系统和山地户外应急救援系统，打造山地户外运动参与者信息管理和行迹追踪系统，建立便利、全覆盖的山地户外救援服务体系。

加强安全信息警示。建立山地户外运动目的地风险等级信息库，积极更新发布山地户外运动目的地周边地区的天气状况、交通管制等信息。完善风险多发区域的安全警示、紧急救援、消防、安全防护等标识信息。

建立应急救援机制。稳步推进山地户外救援队伍建设，强化预警、控制、救援、装备、保险应答演练，逐步建立健全综合救援机制。加快建立和完善集救援、医疗、运输一体化的全方位水陆空应急救援服务体系。

---

**专栏5　建设山地户外安全救援系统**

1. 标识系统：建设导视标识、警示标识、劝示标识、服务指南等体系。

2. 安全系统：建设安全防护装置、预警装置、应急救援装置、紧急庇护所、救援队及救援装备等体系。

3. 救援系统：建设救援、医疗、运输一体应答反应体系。

4. 救援服务站：建设服务中心、休息点、露营地、驿站，完善供水、供电、照明、停车场、卫生间、垃圾回收处置等体系。

## 四、保障措施

### （一）创新体制机制

进一步完善体育行政部门的山地户外运动产业宏观管理职能，加快形成权责清晰、分工合理、运转高效、法治保障的政府机构职能体系。打破行业、地区壁垒，简化审批手续。落实国务院《行业协会商会与行政机关脱钩总体方案》，持续推进单项山地户外运动项目协会改革试点工作，完成全国性山地户外运动协会与体育行政机关的脱钩。

### （二）完善政策体系

切实落实国家支持体育产业发展的现行规划布局、税费、价格、土地等政策。统筹利用现有资金渠道，对山地户外运动产业予以必要支持。推广运用政府和社会资本合作模式（PPP），推动山地户外运动保险服务、救援体系和产业统计等政策创新。

### （三）夯实工作基础

加强山地户外运动集中区的公共服务体系建设，推动集中区及周边的政策、交通、安保、信息和技术服务、救援体系等服务保障体系的建立和完善。加快推进山地户外运动和山地户外产业的标准体系建设，制定山地户外运动服务规范，健全山地户外活动的安全、秩序和质量保障体系，提高山地户外运动和山地户外产业在设施建设、服务提供、技能培训、人员资质、活动管理、项目运营、器材装备等方面的标准化水平。建立和完善山地户外运动产业统计制度和指标体系，建立评价与监测机制，形成山地户外运动产业数据监测、定期发布常态化机制。

### （四）加强人才保障

鼓励多方投入，开展各类职业教育和培训。鼓励有条件的高等院校设立山地户外运动产业专业，鼓励高等院校、科研院所、职业培训机构和体育企业建立山地户外运动产业教学、科研和培训基地。加强山地户外运动产业人才培养的国际交流与合作，加快山地户外运动产业智库建设。

### （五）强化组织领导

建立山地户外产业有关主管部门沟通协调机制，及时分析解决山地户外运动产业发展情况和问题，研究制定山地户外运动产业发展的各项政策措施。将山地户外运动产业纳入各级国民经济和社会发展规划，以及相关行业和部门的发展规划。各级体育行政部门要加强山地户外运动产业的工作力度，推动山地户外运动产业发展。

### （六）加强督查落实

各级有关部门要结合本地区实际，进一步明确山地户外运动产业发展的基本任务、工作目标和保障措施，准确把握工作重点，明确职责分工，做好各项工作的组织实施和贯彻落实。要健全规划实施的督查落实机制，采取切实有效的措施，对规划实施情况进行严格监督，确保规划的顺利实施。

国家发展改革委

国家体育总局

工业和信息化部

财政部

国土资源部

住房和城乡建设部

交通运输部

国家旅游局

2016年11月25日

# 国家旅游局 国家体育总局关于大力发展体育旅游的指导意见

旅发〔2016〕172号

各省、自治区、直辖市旅游发展委员会（局）、体育局：

体育旅游是旅游产业和体育产业深度融合的新兴产业形态，是以体育运动为核心，以现场观赛、参与体验及参观游览为主要形式，以满足健康娱乐、旅游休闲为目的，向大众提供相关产品和服务的一系列经济活动，涉及健身休闲、竞赛表演、装备制造、设施建设等业态。为深入贯彻落实《国务院办公厅关于加快发展健身休闲产业的指导意见》（国办发〔2016〕77号）和《国务院办公厅关于进一步扩大旅游文化体育健康养老教育培训等领域消费的意见》（国办发〔2016〕85号），大力发展体育旅游，现提出如下意见。

## 一、充分认识大力发展体育旅游的重要意义

体育是发展旅游产业的重要资源，旅游是推进体育产业的重要动力。大力发展体育旅游是丰富旅游产品体系、拓展旅游消费空间、促进旅游业转型升级的必然要求，是盘活体育资源、实现全民健身和全民健康深度融合、推动体育产业提质增效的必然选择，对于培育经济发展新动能、拓展经济发展新空间具有十分重要的意义。

当前我国进入全面建成小康社会的决胜阶段，人民群众多样化体育运

动和旅游休闲需求日益增长，体育旅游已经成为重要的生活方式，产业发展已经形成了一定的市场规模，取得了一定的经济效益和社会效益。但体育旅游总体供给不足、产品结构单一、基础设施建设滞后、体制机制不顺等问题仍然比较突出。需要旅游部门和体育部门加强合作，创新工作方式，形成工作合力，充分调动社会各方面的积极性，加快培育体育旅游消费市场，持续优化体育旅游供给体系，不断提升体育旅游在旅游产业和体育产业中的比重，充分发挥体育旅游对"稳增长、促改革、调结构、惠民生"的重要作用。

## 二、总体要求

### （一）指导思想

全面贯彻落实党的十八大和十八届三中、四中、五中、六中全会精神，按照党中央、国务院决策部署，坚持"四个全面"战略布局，牢固树立创新、协调、绿色、开放、共享的发展理念，充分挖掘和发挥我国体育旅游资源优势，推进旅游与体育的深度融合，培育和壮大体育旅游企业集群，构建我国体育旅游产业体系和品牌，把体育旅游培育成国民经济新的增长点，不断满足人民群众多层次、多样化健身运动和旅游休闲需求，为全面建成小康社会和"健康中国"做出更大的贡献。

### （二）基本原则

——市场主导，政府扶持。充分发挥市场在资源配置中的决定性作用，加大政府扶持力度，激发社会活力和企业动力，建立和完善体育旅游产业体系。

——消费引领，培育主体。以满足人民群众日益增长的体育旅游休闲需求为宗旨，培育壮大体育旅游企业主体，加快体育旅游的供给侧改革，不断完善体育旅游配套设施，提高体育旅游服务水平。

——强化特色，打造品牌。开发具有地域特色和产业特点的体育旅游产品和项目，加大体育旅游宣传推广和市场开拓，打造体育旅游品牌，扩大我国体育旅游在国际上的影响力和知名度。

——加强监管，规范发展。加强体育旅游市场管理和监督，推进体育旅游服务标准化和专业化。加强国际合作和交流，学习国际先进体育旅游理念和方法，提升我国体育旅游服务的现代化、专业化和国际化水平。

### （三）发展目标

体育旅游基础设施和配套服务设施不断完善，发展环境进一步优化，基本形成结构合理、门类齐全、功能完善的体育旅游产业体系和产品体系。到2020年，在全国建成100个具有重要影响力的体育旅游目的地，建成100家国家级体育旅游示范基地，推出100项体育旅游精品赛事，打造100条体育旅游精品线路，培育100家具有较高知名度和市场竞争力的体育旅游企业与知名品牌，体育旅游总人数达到10亿人次，占旅游总人数的15%，体育旅游总消费规模突破1万亿元。

## 三、重点任务

（一）引领健身休闲旅游发展。以群众基础、市场发育较好的户外运动旅游为突破口，重点发展冰雪运动旅游、山地户外旅游、水上运动旅游、汽车摩托车旅游、航空运动旅游、健身气功养生旅游等体育旅游新产品、新业态。加强体育旅游与文化、教育、健康、养老、农业、水利、林业、通用航空等产业的融合发展，培育一批复合型、特色化体育旅游产品。完善空间布局，优先推动重点区域体育旅游发展，打造一批具有重要影响力的体育旅游目的地。强化示范引领，从设施建设和服务规范入手，制定体育旅游示范基地标准，规划建设一批"国家级体育旅游示范基地"。培育一批以体育运动为特色的国家级旅游度假区和精品旅游景区。积极推动各类体育场馆设施、运动训练基地提供体育旅游服务。鼓励企业整合资源，突出特色，建设体育主题酒店。

（二）培育赛事活动旅游市场。支持各地举办各级各类体育赛事，丰富赛事活动供给，打造赛事活动品牌，盘活体育场馆设施，提升配套服务水平，重点发展足球、篮球、排球、乒乓球、羽毛球等市场化程度高的职业体育赛事和滑雪、马拉松、自行车、山地户外、武术等市场基础好的群众性体育赛事活动，促进体育赛事与旅游活动紧密结合。引导旅游企业推广体育赛事旅游，鼓励旅行社结合国内体育赛事活动设计开发体育旅游特色产品和精品线路。支持发展具有地方特色、民族风情特色的传统体育活动，推动特色体育活动与区域旅游项目设计开发、体育文化保护传承和民族地区的体育旅游扶贫相结合，打造具有地域和民族特色的体育旅游活动，分期分批推出"全国重点体育旅游节庆名录"。

（三）培育体育旅游市场主体。扶持特色体育旅游企业，鼓励发展专业体育旅游经营机构。推动优势体育旅游企业实施跨地区、跨行业、跨所有制兼并重组，打造跨界融合的产业集团和产业联盟。支持具有自主知识产权、民族品牌的体育旅游企业做大做强。加快"引进来和走出去"的步伐，培育骨干体育旅游企业。鼓励利用场地设施、专业人才组建体育旅游企业，开展体育旅游业务。推进连锁、联合和集团化经营，实现体育旅游企业规模化、集团化、网络化发展。在合法合规的前提下，鼓励成立单项体育旅游组织和团体，引导各类体育俱乐部规范、有序、健康发展，培育一批具有较高知名度和市场竞争力的体育旅游企业与知名品牌。加强体育旅游行业协会建设，搭建政府与企业沟通渠道。

（四）提升体育旅游装备制造水平。鼓励企业加强自主研发设计能力，不断提升建造品质，以满足大众体育旅游消费需求为主导，以冰雪运动、山地户外、水上运动、汽车摩托车运动、航空运动等户外运动为重点，着力开发市场需求大、适应性强的体育旅游、健身休闲器材装备。鼓励发展邮轮、游艇、房车等配套材料、设备及零部件制造，形成较为完善的配套产业体系。深化体育旅游装备相关标准规范研究，进一步健全完善设计建造标准规范体系。优化产业布局，支持国内优势企业开展国内外并购与合资合作，提升产业集中度，鼓励和引导地方发展一批以装备制造为主的国家体育旅游产业集聚区。鼓励器材装备制造企业向服务业延伸发展，培育形成一批体育旅游自主品牌和骨干企业。

（五）加强体育旅游公共服务设施建设。体育产业和旅游产业基础设施建设要向体育旅游倾斜，推动各地加大对体育旅游公共服务设施的投入。鼓励各地将体育旅游与市民休闲结合起来，建设一批休闲绿道、自行车道、登山步道等体育旅游公共设施。鼓励和引导旅游景区、旅游度假区、乡村旅游区等根据自身特点，以冰雪乐园、山地户外营地、自驾车房车营地、运动船艇码头、航空飞行营地为重点，建设特色健身休闲设施。加快体育旅游景区的游客集散中心、公厕、标示标牌、停车场等公共服务设施建设。推进体育旅游公共服务平台建设，充分利用旅游咨询、集散等体系为体育旅游项目提供信息咨询、线路设计、交通集散、赛事订票等服务。积极推动体育旅游保险。

## 四、保障措施

（一）完善工作机制。建立旅游部门与体育部门的紧密工作机制，加强对体育旅游工作的领导，协调和制定关于推进体育旅游发展的相关政策，争取相关项目资金支持、研究部署重大活动和工作措施。各级旅游和体育部门要建立相应的工作机制，加强合作，共同推进体育旅游产业的持续健康发展。规范休闲绿道、自行车道、登山步道及相关营地、码头等设施的建设标准，探索建立体育旅游统计制度和行业监测机制。加强对体育旅游项目的市场监督和安全管理，健全体育旅游安全防范、风险预警、紧急救援体系。

（二）加大政策保障。用足用好国家和各地支持旅游产业、体育产业发展的优惠政策。协调争取在用地用林、基础设施配套建设、税费优惠等方面的政策，加大对体育旅游项目的支持力度。各级旅游发展专项资金、体育产业引导资金对符合条件的体育旅游项目给予优先支持，对经营效益好、示范带动作用明显的项目在扶持资金安排上给予倾斜。分级负责，建立国家、省、市三级体育旅游项目库。编制"国家体育旅游重点项目名录"，充分发挥重大体育旅游项目的引领带动作用。

（三）完善投融资机制。鼓励引导社会资本以投资、参股、控股、并购等方式参与体育旅游产品开发和项目建设。鼓励金融机构按照风险可控、商业可持续原则加大对体育旅游企业的金融支持。鼓励发展体育旅游投资项目资产证券化产品，支持地方探索项目产权与经营权交易平台建设。积极引导预期收益好、品牌认可度高的体育旅游企业探索通过相关收费权、经营权抵（质）押等方式融资筹资。鼓励和支持社会各类资本参与体育场馆、体育旅游重大项目建设。加强与金融机构的合作，加大对体育旅游重点项目的支持。鼓励社会资本以市场化方式设立体育旅游产业基金。协调金融机构加大对大型运动休闲装备出口的信贷支持，鼓励体育旅游装备出口。

（四）加大宣传推广。鼓励和支持各地旅游、体育部门采用多种形式加强宣传，引导社会各界支持体育旅游产业的发展。以健身休闲运动、体育赛事活动、民族体育项目等为重点，加大体育旅游的国际宣传推广力度。各级旅游、体育部门要进一步加强与媒体的合作，建立健全统分结合的体育旅游宣传推广体系，积极推动"区域联动、部门联合、企业联手"的体育旅游营销战略。鼓励各地围绕重点体育旅游目的地、精品体育旅游线路、体育旅游产品做好整体形象策划和包装推介，不断创新体育旅游产品宣传形式。坚持专业化、市场化、国际化和精品化，充实中国体育旅游博览会、中国国际旅游交易会、海峡旅游博览会、中国旅游产业博览会、中国国际旅游商品博览会的体育旅游内容，提升体育旅游产业的展览及交流合作水平。

（五）规范市场秩序。建立健全体育旅游市场经营秩序的联合监管机制，依法开展联合执法和日常监督检查。建立体育旅游市场"红黑榜"，坚决打击欺骗、胁迫旅游者参加计划外自付费项目或强制购物的行为，打击私自收受高额回扣行为。打击假冒伪劣体育旅游装备用品，打击危害健康和缺乏安全保障的体育旅游产品和非法经营行为，努力形成规范有序、健康文明的体育旅游市场环境。

（六）建立人才培养体系。鼓励和支持各地大力发展体育旅游教育，支持有条件的体育院校和旅游院校设置体育旅游相关专业，在旅游管理专业中增设体育旅游方向或增加相应专业课程，加快培养体育旅游经营管理人才、专业技术人才和服务技能人才。加强体育旅游从业人员培训，不断提高专业技能和服务水平。鼓励体育旅游企业与体育、旅游类院校合作建立体育旅游实习实训基地。将体育旅游内容纳入导游培训体系。加强体育旅游产业发展理论和实践研究，鼓励各地组建体育旅游专家库和高技能人才库，引导院校和科研机构为体育旅游提供智力支持。

各级旅游和体育部门要增强对体育旅游发展重要性的认识，进一步增强使命感和责任感。按照本意见要求，抓紧制定贯彻本意见的具体办法，确保各项工作措施落到实处。

国家旅游局　国家体育总局<br>2016年12月22日

# 政府出资产业投资基金管理暂行办法

发改财金规〔2016〕2800号

## 第一章 总则

第一条 为促进国民经济持续健康发展,优化政府投资方式,发挥政府资金的引导作用和放大效应,提高政府资金使用效率,吸引社会资金投入政府支持领域和产业,根据《公司法》《合伙企业法》《中共中央国务院关于深化投融资体制改革的意见》(中发〔2016〕18号)、《国务院关于促进创业投资持续健康发展的若干意见》(国发〔2016〕53号)、《国务院关于创新重点领域投融资机制 鼓励社会投资的指导意见》(国发〔2014〕60号)等法律法规和有关文件精神,制定本办法。

第二条 本办法所称政府出资产业投资基金,是指由政府出资,主要投资于非公开交易企业股权的股权投资基金和创业投资基金。

第三条 政府出资资金来源包括财政预算内投资、中央和地方各类专项建设基金及其它财政性资金。

第四条 政府出资产业投资基金可以采用公司制、合伙制、契约制等组织形式。

第五条 政府出资产业投资基金由基金管理人管理基金资产,由基金托管人托管基金资产。

第六条 政府出资产业投资基金应坚持市场化运作、专业化管理原则，政府出资人不得参与基金日常管理事务。

第七条 政府出资产业投资基金可以综合运用参股基金、联合投资、融资担保、政府出资适当让利等多种方式，充分发挥基金在贯彻产业政策、引导民间投资、稳定经济增长等方面的作用。

第八条 国家发展改革委会同地方发展改革部门对政府出资产业投资基金业务活动实施事中事后管理，负责推动政府出资产业投资基金行业信用体系建设，定期发布行业发展报告，维护有利于行业持续健康发展的良好市场秩序。

## 第二章 政府出资产业投资基金的募集和登记管理

第九条 政府向产业投资基金出资，可以采取全部由政府出资、与社会资本共同出资或向符合条件的已有产业投资基金投资等形式。

第十条 政府出资产业投资基金社会资金部分应当采取私募方式募集，募集行为应符合相关法律法规及国家有关部门规定。

第十一条 除政府外的其他基金投资者为具备一定风险识别和承受能力的合格机构投资者。

第十二条 国家发展改革委建立全国政府出资产业投资基金信用信息登记系统，并指导地方发展改革部门建立本区域政府出资产业投资基金信用信息登记子系统。中央各部门及其直属机构出资设立的产业投资基金募集完毕后二十个工作日内，应在全国政府出资产业投资基金信用信息登记系统登记。地方政府或所属部门、直属机构出资设立的产业投资基金募集完毕后二十个工作日内，应在本区域政府出资产业投资基金信用信息登记子系统登记。发展改革部门应于报送材料齐备后五个工作日内予以登记。

第十三条 政府出资产业投资基金的投资方向，应符合区域规划、区域政策、产业政策、投资政策及其他国家宏观管理政策，能够充分发挥政府资金在特定领域的引导作用和放大效应，有效提高政府资金使用效率。

第十四条 政府出资产业投资基金在信用信息登记系统登记后，由发展改革部门根据登记信息在三十个工作日内对基金投向进行产业政策符合性审查，并在信用信息登记系统予以公开。对于未通过产业政策符合性审查的政府出资产业投资基金，各级发展改革部门应及时出具整改建议书，并抄送相关政府或部门。

第十五条 国家发展改革委负责中央各部门及其直属机构政府出资设立的产业投资基金材料完备性和产业政策符合性审查。地方各级发展改革部门负责本级政府或所属部门、直属机构政府出资设立的产业投资基金材料完备性和产业政策符合性审查。以下情况除外：

（一）各级地方政府或所属部门、直属机构出资额50亿元人民币（或等值外币）及以上的，由国家发展改革委负责材料完备性和产业政策符合性审查；

（二）50亿元人民币（或等值外币）以下超过一定规模的县、市地方政府或所属部门、直属机构出资，由省级发展改革部门负责材料完备性和产业政策符合性审查，具体规模由各省（自治区、直辖市）发展改革部门确定。

第十六条 政府出资产业投资基金信用信息登记主要包括以下基本信息：

（一）相关批复和基金组建方案；

（二）基金章程、合伙协议或基金协议；

（三）基金管理协议（如适用）；

（四）基金托管协议；

（五）基金管理人的章程或合伙协议；

（六）基金管理人高级管理人员的简历和过往业绩；

（七）基金投资人向基金出资的资金证明文件；

（八）其他资料。

第十七条 新发起设立政府出资产业投资基金，基金组建方案应包括：

（一）拟设基金主要发起人、管理人和托管人基本情况；

（二）拟设基金治理结构和组织架构；

（三）主要发起人和政府资金来源、出资额度；

（四）拟在基金章程、合伙协议或基金协议中确定的投资产业领域、投资方式、风险防控措施、激励机制、基金存续期限等；

（五）政府出资退出条件和方式；

（六）其他资料。

第十八条 政府向已设立产业投资基金出资，基金组建方案应包括：

（一）基金主要发起人、管理人和托管人基本情况；

（二）基金前期运行情况；

（三）基金治理结构和组织架构；

（四）基金章程、合伙协议或基金协议中确定的投资产业领域、投资方式、风险防控措施、激励机制等；

（五）其他资料。

第十九条 政府出资产业投资基金管理人履行下列职责：

（一）制定投资方案，并对所投企业进行监督、管理；

（二）按基金公司章程规定向基金投资者披露基金投资运作、基金管理信息服务等信息。定期编制基金财务报告，经有资质的会计师事务所审计后，向基金董事会（持有人大会）报告；

（三）基金公司章程、基金管理协议中确定的其他职责。

第二十条 基金管理人应符合以下条件：

（一）在中国大陆依法设立的公司或合伙企业，实收资本不低于1000万元人民币；

（二）至少有3名具备3年以上资产管理工作经验的高级管理人员；

（三）产业投资基金管理人及其董事、监事、高级管理人员及其他从业人员在最近三年无重大违法行为；

（四）有符合要求的营业场所、安全防范设施和与基金管理业务有关的其他设施；

（五）有良好的内部治理结构和风险控制制度。

第二十一条 基金应将基金资产委托给在中国境内设立的商业银行进行托管。基金与托管人签订托管协议，托管人按照协议约定对基金托管专户进行管理。政府出资产业投资基金托管人履行下列职责：

（一）安全保管所托管基金的全部资产；

（二）执行基金管理人发出的投资指令，负责基金名下的资金往来；

（三）依据托管协议，发现基金管理人违反国家法律法规、基金公司章程或基金董事会（持有人大会）决议的，不予执行；

（四）出具基金托管报告，向基金董事会（持有人大会）报告并向主管部门提交年度报告；

（五）基金公司章程、基金托管协议中规定的其他职责。

第二十二条 已登记并通过产业政策符合性审查的各级地方政府或所属部门、直属机构出资设立的产业投资基金，可以按规定取得中央各部门及其直属机构设立的政府出资产业投资基金母基金支持。

第二十三条 已登记并通过产业政策符合性审查的政府出资产业投资基金除政府外的其他股东或有限合伙人可以按规定申请发行企业债券，扩大资本规模，增强投资能力。

## 第三章 政府出资产业投资基金的投资运作和终止

第二十四条 政府出资产业投资基金应主要投资于以下领域：

（一）非基本公共服务领域。着力解决非基本公共服务结构性供需不匹配，因缺乏竞争激励机制而制约质量效率，体制机制创新不足等问题，切实提高非基本公共服务共建能力和共享水平。

（二）基础设施领域。着力解决经济社会发展中偏远地区基础设施建设滞后，结构性供需不匹配等问题，提高公共产品供给质量和效率，切实推进城乡、区域、人群基本服务均等化。

（三）住房保障领域。着力解决城镇住房困难家庭及新市民住房问题，完善住房保障供应方式，加快推进棚户区改造，完善保障性安居工程配套基础设施，有序推进旧住宅小区综合整治、危旧住房和非成套住房改造，切实增强政府住房保障可持续提供能力。

（四）生态环境领域。着力解决生态环境保护中存在的污染物排放量大面广，环境污染严重，山水林田湖缺乏保护，生态损害大，生态环境脆弱、风险高等问题，切实推进生态环境质量改善。

（五）区域发展领域。着力解决区域发展差距特别是东西差距拉大，城镇化仍滞后于工业化，区域产业结构趋同化等问题，落实区域合作的资金保障机制，切实推进区域协调协同发展。

（六）战略性新兴产业和先进制造业领域。着力解决战略性新兴产业和先进制造业在经济社会发展中的产业政策环境不完善，供给体系质量和效率偏低，供给和需求衔接不紧密等问题，切实推进看得准、有机遇的重点技术和产业领域实现突破。

（七）创业创新领域。着力解决创业创新在经济社会发展中的市场环境亟待改善，创投市场资金供给不足，企业创新动能较弱等问题，切实推进大众创业、万众创新。

投资于基金章程、合伙协议或基金协议中约定产业领域的比例不得低于基金募集规模或承诺出资额的60%。

国家发展改革委将根据区域规划、区域政策、产业政策、投资政策及其他国家宏观管理政策适时调整并不定期发布基金投资领域指导意见。

第二十五条 政府出资产业投资基金应投资于：

（一）未上市企业股权，包括以法人形式设立的基础设施项目、重大工程项目等未上市企业的股权；

（二）参与上市公司定向增发、并购重组和私有化等股权交易形成的股份；

（三）经基金章程、合伙协议或基金协议明确或约定的符合国家产业政策的其他投资形式。

基金闲置资金只能投资于银行存款、国债、地方政府债、政策性金融债和政府支持债券等安全性和流动性较好的固定收益类资产。

第二十六条 政府出资产业投资基金对单个企业的投资额不得超过基金资产总值的20%，且不得从事下列业务：

（一）名股实债等变相增加政府债务的行为；

（二）公开交易类股票投资，但以并购重组为目的的除外；

（三）直接或间接从事期货等衍生品交易；

（四）为企业提供担保，但为被投资企业提供担保的除外；

（五）承担无限责任的投资。

第二十七条 政府出资产业投资基金应在章程、委托管理协议等法律文件中，明确基金的分配方式、业绩报酬、管理费用和托管费用标准。

第二十八条 政府出资产业投资基金章程应当加强被投资企业的资金使用监管，防范财务风险。

第二十九条 基金一般应在存续期满后终止，确需延长存续期的，应报经政府基金设立批准部门同意后，与其他投资方按约定办理。

## 第四章　政府出资产业投资基金的绩效评价

第三十条　国家发展改革委建立并完善政府出资产业投资基金绩效评价指标体系。评价指标主要包括：

（一）基金实缴资本占认缴资本的比例；

（二）基金投向是否符合区域规划、区域政策、产业政策、投资政策及其他国家宏观管理政策，综合评估政府资金的引导作用和放大效应、资金使用效率及对所投产业的拉动效果等；

（三）基金投资是否存在名股实债等变相增加政府债务的行为；

（四）是否存在违反法律、行政法规等行为。

第三十一条　国家发展改革委每年根据评价指标对政府出资产业投资基金绩效进行系统性评分，并将评分结果适当予以公告。有关评价办法由国家发展改革委另行制定。金融机构可以根据评分结果对登记的政府出资产业投资基金给予差异化的信贷政策。

第三十二条　国家发展改革委建立并完善基金管理人绩效评价指标体系。评价指标主要包括：

（一）基金管理人实际管理的资产总规模；

（二）基金管理人过往投资业绩；

（三）基金管理人过往投资领域是否符合政府产业政策导向；

（四）基金管理人管理的基金运作是否存在公开宣传、向非合格机构投资者销售、违反职业道德底线等违规行为；

（五）基金管理人及其管理团队是否受到监管机构的行政处罚，是否被纳入全国信用信息共享平台失信名单；

（六）是否存在违反法律、行政法规等行为。

第三十三条　国家发展改革委每年根据评价指标对基金管理人绩效进行系统性评分，并将评分结果适当予以公告。有关评价办法由国家发展改革委另行制定。各级政府部门可以根据评分结果选择基金管理人。

## 第五章 政府出资产业投资基金行业信用建设

第三十四条 国家发展改革委会同有关部门加强政府出资产业投资基金行业信用体系建设，在政府出资产业投资基金信用信息登记系统建立基金、基金管理人和从业人员信用记录，并纳入全国信用信息共享平台。

第三十五条 地方发展改革部门会同地方有关部门负责区域内政府出资产业投资基金行业信用体系建设，并通过政府出资产业投资基金信用信息登记系统报送基金、基金管理人和从业人员有关信息。报送内容包括但不限于工商信息、行业信息、经营信息和风险信息等。

第三十六条 对有不良信用记录的基金、基金管理人和从业人员，国家发展改革委通过"信用中国"网站统一向社会公布。地方发展改革部门可以根据各地实际情况，将区域内失信基金、基金管理人和从业人员名单以适当方式予以公告。

发展改革部门会同有关部门依据所适用的法律法规及多部门签署的联合惩戒备忘录等对列入失信联合惩戒名单的基金、基金管理人和从业人员开展联合惩戒，惩戒措施包括但不限于市场禁入、限制作为供应商参加政府采购活动、限制财政补助补贴性资金支持、从严审核发行企业债券等。

第三十七条 国家发展改革委在"信用中国"网站设立政府出资产业投资基金行业信用建设专栏，公布失信基金、基金管理人和从业人员名单，及时更新名单目录及惩戒处罚等信息，并开展联合惩戒的跟踪、监测、统计和评估工作。

## 第六章 政府出资产业投资基金的监督管理

第三十八条 国家发展改革委会同地方发展改革部门严格履行基金的

信用信息监管责任，建立健全政府出资产业投资基金信用信息登记系统，建立完善政府出资产业投资基金绩效评价制度，加快推进政府出资产业投资基金行业信用体系建设，加强对政府出资产业投资基金的监督管理。

第三十九条　对未登记的政府出资产业投资基金及其受托管理机构，发展改革部门应当督促其在二十个工作日内申请办理登记。逾期未登记的，将其作为"规避登记政府出资产业投资基金""规避登记受托管理机构"，并以适当方式予以公告。

第四十条　中央各部门及其直属机构出资设立的产业投资基金的基金管理人应当于每个会计年度结束后四个月内，向国家发展改革委提交基金及基金管理人的年度业务报告、经有资质的会计师事务所审计的年度财务报告和托管报告，并及时报告投资运作过程中的重大事项。

地方政府或所属部门、直属机构出资设立的产业投资基金的基金管理人应当于每个会计年度结束后四个月内，向本级发展改革部门提交基金及基金管理人的年度业务报告、经有资质的会计师事务所审计的年度财务报告和托管报告，并及时报告投资运作过程中的重大事项。

重大事项包括但不限于公司章程修订、资本增减、高级管理人员变更、合并、清算等。

第四十一条　发展改革部门通过现场和非现场"双随机"抽查，会同有关部门对政府出资产业投资基金进行业务指导，促进基金规范运作，有效防范风险。基金有关当事人应积极配合有关部门对政府出资产业投资基金合规性审查，提供有关文件、账簿及其他资料，不得以任何理由阻扰、拒绝检查。

第四十二条　对未按本办法规范运作的政府出资产业投资基金及其基金管理机构、托管机构，发展改革部门可以会同有关部门出具监管建议函，视情节轻重对其采取责令改正、监管谈话、出具警示函、取消登记等措施，并适当予以公告。

第四十三条　建立政府出资产业投资基金重大项目稽察制度，健全政府投资责任追究制度。完善社会监督机制，鼓励公众和媒体监督。

第四十四条　各级发展改革部门应当自觉接受审计、监察等部门依据职能分工进行的监督检查。各级发展改革部门工作人员有徇私舞弊、滥用职权、弄虚作假、玩忽职守、未依法履行职责的，依法给予处分；构成犯罪的，依法追究刑事责任。

## 第七章　附则

第四十五条　本办法由国家发展改革委负责解释。

第四十六条　政府出资产业投资基金投资境外企业，按照境外投资有关规定办理。

第四十七条　本办法自2017年4月1日起施行，具体登记办法由国家发展改革委另行制定。本办法施行前设立的政府出资产业投资基金及其受托管理机构，应当在本办法施行后两个月内按照本办法有关规定到发展改革部门登记。

国家发展改革委<br>
2016年12月30日

# "十三五"公共体育普及工程实施方案

发改社会〔2016〕2850号

为提升公共体育普及水平，进一步满足人民群众日益增长的体育健身需求，提高中华民族身体素质，根据《中华人民共和国国民经济和社会发展第十三个五年规划纲要》《全民健身计划（2016—2020年）》《中国足球中长期发展规划（2016—2050年）》和《全国足球场地设施建设规划（2016—2020年）》，制定本方案。

## 一、实施背景

党和国家高度重视公共体育普及工作，把扩大体育服务有效供给作为满足群众体育健身需求的物质基础和必要条件。"十二五"期间，国务院陆续制定了《全民健身计划（2011—2015年》《关于加快发展体育产业促进体育消费的若干意见》，有关部门组织实施《"十二五"公共体育设施建设规划》，出台了体育场馆运营管理、体育场馆税费优惠等相关文件。地方各级政府加大对公共体育服务设施投入，推动体育健身事业和体育产业发展，城乡公共体育服务设施得到明显改善，公共体育普及水平明显提高。截至2015年底，我国人均体育场地面积达到1.57平方米，全国经常参加体育锻炼人数比例达到33.9%，健康文明的生活方式正在形成。

但目前，我国公共体育普及程度仍然较低，服务设施未能满足群众快速增长的体育健身需求，具体表现在：一是总量不足，人均体育场地面积仍远低于日、韩等周边国家平均水平，特别是缺少便捷实用的体育健身设施。二是结构欠合理。城乡之间、区域之间设施数量和质量水平存在较大差异，中西部的一些农村地区、贫困地区普遍缺少体育设施；体育设施中大中型体育场馆占比较高，群众性健身场馆占比偏低。三是设施利用率不高，社会开放度不够。四是社会力量调动不足，投资主体单一，建设管理理念相对落后，专业运营管理人才比较缺乏。

加强公共体育服务设施建设，提高公共体育普及水平，不断满足人群民众日益增长的体育健身需求，是各级政府履行公共服务职能的重要内容，是贯彻落实《国民经济和社会发展第十三个五年规划纲要》和《全民健身计划（2016—2020年）》的具体行动，对于提升国民身体素质和健康水平、增强全体人民获得感都具有重要意义。

## 二、指导思想和基本原则

### （一）指导思想

全面贯彻党的十八大和十八届三中、四中、五中、六中全会精神，深入贯彻习近平总书记系列重要讲话精神和治国理政新理念、新思想、新战略，坚持"五位一体"的总体布局和"四个全面"的战略布局，以创新、协调、绿色、开放、共享发展理念为引领，推动公共体育服务领域供给侧结构性改革，调动全社会力量共同参与，增加公共体育服务设施有效供给，增强公益性，提高普及性，为提高全民族身体素质，提升人民群众健康水平打下坚实物质基础。

### （二）基本原则

——科学布局，突出重点。以区域人口数量及分布、自然环境特点和现有体育设施资源为重要因素合理布局。加大对革命老区、民族地区、边疆地区、贫困地区的的支持力度。

——实用适用，方便可及。整合资源，盘活存量，合理确定体育设施功能和规模，积极建设群众身边的体育设施，方便城乡群众就近参加体育健身活动，提高公共体育普及性。

——地方为主，中央引导。坚持地方主体责任，切实履行好提供基本公共服务职能，加大对公共体育服务设施建设的投入力度。中央资金通过明确支持范围、补助方式、补助标准，发挥规范引导作用。

——创新机制，持续发展。激发活力，鼓励社会力量参与举办和运营公共体育服务设施。建管并重，强化运行管理，切实提高公共体育服务设施综合利用率。

## 三、建设目标和任务

### （一）建设目标。

到2020年，人均体育场地面积达到1.8平方米，形成布局合理、覆盖面广、类型多样、普惠性强的公共体育服务网络，各类体育设施的利用率有较大提升，基本满足群众体育健身需求。

——提高县级公共体育场、全民健身中心、基层体育健身设施覆盖率；

——每万人拥有足球场地0.5块，有条件的地区达到0.7块以上；有条件的地区具备开展冰雪运动的能力。

### （二）建设任务。

——改造新建社会足球场地2万块。除少数山区外，每个县级行政区域至少建有2个社会标准足球场地（含县级公共体育场内足球场），有条件的城市新建居住区应建有1块5人制以上足球场地，老旧居住区也要创造条件改造建设小型多样的场地设施。

——支持尚无公共体育场的县（市、区）建设县级公共体育场标准田径跑道和足球场。

——支持能够开展球类、武术、体操、游泳等单项或多项体育健身活动,且不设固定看台的中小型全民健身中心建设。

——支持农民体育健身工程项目建设,建设内容包括灯光篮球场、乒乓球场等室外健身场地,并配备室内健身器材。

——支持社区多功能运动场建设,建设内容包括多功能健身场地、灯光球场、拼装式游泳池、健身步道、室内外健身器材等。

——鼓励有条件的地区建设滑冰场、滑冰馆和滑雪场,广泛动员社会力量,加快冰雪运动发展和普及。

## 四、建设方式和资金来源

### (一)建设方式。

——综合利用。立足整合资源,充分利用体育中心、公园绿地、闲置厂房、校舍操场、社区空置场所等,拓展公共体育服务设施场地。

——改造提升。立足改善质量,对农村简易场地设施进行改造,支持有条件的城市社区改善场地设施水平,适度增加健身休闲区域,为市民休闲空间进一步扩容。

——新建扩容。立足填补空白,将公共体育场地设施建设纳入城乡规划、土地利用总体规划和年度用地计划,合理布局布点,在缺乏体育场地的城乡社区加快建设一批公共体育服务设施。

### (二)资金筹措。

方案建设的公共体育服务设施资金包括中央预算内投资、体育彩票公益金、地方财政性资金、社会投入等。

1. 中央预算内投资支持内容。对社会足球场地、新建县级公共体育场中标准田径跑道和足球场,以及采用PPP、公建民营等方式建设的全民健身中心项目予以专项补助。国家发改委将根据国家财力状况统筹安排中央预算内投资积极予以支持。同时,根据各地项目执行等情况,对真抓实干、成效明显的省（区、市），实施激励支持措施，在安排中央预算内投资时加大补助力度。除中央预算内投资外，地方、项目单位等要发挥主体责任加大投入，加强方案组织实施。

2. 体育彩票公益金支持内容。留归各级体育主管部门使用的彩票公益金，需根据国家有关规定，增加对公共体育服务设施建设的投入，并加强监督管理。国家体育总局安排本级体育彩票公益金，主要用于支持建设中小型全民健身中心，实施农民体育健身工程和建设一批社区多功能运动场。对真抓实干、重视体育基本公共服务的县（市、区），实施激励支持措施。

3. 地方财政性资金支持内容。地方各级人民政府要按照《全民健身条例》等法规要求，将公共体育设施建设纳入本地区国民经济和社会发展规划，切实增加财政投入，保障公共体育设施运行所需经费，确保建设项目不产生资金缺口。

4. 鼓励社会力量建设体育设施。鼓励企业、个人和境外资本投资建设、运营各类体育场地，支持社会力量捐资建设公共体育服务设施，各地要采取公建民营、民办公助、委托管理、PPP和政府购买服务等方式予以支持。

**（三）项目遴选条件。**

1. 中央预算内投资支持项目应参考《关于编报2016年公共体育服务设施建设中央预算内投资项目建议方案的通知》（发改办社会〔2016〕0597号）附件《公共体育场地建设参考指南》的要求实施。

2. 体育彩票公益金支持项目应按照《县级全民健身中心项目实施办法》（体群字〔2016〕112号）、《体育总局办公厅关于2016年中央集中彩票公益金转移支付地方支持全民健身设施建设有关事宜的通知》（体群字〔2015〕174号）附件的要求实施。

## （四）补助标准。

1. 中央预算内投资补助标准。

——足球场地设施：对每个11人制标准足球场地，原则上，按照平均总投资300万元测算，中央预算内投资对西部、中部、东部地区按平均总投资的80%、60%、30%予以补助。对其他制式足球场地、改造项目，按上述比例执行，中央预算内投资补助控制在30-50万元。

——新建县级公共体育场中标准田径跑道和足球场：原则上，按照平均总投资600万元测算，中央预算内投资对西部、中部、东部地区按平均总投资的80%、60%、30%补助。项目名称务必以"县级公共体育场标准田径跑道和足球场"申报，并按此批复。

——全民健身中心：中央预算内投资对采用PPP、公建民营等方式建设的全民健身中心项目予以补助，建设规模应为2000㎡—4000㎡之间，对建设规模不符合项目不予支持。原则上，按照平均总投资600万元测算，中央预算内投资对西部、中部、东部地区按平均总投资的80%、60%、30%予以补助。

以上，对低于平均总投资的项目按照实际投资，原则上给予上述相应比例补助；对高于平均总投资的项目，超出部分投资请各地自行配套解决。对于新疆南疆地区、西藏、四省藏区、享受中西部待遇等政策地区的项目按有关规定执行。

2. 体育彩票公益金补助标准。

中小型全民健身中心每个项目资助不超过800万元，农民体育健身工程项目每个资助不超过50万元，社区多功能运动场中的拼装式游泳池项目每个资助不超过100万元，其他项目每个资助不超过30万元。

## 五、运行管理

——加强开放利用。坚持以公益性为导向，政府投资兴建的公共体育设施应免费或低收费向社会开放。充分利用城市公园、郊野公园、公共绿地及城市空置场所等建设公共体育设施并免费低收费开放。通过政府购买服务等方式引导营利性场地设施为群众体育健身服务。鼓励社会健身、职业俱乐部以适当形式开放场地，提供公益性群众体育健身服务。

——鼓励社会化运营。对中央补助投资建设的公共体育服务设施，鼓励采取"委托管理"等方式，运用竞争择优机制选定各类专业化的社会组织或企业运营。地方有关部门在招标之前，应合理确定公共体育服务设施的服务范围、开放时间和主要服务收费价格等，确保公共体育服务设施的公益性质，并将有关内容向社会公示。对由企业负责运行管理的项目，应签订公益性条款，对项目产权性质、设施用途和投资收益使用进行规范，以确保设施公益性质。

——开展健身指导。依托各类体育设施，广泛组织开展多种形式的群众性体育活动和赛事，建立健全体质测定与运动健身指导网络，为群众进行体质检测、体制健康评价，提供科学健身指导，宣讲科学健身知识。

## 六、保障措施

### （一）加强组织领导。

各地要将提升公共体育普及型作为重要民生工程，纳入当地国民经济和社会发展规划、城乡建设规划和土地利用规划。地方体育部门负责本地区公共体育服务设施建设运行的监督管理。各省发展改革、体育部门要会同有关部门，密切配合，加强分工协作，编制本地区实施方案。国家发改委、体育总局负责本方案中央预算内投资支持项目的组织实施和监督检查，体育总局负责体育彩票公益金支持项目的组织实施和监督检查。

### （二）严格项目管理。

按照《国家发展改革委关于加强政府投资项目储备 编制三年滚动投资计划的通知》（发改投资〔2015〕2463号）、《国家发展改革委办公厅关于使用国家重大建设项目库加强项目储备编制三年滚动投资计划有关问题的通知》（发改办投资〔2015〕2942号）要求，做好与三年滚动投资计划的衔接，并录入重大建设项目库，对不符合条件的项目不列入年度投资计划。严格执行项目法人责任制、招标投标制、工程监理制和合同管理制等建设管理的法律法规，加强设施建设监管，项目配套资金应足额及时到位，保证建设质量。

（三）落实支持政策。

各地要建立稳定的公共体育设施建设投入保障机制，对公共体育设施日常运行和维护给予经费补助。落实体育设施建设和运营税费减免政策，执行好水、电、气、热等方面的价格政策。确保建设用地供给，严格落实居住区公共服务设施配置指标有关规定，确保群众健身类公共体育设施与新建、改扩建住宅小区同步建设、同步验收，及时交付使用。已建成住宅小区无公共体育设施，或现有设施未达到方案建设标准要求，具备条件的，要通过改造等方式予以完善。拓宽投融资渠道，支持社会资本建设体育设施。加强公共体育服务设施运营和管理人才培养。

（四）强化监督检查。

各地要建立项目动态监督检查机制，确保建设质量。要加大信息公开力度，实施方案公开、年度投资计划公开。要加强项目过程管理。各地要加强项目竣工验收，适时将年度投资计划竣工验收情况上报。国家发展改革委、体育总局将按照职责分工和有关规定加强项目督查，及时总结各地实施情况。

附件：《"十三五"公共体育普及工程实施方案（中央预算内投资）项目和资金管理办法》

国家发展改革委
国家体育总局
2016年12月3日

附件

# "十三五"公共体育普及工程实施方案（中央预算内投资）项目和资金管理办法

## 第一章 总 则

第一条 为规范"十三五"公共体育普及工程实施方案（以下简称"方案"）项目和资金管理，加强组织实施，提高中央预算内投资使用效益，依据国家有关法律法规和《中央预算内投资补助和贴息项目管理办法》（国家发展和改革委员会令第45号，以下简称"45号令"）等要求，制定本办法。

第二条 方案实施期限为2016—2020年，方案采取滚动实施，逐年安排的方式，并可根据中央预算内投资安排情况和项目执行情况展期实施。

第三条 方案覆盖范围包括各省、自治区、直辖市及计划单列市，新疆生产建设兵团，黑龙江省农垦总局（以下简称"各省"）。

第四条 方案旨在加快建设便民利民的公共体育服务设施，推动公共体育服务领域供给侧结构性改革，提升公共体育普及性，满足人民群众日益增长的体育健身需求，提高中华民族身体素质和健康水平，增强全体人民获得感。

## 第二章 管理职责和工作程序

第五条 国家发展改革委、体育总局负责编制实施方案、制定方案项目和资金管理办法、组织实施和监督检查。各省发展改革部门会同体育部门编制本地区实施方案。

第六条　各地方发展改革部门会同体育部门根据实施方案要求，及时将符合条件的项目纳入三年滚动投资计划，列入国家重大建设项目库。

第七条　各省发展改革部门会同体育部门上报年度资金申请报告，国家发展改革委会同体育总局审核各省资金申请报告，国家发展改革委按建设程序切块下达年度投资计划，各省发展改革部门须在收文后20个工作日内将中央预算内投资分解安排到具体项目，并分解下达投资项目计划，报国家发展改革委备案，并抄报体育总局。

第八条　各省发展改革部门是落实分解下达投资项目计划的责任主体，在分解下达投资项目计划时，要明确项目建设地点、建设规模、建设工期，以及省、市、县等各级配套投资比例和数额，并确保项目已按规定履行完成各项建设管理程序。投资项目计划一经下达，原则上不再调整。执行过程中确需调整的，各省发展改革部门做出调整决定并报国家发展改革委备案。各省发展改革部门将中央预算内投资安排到具体项目的权力不得下放。

第九条　地方发展改革部门、体育部门要切实履行职责，做好方案实施各方面工作。地方体育部门要加强项目建设和运营管理，确保建设质量及建成后规范运行，发挥建设效益。

## 第三章　项目遴选原则

第十条　项目遴选范围包括：
（一）社会足球场地建设和改造项目。
（二）新建县级公共体育场标准田径跑道和足球场建设项目。
（三）采取PPP、公建民营等方式建设的全民健身中心项目。

第十一条　项目遴选基本条件包括：
（一）项目要符合事业发展需要，符合城乡规划、土地利用总体规划要求，与当地人口、土地、环境、交通等实际状况相适宜，选址布局科学合理。

（二）项目建设必须符合国家有关法律法规要求，执行环境保护、节约土地、安全管理、节约能源等有关方面的规定。

（三）项目要符合"45号令"以及中央投资管理的有关规定，落实前期工作条件，配套资金足额落实。

（四）项目要按照《国家发展改革委关于加强政府投资项目储备 编制三年滚动投资计划的通知》（发改投资〔2015〕2463号）和《国家发展改革委办公厅关于使用国家重大建设项目库加强项目储备编制三年滚动投资计划有关问题的通知》（发改办投资〔2015〕2942号）要求，做好与三年滚动投资计划的衔接，并录入重大建设项目库。不符合上述条件的项目，不列入年度投资计划。

## 第四章 项目建设要求和补助标准

第十二条 建设要求应参考《国家发展改革委办公厅 国家体育总局办公厅关于编报2016年公共体育服务设施建设中央预算内投资项目建议方案的通知》（发改办社会〔2016〕597号）"附件1：《公共体育场地建设参考指南》"要求。

第十三条 补助标准。

（一）足球场地设施：对每个11人制标准足球场地，原则上，按照平均总投资300万元测算，中央预算内投资对西部、中部、东部地区按平均总投资的80%、60%、30%予以补助。对其他制式足球场地、改造项目，按上述比例执行，中央预算内投资补助控制在30-50万元。

（二）新建县级公共体育场中标准田径跑道和足球场：原则上，按照平均总投资600万元测算，中央预算内投资对西部、中部、东部地区按平均总投资的80%、60%、30%补助。

（三）全民健身中心：中央预算内投资对采用PPP、公建民营等方式建设的全民健身中心项目予以补助。原则上，按照平均总投资600万元测算，中央预算内投资对西部、中部、东部地区按测算总投资的80%、60%、30%予以补助。

原则上，对低于平均总投资的项目，按照项目实际投资给予相应比例的补助；对高于平均总投资的项目，超出部分投资由各地自行解决。建设规模不符合要求的项目不得纳入方案。对于新疆南疆地区、西藏、四省藏区、享受中西部待遇等政策地区的项目按有关规定执行。

## 第五章 资金安排原则

第十四条 方案建设投资由中央和地方共同筹措解决，国家发展改革委和体育总局统筹考虑各地人口规模、经济发展状况、县级行政区划等因素，结合各地公共体育服务设施现状及建设需求，予以中央预算内投资补助。同时，根据各地项目执行等情况，对真抓实干、成效明显的省（区、市），实施激励支持措施，在安排中央预算内投资时给予倾斜支持。地方政府要强化支出责任，加强财力统筹，确保投资到位。

第十五条 中央预算内投资向革命老区、民族地区、边疆地区、贫困地区倾斜，促进困难地区体育事业发展。

第十六条 年度投资计划切块下达的方式分配到各省。

## 第六章 监督管理

第十七条 项目所属地方政府要对项目的投资安排、项目管理、资金使用、实施效果负总责，应当加强项目的监督管理，采取事前、事中、事后相结合的方式，对项目建设资金使用实施全过程监督管理。

第十八条 建设项目要严格执行项目法人责任制、招标投标制、工程监理制和合同管理制等建设管理法规，项目设计单位和施工单位必需具有相应资质，做到公平、公正、公开、透明。各地要加强项目竣工验收，适时将年度投资计划竣工验收情况上报国家发展改革委和体育总局。

第十九条 项目资金使用管理要严格执行国家有关法律、行政法规和财务规章制度，应当遵循专款专用原则，严禁挤占、挪用和截留，确保安全有效。

第二十条 地方发展改革和体育部门要在当地政府领导下，切实做好组织协调工作，及时落实年度投资计划，要定期对项目的管理、质量、进度、资金使用情况等进行监督检查，及时解决建设过程中存在的问题，确保建设项目保质保量如期完成。国家发展改革委和体育总局适时对方案执行情况进行监督检查。

第二十一条 各省发展改革和体育部门要做好年度投资计划与国家重大项目建设库的衔接，按照通过投资项目在线审批监管平台（重大建设项目库模块），每月10日前要通过重大建设项目库，对项目实行按月调度，及时填报项目开工情况、投资完成情况、工程形象进度等数据。

第二十二条 对有下列行为之一的建设项目，可以责令其限期整改，核减、收回或停止拨付投资补助，暂停其申报中央投资补助项目，并视情节轻重提请或移交有关机关依法追究有关责任人的行政或法律责任：

（一）提供虚假情况，骗取投资补助资金的；

（二）转移、侵占或者挪用投资补助资金的；

（三）擅自改变主要建设内容和建设标准的；

（四）项目建设规模、标准和内容发生较大变化而不及时报告的；

（五）无正当理由未及时建设实施的；

（六）拒不接受依法进行的稽察或者监督检查的；

（七）未按要求通过在线平台报告相关项目信息的；

（八）其他违反国家法律法规和"45号令"相关规定的行为。

## 第七章　附则

第二十三条　本办法由国家发展改革委、体育总局负责解释。

第二十四条　本办法自发布之日起执行，有效期为5年。

# 教育部 国家体育总局关于推进学校体育场馆向社会开放的实施意见

教体艺〔2017〕1号

各省、自治区、直辖市教育厅（教委）、体育局，新疆生产建设兵团教育局、体育局：

根据健康中国建设的决策部署，为贯彻落实《国务院关于加快发展体育产业 促进体育消费的若干意见》（国发〔2014〕46号）和《国务院办公厅关于强化学校体育促进学生身心健康全面发展的意见》（国办发〔2016〕27号）精神，进一步深化学校体育改革，强化学生课外锻炼，积极推进学校体育场馆向学生和社会开放，有效缓解广大青少年和人民群众日益增长的体育健身需求与体育场馆资源供给不足之间的矛盾，促进全民健身事业的繁荣发展，现提出以下意见。

## 一、总体要求

### （一）指导思想

当前我国面临着体育场馆的教学属性和社会健身要求不相匹配，学校体育场馆设施的资源不足、使用效益不高与学校、社会需求之间的供求矛盾；面临着教学时间和社会开放时间冲突，服务运行的盈利性和公益性难以平衡及责任的认定难以区分等严峻形势。各地要提高认识，把学校体育场馆开放作为贯彻落实《"健康中国2030"规划纲要》和《全民健身条例》的重要举措，提高认识，统一思想，积极、稳妥、逐步创造条件推进开放工作，不断提高学校管理及体育工作质量和水平。

### （二）基本原则

坚持政府统筹，多方参与。以政府为主导、以学校为主体，加强部门协作，引导社会力量积极参与，形成加快推动学校体育场馆向社会开放的政策体系。

坚持因地制宜，有序推进。根据地方、学校实际情况，加强分类指导、稳步推进，分批分阶段推动实施，形成健康有序的学校体育场馆开放格局。

坚持校内优先，安全为重。学校体育场馆要首先保证本校师生的教育教学需要和日常活动需求，优先向青少年学生和社会组织开放，加强安全管理，明确安全职责，形成学校体育场馆开放的安全保障机制。

坚持服务公众，体现公益。明确服务对象，完善服务条件，建立健全服务规范，立足公益，积极探索学校体育场馆开放多元化的成本补偿机制。

### （三）主要目标

到2020年，建设一批具有示范作用的学校体育场馆开放典型，通过典型示范引领，带动具备条件的学校积极开放，使开放水平及使用效率得到普遍提升；基本建立管理规范、监督有力、评价科学的学校体育场馆开放制度体系；基本形成政府、部门、学校和社会力量相互衔接的开放工作推进机制，为推动全民健身事业，提高全民身体素质和健康水平做出积极贡献。

## 二、开放范围

根据《全民健身条例》要求，学校应当在课余时间和节假日向学生开放体育场馆，公办学校要积极创造条件向社会开放体育场馆。鼓励民办学校向社会开放体育场馆。

## 三、开放办法

（一）明确场馆开放学校的基本条件。具备以下基本条件的学校要积极推进体育场馆开放：

1. 学校体育场馆有健全的安全管理规范，明确的责任区分办法和完善的安全风险防控条件、机制及应对突发情况的处置措施和能力。

2. 学校体育场馆在满足本校师生日常体育活动需求的基础上，还应有向社会开放的容量和时间段。

3. 学校体育场馆区域与学校教学区域相对独立或隔离，体育场馆开放不影响学校其他工作的正常进行。

4. 学校体育场馆、设施和器材等安全可靠，符合国家安全、卫生和质量标准及相关要求。

5. 学校有相对稳定的体育场馆设施更新、维护和运转的经费，能定期对场馆、设施、器材进行检查和维护。

（二）明确场馆开放时间。学校的体育场馆开放应该在教学时间与体育活动时间之外进行。在课余时间和节假日优先向学生开放，并在保证校园安全的前提下向社会开放，可实行定时定段与预约开放相结合。学校体育场馆向社会开放的时间应与当地居民的工作时间、学习时间适当错开。国家法定节假日和学校寒暑假期间，学校体育场馆应适当延长开放时间。开放具体时段、时长由各地、各校根据实际情况予以明确规定。

（三）合理确定开放对象。学校体育场馆开放主要面向本校学生、学区内学生、学校周边社区居民和社会组织。根据体育场馆面积、适用范围和开放服务承受能力，合理确定开放对象范围和容量。

（四）确定开放场馆名录。学校室外场地设施，如操场、球场、田径场跑道等要先行开放，室内场馆设施开放由各校提出并报上级教育行政部门确定。对于高危险性体育项目场地,由县级人民政府根据当地实际制定开放名录。

（五）实施开放人群准入制度。场馆开放的具体实施部门可以根据情况,建立开放对象信息登记和发放准入证件制度,提出健康管理和安全使用场馆设施的基本要求,明确各方责任。可以要求开放对象持证入校健身,做好身份识别。

（六）明确开放的收费标准。学校体育场馆根据不同对象可采取免费、优惠或有偿开放方式,有偿开放不能以营利为目的。根据《全民健身条例》规定,学校可以根据维持设施运营的需要向使用体育设施的开放人群收取必要的费用,收费标准应经当地物价部门核准,并向社会公示。对青少年学生、老年人、残疾人等原则上实行免费。

（七）形成稳定的运营模式。学校要积极探索体育场馆开放的运营方式,建立适合当地需要的运营模式。鼓励学校开展以校管理为主的运营模式,探索建立通过政府购买服务、委托第三方专业组织运营的模式。

## 四、保障措施

（一）加强学校体育场馆设施建设。各地要加强公共体育设施建设的统筹和规划,积极为学校体育场馆向社会开放创造条件。教育部门要按照《国家学校体育卫生条件试行基本标准》《中小学校体育设施技术规程》及《高等学校体育工作基本标准》要求,加大学校体育场馆设施建设力度。体育部门要将公共体育设施尽可能建在学校或学校周边。

（二）加快场馆开放管理人才队伍建设。各地教育、体育部门要对学校体育场馆开放管理人员进行相应的业务培训,不断提高业务能力和水平。学校要组织体育教师和相关管理人员,积极参与场馆开放活动服务工作。体育部门要引导社会体育指导员主动服务场馆开放学校。积极鼓励具有特长的社区居民参与场馆开放工作的志愿服务,发挥其在活动组织、技术指导等方面的优势。高等学校要加强体育场馆管理人才的培养，为体育场馆开放工作提供人才储备。

（三）积极推进风险防控和安保机制建设。各地教育、体育部门要协调当地公安、医疗等部门建立健全有关加强学校体育场馆开放安全保卫方面的工作机制，加强场馆开放治安管理和安全保障。学校要协调周边社区和街道制定具体场馆开放的安保实施方案和突发事故紧急处置预案，落实安全风险防范措施，加强开放时段治安巡查，做好场馆开放后的校园安全保卫工作。要严格按照《教育部关于印发〈学校体育运动风险防控暂行办法〉的通知》（教体艺〔2015〕3号）要求，根据体育器材设施及场地的安全风险进行分类管理，防范和消除安全隐患。推动县级以上人民政府根据国家有关规定为开放学校购买专项责任保险，鼓励引导学校、社会组织、企事业单位和个人购买运动伤害类保险。

（四）加大学校体育场馆开放经费投入。各地教育部门要加大学校场馆设施建设与开放的经费投入，多途径筹措经费，不断改善学校体育场馆设施条件，支持学校体育场馆开放。各地体育部门要根据实际情况，安排必要的资金，支持学校体育场馆对外开放所致场馆日常运转和设施设备维修。可利用彩票公益金加大对开放学校的补贴，安排一定比例的资金作为场馆开放社会体育指导员工作经费。开放场馆学校所收取的费用，要严格按照财务制度进行规范管理，主要用于补贴设施运营等。

（五）鼓励社会力量积极参与体育场馆开放。支持社会力量通过投资、冠名、合伙制、捐赠等形式参与学校体育场馆建设和开放工作，充分发挥其在资金、技术、项目、运营、评估等方面的优势。鼓励社会力量通过竞标等方式对学校体育场馆开放进行市场化、专业化运营，为开放对象提供优质、低价或免费的服务。

（六）积极推进体育场馆开放信息化建设。要加强体育场馆开放的信息公开工作，通过多种方式，公开场馆开放的时段、区域、项目和相关服务，公告使用体育场馆的程序、途径和办法。建立场馆开放信息统计和上报制度，及时向上级主管部门提供体育场馆开放有关信息。各地要充分发挥"互联网+场馆开放"技术创新，建立体育场馆开放的信息化综合平台，使信息采集、信息共享、动态监控、用户评价等多种功能一体化，实时显示体育场馆开放工作情况。

## 五、组织实施

（一）加强组织领导。各地要高度重视学校体育场馆开放工作，建立健全由教育或体育部门牵头，有关部门分工负责和社会力量参与的场馆开放工作协调机制，主动争取当地政府的支持，积极发挥社区、街道的管理作用，研究制定当地学校体育场馆开放工作规划或实施方案，并抓紧落实。

（二）坚持分类指导。鼓励各地积极探索学校体育场馆开放的新政策、新机制和新模式，不断完善场馆开放服务体系，持续提高场馆开放服务能力。要统筹考虑各地经济发展、学校体育条件等实际情况，因地制宜推进学校体育场馆开放在不同区域的实施和发展。

（三）强化宣传推广。加大对学校体育场馆开放相关政策的宣传和解读，引导更多的学校实施体育场馆开放工作。把学校体育场馆开放工作纳入群众体育先进集体和个人的评选范畴，及时总结和交流学校体育场馆开放的做法和经验，对模式新颖、绩效突出的地方和学校加大宣传和进行表彰奖励，不断强化示范效应，积极营造学校体育场馆开放的良好社会环境和舆论氛围。

教育部　国家体育总局<br>
2017年2月3日

# 国务院办公厅关于进一步激发社会领域投资活力的意见

国办发〔2017〕21号

各省、自治区、直辖市人民政府，国务院各部委、各直属机构：

党的十八大以来，我国社会领域新兴业态不断涌现，投资总量不断扩大，服务能力不断提升，但也仍然存在放宽准入不彻底、扶持政策不到位、监管体系不健全等问题。面对社会领域需求倒逼扩大有效供给的新形势，深化社会领域供给侧结构性改革，进一步激发医疗、养老、教育、文化、体育等社会领域投资活力，着力增加产品和服务供给，不断优化质量水平，对于提升人民群众获得感、挖掘社会领域投资潜力、保持投资稳定增长、培育经济发展新动能、促进经济转型升级、实现经济社会协调发展具有重要意义。要按照党中央、国务院决策部署，坚持稳中求进工作总基调，牢固树立和贯彻落实新发展理念，以供给侧结构性改革为主线，坚持社会效益和经济效益相统一，不断增进人民福祉；坚持营利和非营利分类管理，深化事业单位改革，在政府切实履行好基本公共服务职责的同时，把非基本公共服务更多地交给市场；坚持"放管服"改革方向，注重调动社会力量，降低制度性交易成本，吸引各类投资进入社会领域，更好满足多层次多样化需求。经国务院同意，现提出以下意见：

## 一、扎实有效放宽行业准入

1. 制定社会力量进入医疗、养老、教育、文化、体育等领域的具体方案，明确工作目标和评估办法，新增服务和产品鼓励社会力量提供。（教育部、民政部、文化部、国家卫生计生委、新闻出版广电总局、体育总局、国家文物局、国家中医药局按职责分工负责）在社会需求大、供给不足、群众呼声高的医疗、养老领域尽快有突破，重点解决医师多点执业难、纳入医保定点难、养老机构融资难等问题。（国家卫生计生委、人力资源社会保障部、民政部、银监会等部门按职责分工负责）

2. 分别制定医疗、养老、教育、文化、体育等机构设置的跨部门全流程综合审批指引，推进一站受理、窗口服务、并联审批，加强协作配合，并联范围内的审批事项不得互为前置。（教育部、民政部、文化部、国家卫生计生委、新闻出版广电总局、体育总局、国家文物局、国家中医药局分别牵头会同公安部、国土资源部、环境保护部、住房城乡建设部等部门负责）各地出台实施细则，进一步细化各项审批的条件、程序和时限，提高部门内各环节审批效率，推广网上并联审批，实现审批进程可查询。（各省级人民政府负责）

3. 完善医疗机构管理规定，优化和调整医疗机构类别、设置医疗机构的申请人、建筑设计审查、执业许可证制作等规定，推进电子证照制度。（国家卫生计生委、国家中医药局按职责分工负责）

4. 按照保障安全、方便合理的原则，修订完善养老设施相关设计规范、建筑设计防火规范等标准。（住房城乡建设部、公安部、民政部等部门按职责分工负责）

5. 制定整合改造闲置资源发展养老服务工作办法。推动公办养老机构改革试点，鼓励采取公建民营等方式，将产权归政府所有的养老服务设施委托企业或社会组织运营。（各省级人民政府负责）

6. 指导和鼓励文化文物单位与社会力量深度合作，推动文化创意产品开发，通过知识产权入股等方式投资设立企业，总结推广经验，适时扩大试点。制定准入意见，支持社会资本对文物保护单位和传统村落的保护利用。探索大遗址保护单位控制地带开发利用政策。（文化部、国家文物局按职责分工负责）

7. 总结图书制作与出版分开的改革试点经验，制定扩大试点地区的方案。推动取消电影制片单位设立、变更、终止审批等行政审批。（新闻出版广电总局牵头负责）

8. 制定体育赛事举办流程指引，明确体育赛事开展的基本条件、标准、规则、程序和各环节责任部门，打通赛事服务渠道，强化对口衔接，有关信息向社会公开。（体育总局牵头负责）

9. 规范体育比赛、演唱会等大型群众性活动的各项安保费用，提高安保公司和场馆的市场化运营服务水平。（公安部牵头会同文化部、新闻出版广电总局、体育总局负责）

10. 改革医师执业注册办法，实行医师按行政区划区域注册，促进医师有序流动和多点执业。建立医师电子注册制度，简化审批流程，缩短办理时限，方便医师注册。（国家卫生计生委、国家中医药局牵头负责）医疗、教育、文化等领域民办机构与公立机构专业技术人才在职称评审等方面享有平等待遇。（人力资源社会保障部牵头负责）

## 二、进一步扩大投融资渠道

11. 研究出台医疗、养老、教育、文化、体育等社会领域产业专项债券发行指引，结合其平均收益低、回报周期长等特点，制定有利于相关产业发展的鼓励条款。（国家发展改革委牵头负责）积极支持相关领域符合条件的企业发行公司债券、非金融企业债务融资工具和资产证券化产品，并探索发行股债结合型产品进行融资，满足日常运营资金需求。（证监会、人民银行按职责分工牵头负责）引导社会资本以政府和社会资本合作（PPP）模式参与医疗机构、养老服务机构、教育机构、文化设施、体育设施建设运营，开展PPP项目示范。（各省级人民政府负责）

12. 发挥政府资金引导作用，有条件的地方可结合实际情况设立以社会资本为主体、市场化运作的社会领域相关产业投资基金。（各省级人民政府负责）

13. 推进银行业金融机构在依法合规、风险可控、商业可持续的前提下，创新开发有利于社会领域企业发展的金融产品，合理确定还贷周期和贷款利率。（人民银行、银监会等部门按职责分工负责）

14. 出台实施商业银行押品管理指引，明确抵押品类别、管理、估值、抵质押率等政策。（银监会牵头负责）

15. 加强知识产权评估、价值分析以及质押登记服务，建立健全风险分担及补偿机制，探索推进投贷联动，加大对社会领域中小企业的服务力度。（国家知识产权局、财政部、人民银行、工商总局、银监会等部门按职责分工负责）有效利用既有平台，加强信息对接和数据共享，形成以互联网为基础、全国统一的商标权、专利权、版权等知识产权质押登记信息汇总公示系统，推动社会领域企业以知识产权为基础开展股权融资。（国家发展改革委、国家知识产权局牵头会同人民银行、工商总局、新闻出版广电总局等部门负责）

16. 支持社会领域企业用股权进行质押贷款，推动社会领域企业用收益权、应收账款以及法律和行政法规规定可以质押的其他财产权利进行质押贷款。鼓励各地通过设立行业风险补偿金等市场化增信机制，推动金融机构扩大社会领域相关产业信贷规模。（各省级人民政府负责）

17. 鼓励搭建社会领域相关产业融资、担保、信息综合服务平台，完善金融中介服务体系，利用财政性资金提供贴息、补助或奖励。（各省级人民政府负责）

18. 探索允许营利性的养老、教育等社会领域机构以有偿取得的土地、设施等财产进行抵押融资。（各省级人民政府负责）

19. 发挥行业协会、开发区、孵化器的沟通桥梁作用，加强与资本市场对接，引导企业有效利用主板、中小板、创业板、新三板、区域性股权交易市场等多层次资本市场。（科技部、民政部、文化部、国家卫生计生委、新闻出版广电总局、证监会、体育总局等部门以及各省级人民政府按职责分工负责）

### 三、认真落实土地税费政策

20. 将医疗、养老、教育、文化、体育等领域用地纳入土地利用总体规划、城乡规划和年度用地计划，农用地转用指标、新增用地指标分配要适当向上述领域倾斜，有序适度扩大用地供给。（国土资源部、住房城乡建设部以及各省级人民政府按职责分工负责）

21. 医疗、养老、教育、文化、体育等领域新供土地符合划拨用地目录的，依法可按划拨方式供应。对可以使用划拨用地的项目，在用地者自愿的前提下，鼓励以出让、租赁方式供应土地，支持市、县政府以国有建设用地使用权作价出资或者入股的方式提供土地，与社会资本共同投资建设。应有偿使用的，依法可以招拍挂或协议方式供应，土地出让价款可在规定期限内按合同约定分期缴纳。支持实行长期租赁、先租后让、租让结合的土地供应方式。（国土资源部牵头会同财政部等部门负责）

22. 市、县级人民政府应依据当地土地取得成本、市场供需、产业政策和其他用途基准地价等，制定公共服务项目基准地价，依法评估并合理确定医疗、养老、教育、文化、体育等领域公共服务项目的出让底价。（国土资源部牵头负责）

23. 企业将旧厂房、仓库改造成文化创意、健身休闲场所的，可实行在五年内继续按原用途和土地权利类型使用土地的过渡期政策。（国土资

源部牵头会同住房城乡建设部、环境保护部、文化部、体育总局等部门负责）

24. 制定闲置校园校舍综合利用方案，优先用于教育、养老、医疗、文化、体育等社会领域。（教育部牵头会同民政部、国家卫生计生委、文化部、体育总局等部门负责）

25. 落实医疗、养老、教育、文化、体育等领域税收政策，明确界定享受各类税收政策的条件。（税务总局牵头负责）

26. 加大监督检查力度，落实非公立医疗、教育等机构享有与公立医院、学校用水电气热等同价政策，落实民办的公共文化服务机构、文化创意和设计服务企业用水电气热与工业同价政策，落实大众健身休闲企业用水电气热价格不高于一般工业标准政策，落实社会领域各项收费优惠政策。（各省级人民政府负责）

## 四、大力促进融合创新发展

27. 各地根据资源条件和产业优势，科学规划建设社会领域相关产业创新发展试验区，在准入、人才、土地、金融等方面先行先试。积极鼓励各类投资投入社会领域相关产业，推动产业间合作，促进产业融合、全产业链发展。（各省级人民政府以及国家发展改革委、教育部、民政部、文化部、国家卫生计生委、新闻出版广电总局、体育总局、国家文物局、国家中医药局等部门按职责分工负责）

28. 制定医养结合管理和服务规范、城市马拉松办赛指南、汽车露营活动指南、户外徒步组织规范、文化自然遗产保护和利用指南。实施文化旅游精品示范工程、体育医疗康复产业发展行动计划。（国家卫生计生委、民政部、国家中医药局、体育总局、住房城乡建设部、文化部、国家文物局、国家旅游局等部门按职责分工负责）

29. 支持社会力量举办规范的中医养生保健机构，培育一批技术成熟、信誉良好的知名中医养生保健服务集团或连锁机构。鼓励中医医疗机构发挥自身技术人才等资源优势，为中医养生保健机构规范发展提供支持。开展中医特色健康管理。（国家中医药局牵头负责）

30. 推进"互联网+"益民服务，完善行业管理规范，发展壮大在线教育、在线健身休闲等平台，加快推行面向养老机构的远程医疗服务试点，推广大数据应用，引导整合线上线下企业的资源要素，推动业态创新、模式变革和效能提高。（国家发展改革委牵头会同教育部、工业和信息化部、民政部、文化部、国家卫生计生委、体育总局等部门负责）

31. 鼓励各地扶持医疗器械、药品、康复辅助器具、体育运动装备、文化装备、教学装备等制造业发展，强化产需对接、加强产品研发、打造产业集群，更好支撑社会领域相关产业发展。（各省级人民政府负责）

## 五、加强监管优化服务

32. 完善协同监管机制，探索建立服务市场监管体系。相关行业部门要统筹事业产业发展，强化全行业监管服务，把引导社会力量进入本领域作为重要职能工作，着力加强事中事后监管，总结成功经验和案例，制定推广方案。（教育部、民政部、文化部、国家卫生计生委、新闻出版广电总局、体育总局按职责分工负责）工商、食品药品监管、质检、价格等相关监管部门要加强对社会领域服务市场监管，切实维护消费者权益，强化相关产品质量监督，严厉打击虚假广告、价格违法行为等。（工商总局、食品药品监管总局、质检总局、国家发展改革委按职责分工负责）

33. 建立医疗、养老、教育、文化、体育等机构及从业人员黑名单制度和退出机制，以违规违法行为、消防不良行为、信用状况、服务质量检查结果、顾客投诉处理结果等信息为重点，实施监管信息常态化披露，年内取得重点突破。（教育部、公安部、民政部、文化部、国家卫生计生委、工商总局、新闻出版广电总局、体育总局、国家文物局、国家中医药

局按职责分工负责）

34. 将医疗、养老、教育、文化、体育等机构及从业人员信用记录纳入全国信用信息共享平台，其中涉及企业的相关记录同步纳入国家企业信用信息公示系统，对严重违规失信者依法采取限期行业禁入等惩戒措施，建立健全跨地区跨行业信用奖惩联动机制。（国家发展改革委、人民银行牵头会同教育部、民政部、文化部、国家卫生计生委、工商总局、新闻出版广电总局、体育总局、国家中医药局等相关部门负责）

35. 积极培育和发展医疗、养老、教育、文化、体育等领域的行业协会商会，鼓励行业协会商会主动完善和提升行业服务标准，发布高标准的服务信息指引，开展行业服务承诺活动，组织有资质的信用评级机构开展第三方服务信用评级。（教育部、民政部、文化部、国家卫生计生委、人民银行、工商总局、新闻出版广电总局、体育总局按职责分工负责）

36. 建立完善社会领域产业统计监测制度，在文化、体育、旅游及相关产业分类基础上，加强产业融合发展统计、核算和分析。（国家统计局牵头负责）

37. 充分利用广播电视、平面媒体及互联网等新兴媒体，积极宣传社会资本投入相关产业、履行社会责任的先进典型，提升社会认可度。（教育部、民政部、文化部、国家卫生计生委、新闻出版广电总局、体育总局、国家文物局、国家中医药局按职责分工负责）

各地区、各有关部门要充分认识进一步激发社会领域投资活力的重要意义，把思想认识和行动统一到党中央、国务院重要决策部署上来，切实加强组织领导，落实责任分工，强化监管服务，合理引导预期，着力营造良好市场环境。

国务院办公厅
2017年3月7日

图书在版编目(CIP)数据

体育产业政策文件汇编. 国务院及部门篇 / 国家体育总局体育经济司，国家体育总局体育器材装备中心编. –北京：人民体育出版社，2017

ISBN 978-7-5009-5187-2

Ⅰ. ①体… Ⅱ. ①国… ②国… Ⅲ. ①体育产业-产业发展-文件-汇编-中国 Ⅳ. ①G812

中国版本图书馆 CIP 数据核字(2017)第 131777 号

\*

人民体育出版社出版发行
三河兴达印务有限公司印刷
新 华 书 店 经 销

\*

787×1092 16 开本 25.25 印张 400 千字
2017 年 7 月第 1 版 2017 年 7 月第 1 次印刷
印数：1—3,000 册

\*

ISBN 978-7-5009-5187-2
定价：120.00 元

社址：北京市东城区体育馆路 8 号（天坛公园东门）
电话：67151482（发行部） 邮编：100061
传真：67151483 邮购：67118491
网址：www.sportspublish.com

（购买本社图书，如遇有缺损页可与邮购部联系）